JN494331

재미있는

교육학 이야기

김명수 · 김선혜 공저

서문

교육은 인간의 삶 그 자체다. 교육 없이 인간의 삶은 영위될 수 없으며, 인간 없이 교육 또한 존재할 수 없다. 그러다보니 우리는 교육을 논의할 때마다 자연스럽게 인간의 본질과 인생의 의미를 떠올리게 된다. 이렇게 인간의 삶 속에 깊숙이 자리잡은 교육이란 것이 도대체 무엇이기에 우리는 교육을 떠나서 살아갈 수 없는 것일까?

예로부터 교육은 인간의 자기실현과 행복은 물론, 개개인이 속한 집단 및 사회의 발전을 위해 큰 공을 세워왔다. 반대로, 교육은 개인 또는 집단이나 국가의 수단으로 사용되어져 오기도 했다. 따라서 다양한 개인적·사회적 상황들은 교육에 대한 패러다임을 만들면서 그 시대의 교육을 지배하기까지 하였다. 그렇다면 사회가 교육을 그렇게 만든 것인가? 아니면 교육이 사회를 그렇게 만든 것인가? 이것도 저것도 아니라면 어떤 변인이 현재의 교육을 만든 것인가?

우리나라의 경우, 초등학교 교실의 활기찬 모습에서 정적으로 가득한 중·고등학교 교실, 그리고 취업난으로 학점 따기에 열을 올리는 대학 강의실 모습이 새롭지 않을 정도다. 결국 모든 수험생과 학부모의 바람은 'sky'에 대한 열망으로 나타나고 있다. 이에 더하여 우리나라는 OECD 국가 중 자살률 1위, 청소년 흡연율 1위, 학교폭력이 자살원인 7위인 나라로 밝혀졌다. 그리고 이러한 통계치는 학교폭력신고 전화번호 '117'을 만들어냈다.

여러분들은 노이호프(Neuhof)에서는 빈민의 자녀를 교육하였고, 슈탄츠(Stanz)에서는 고아원을 운영하였으며, 부르크도르프(Burgdorf)에서는 초등교육에 힘쓴 페스탈로치(Pestalozzi)를 알고 있는가? 교육활동의 최전선에 있는 교사가 교사로서의 자질과 소명의식을 갖지 않으면 교육활동은 어떠한 성과도 거두기 어렵다. 더욱이 학교폭력이 사회문제가 된 오늘날, 곳곳에서 인성교육의 심각한 부재를 알리는 적신호는 교사들에게 보다 큰 책무를 던져주고 있다.

여러분들은 우리의 교육에 대해 어떻게 생각하는가? 우리의 교육은 우리의 삶과 어떻게 관련되어지는가? 우리는 이러한 물음에 봉착할 때마다 여전히 교육을 끌어온다. 교육의 본질을 이해하고 교육현실을 직시하여 교육을 발전시킬 수 있는 길이 바로 교육학적 사고를 기르는 일이기 때문이다.

이 책은 교육학에 입문하고자 하는 대학생, 현장 교사, 그리고 교육에 관심을 가지고 있는 독자에게 유용할 것이다. 특히 대학의 한 학기 15주 수업을 기준으로 하여 13개 장으로 구성하였다. 각 장별로 동기를 유발시키기 위해 짧은 글을 던져보았으며, 본문 내용 가운데 궁금증을 쉽게 풀어줄 팁(tip)을 제시하였다. 그리고 각 장의 내용을 요약·정리하거나 관련 내용을 만화로 구성하여 이해와 재미를 더하였으며, 논의거리 가운데 그 소재를 유튜브(YouTube)에서 기져와 외국어로 관련 내용을 들어보는 기회도 제공하였다. 이러한 아이디어는 오랜 세월 교육학을 강의하면서 학생들에게 꼭 필요하다고 생각되는 내용을 재미있고 쉽게 접근할 수 있도록 하고 싶은 마음에서 나온 발상이다.

이 책이 나오기까지 오랜 시간 고민을 하였으며, 그럼에도 불구하고 다소 미흡한 부분들이 있는데, 그런 부분들은 다음 기회에 충분히 보완하여 독자들에게 새로운 모습으로 보여드릴 것을 약속한다. 아무쪼록 이 책이 독자들에게 조금이나마 도움이 될 수 있기를 바라며, 아울러 이 책이 출간되기까지 감수를 아끼지 않으신 충남대학교 교육학과 김두정 교수님, 그리고 온갖 심혈을 기울여 주신 박재린 사장님께 감사의 마음을 전한다.

2016년 1월 30일

저자

목차

1 교육의 이해

시끌시끌한 교실, 침묵으로 흐르는 교실

"저요, 저요." 초등학교 교실에서 들리는 소리다. 반면, "……" 중·고등학교 교실의 적막함이다. 왁자지껄하던 초등학교의 교실풍경이 중·고등학교 교실에서는 왜 이렇게 조용해지는 것일까? 무엇이 우리 아이들로 하여금 말없는 학교생활을 하게 만들었는가? 아이들은 학교에서 공부를 마치면 이 학원에서 저 학원으로 옮겨 다니다가 집으로 돌아간다. 공부가 무엇이길래 우리 아이들은 이렇게 고단한 삶을 살고 있는 것인가? 교육이란 무엇인가? 다같이 질문을 던져보고 생각해보자.

교육의 개념적 기초

교육의 의미

교육의 요건

교육의 형태

교육의 가능성과 한계

교육의 가능성

교육의 한계

교육학의 성격

교육학의 성격

교육학의 영역

교육의 개념적 기초

교육은 인간의 일상으로, 우리 인간에게서만 찾아볼 수 있는 특권이다. 이러한 교육은 우리 인간의 삶 속에 깊숙이 자리잡고 있기 때문에 교육 없이 인간다운 생활을 기대하기는 어렵다. 따라서 교육의 개념을 논의할 때 우리는 자연스럽게 인간의 삶과 관련짓게 된다.

교육의 의미

교육은 중국어나 영어 그리고 독일어 등에서 그 어원을 찾아볼 수 있다. 이들의 공통점은 교육이 개인의 잠재력을 발휘하도록 도울 뿐만 아니라, 전인적 발달을 도모한다는 것이다. 이것은 교육의 어원과 개념을 검토함으로써 알 수 있다.

교육의 어원

'교육'이란 말의 어원은 이 용어의 등장 또는 사용 시기를 중심으로 그 의미를 찾아보는 것이 일반적이다. 따라서 이 용어는 중국의 **맹자**(B.C.372~B.C.289)가 저술한 책에 등장한 것에서 또는 영어나 독일어 등에서 그 어원을 찾아 거슬러 올라간다.

교육이라는 말이 처음 등장한 것은 교육학대사전(교육학사전편찬위원회 편, 1989: 114)에 의하면『孟子』의 「盡心章 上」에 나오는 '君子有三樂…得天下英才而敎育之…'의 문구(성백효 역주, 1991: 387-388)로 본다. 이것은 군자의 세 가지 기쁨 가운데 하나를 '천하의 영재를 얻어 교육하는 일'로 본 맹자의 언급에서 그 근원을 찾은 것이다. 여기서 '敎'는 '模倣', '育'은 '養'의 의미로 보는 견해(교육학사전편찬위원회 편, 1989: 114), 비슷한 해석이긴 하나, '교육

맹자
맹자는 공자의 유교 이념을 계승·발전시킨 후계자로, 인간본성에 대해 성선설을 주장하였고, 백성들이 나라의 근본임을 주장하여 백성의 뜻에 따라 정치를 해야 한다는 사상을 펼친 인물이다.

(敎育)'을 '敎(가르친다)'와 '育(기른다)'의 합성어로, 우리말의 '가르치다' 또는 '기르다'의 의미로 보는 견해(국립국어연구원 편, 1999: 28, 878) 등이 있는데, 거의 비슷한 의미로 보아도 무방할 것이다. 한글의 '가르치다'란 '깨닫거나 익히게 하다' 또는 '알도록 이르다' 등의 뜻을 지니며, '기르다'란 '보살펴 자라게 하다' 또는 '가르쳐 키우다' 등의 뜻을 지닌다.

영어에서의 교육이란 'pedagogy'와 'education'에서 그 어원을 찾아볼 수 있다. 영어의 'pedagogy'는 그리스어 'paidagogos', 즉 귀족의 자녀가 성인이 될 때까지 교육을 담당하는 노예인 **'교복(敎僕)'**에서 유래된 말인데, 'paidagogos'는 'paidos(어린이)'와 'agogos(이끈다)'의 합성어로, '어린이를 이끈다'는 의미를 갖는다. 'education'은 라틴어의 'educare'와 'educo'에서 유래된 것으로 'e(밖으로)'와 'ducare, duco(꺼내다, 이끌어내다)'의 합성어이며, '밖으로 이끌어 낸다'는 의미를 갖는다.

교복(敎僕)

당시 귀족 자녀는 성인이 될 때까지 노예인 교복의 양육을 받았는데, 교복은 귀족의 자녀를 학교에 데려다주고 데려오는 일 등을 비롯하여 기본적인 가정교육을 담당하였다.

한편, 교육은 독일어의 'Erziehung'에서도 그 어원을 찾아볼 수 있다. 독일어의 'Erziehung'은 'erziehen'의 명사형으로, 'er'는 '밖으로'의 뜻을 가지며, 'ziehen'은 '이끈다'라는 의미를 갖는다. 따라서 'Erziehung'은 '밖으로 이끈다'는 의미를 만들어낸다.

이상의 어원에서 공통적으로 찾아볼 수 있는 것은 교육이 어린이의 내면에 잠재하고 있는 것을 밖으로 이끌어낸다는 것이다. 즉, 교육이란 성인이 미성숙한 어린이들의 잠재적 가능성을 계발할 수 있도록 도와준다는 의미를 지닌다. 여기서 교육은 어린이 내면의 잠재력을 기본적으로 인정하고 있고, 이것을 이끌어낼 때 어린이가 성숙한 인간이 될 수 있음을 암시하고 있다는 점에 주목할 필요가 있을 것이다.

따라서 교육이란 성인이 어린 아이들을 가치있는 상태로 이끌어 사람다운 사람이 되게 하는 것이며, 아이들이 가진 잠재가능성을 발굴하여 계발하도록 돕는 것이라 할 수 있다. 이러한 논리에 의하면 교육은 개인으로 하여금 자신과 자신을 둘러싼 세계를 이해하게 하여 사회구성원으로서 자기의 역할을 다함과 동시에 행복한 삶을 살도록 개인의 성장 · 발달을 돕는 활동이라 할 수 있다.

교육의 개념

교육에 대한 개념 정의는 앞에서 살펴본 교육의 어원에서 풀어나갈 수 있다. 그러나 교육의 개념에 대한 구체적 정의는 시대가 갖는 패러다임이나 사회문제를 보는 시각, 교육대상의 특성, 그리고 인류의 미래에 대한 발전방향 등에 따라 달라질 수밖에 없다. 일반적으로는 교육에 대한 정의를 할 때 기능적 정의, 규범적 정의, **조작적 정의**를 시도한다.

첫째, 기능적 정의다. 이 정의는 교육을 수단으로 규정지으려는 것으로, 교육의 도구적 가치가 중시된다. 예를 들면, 교육이 기여해야 할 대상을 국가, 정치, 경제, 종교, 개인의 명예나 지위 또는 부의 축적 등 어느 한 가지에 초점을 맞추는 것이다. 보통 교육의 외재적 목적을 추구하는 것으로, 생계유지, 직업준비, 출세, 경제성장, 사회통합 등에 관심을 갖는다. 그러다보니 교육이 기여해야 할 대상에 따라 다양한 정의가 가능해진다(정범모, 1981: 16). 기능적 정의에 의한 교육활동이 이루어질 경우, 교육을 수단으로 이용함으로써 교육 본래의 가치를 구현하기 어렵고, 부작용을 초래할 수 있다.

둘째, 규범적 정의다. 이 정의는 교육의 궁극적 목적, 즉 교육의 가치실현을 위한 교육 자체의 발전에 초점을 둔다. 피터스(R. S. Peters)에 의하면 교육한다는 것은 어떤 일을 성취하는 것뿐만 아니라 그 일이 가치있는 일이라는 것을 의미한다(Peters 저, 이홍우 역, 1981: 17). 예를 들면, 교육이 인간다운 인간을 형성하는 과정이라든가, 민주시민을 육성하는 것이라고 보는 입장이다. 보통 교육의 내재적 목적을 추구하는 것으로, 합리성과 자율성 등을 강조하는 경향이 있다. 그러다보니 상당히 추상적이거나 비현실적인 모습을 드러낸다. 즉, 인격의 완성 및 영원한 진리와 가치의 추구를 강조하기 때문에 실제 현상을 파악하는데 한계가 있는 것으로 여겨진다.

셋째, 조작적 정의다. 이 정의는 과학적 입장에서 객관성을 강조하여 조작적으로 접근하는 것이다. 대표적인 예로, **정범모**(1981: 18)에 의한 '인간행동의 계획적 변화'를 들 수 있다. 그는 기능적 정의와 규범적 정의 모두 교육의 일면을

조작적 정의

조작적 정의란 관찰할 수 없는 것을 관찰 가능한 형태로 정의하는 것으로, 교육을 조작적으로 정의하는 것은 교육의 개념을 과학적으로 보다 명확히 하기 위한 방법이다.

정범모

정범모의 『교육과 교육학』은 우리나라 최초로 교육의 개념과 교육학을 체계화한 저서로, 그의 교육에 대한 개념 정의는 교육의 개념을 다룰 때 반드시 등장하는 논의거리다.

이해하는 데 도움을 주지만, 그 실제적 현상과 과정을 분석적으로 파악하는 데 그리 도움이 되지 못한다고 지적하였다. 이 정의에 의하면, 교육은 학생들의 모든 행동 특성을 그 대상으로 하되, 특히 내면적 행동에 깊은 관심을 가지며, 인간행동을 의도적으로 변화시키는 일에 초점을 둔다. 따라서 교육에 대한 조작적 정의는 교육의 개념을 좀더 구체적으로 명확히 하려는 시도라 할 수 있다.

교육에 대한 정의 방식이 어떠하든 교육의 대상은 인간이며, 그것이 가치로운 일을 지향하든 수단으로 활용되든 어차피 인간의 삶과 같이 한다는 것을 알 수 있다. 또한 교육을 어떤 관점에서 정의하느냐에 따라 시대마다 또는 국가마다 교육의 지향점이 달라졌을 것이라는 예측을 하게 한다.

그러나 교육의 개념이 정의되기 위해서는 몇 가지 가정을 전제로 해야 한다. 예를 들면, 정범모(1981: 41-51)는 교육의 기본 가정 가운데 인간에 대해 존엄성, 주체성, 잠재가능성, 과학적 가이해성을 포함시키고 있다. 일반적으로는 교육의 개념을 정의할 때 의도성, 전인적 인간 발달, 가치지향성, 피교육자에 대한 존중 등의 요소를 포함시킨다. 첫째로, 의도성이다. 교육에 대한 조작적 정의에서 볼 때 교육이 '인간행동의 계획적 변화'라면, 교육은 다분히 의도적 활동이어야 한다. 즉, 교육은 인간행동의 긍정적 변화를 유도하기 위해 교육목적, 내용, 방법 등에 있어서 체계적으로 수행되어야 하는 것이다. 둘째로, 전인적 인간으로의 발달을 추구해야 한다. 일반적으로 교육이 인간의 성장·발달을 위한 것이라고 주장하는데, 이것은 바로 인지적·정의적·신체적 측면의 조화로운 발달을 의미한다. 즉, 개인의 신념, 가치관, 태도, 지식, 기술 등을 망라하는 균형적 발달이 이루어져야 한다는 것이다. 셋째로, 가치지향성이다. 교육은 어느 한쪽의 이익을 위해 이루어질 수 있는 것이 아니다. 교육에 대한 규범적 정의에서 보더라도 교육은 궁극적으로 내재적 목적을 추구함으로써 인격의 완성을 강조한다. 교육이 가치를 추구할 때 교육의 궁극적 목적을 달성할 수 있는 것이다. 끝으로, 피교육자에 대한 존중이다. 교육의 목적을 달성해 나가는 과정에서 학생의 존엄성과 주체성은 인정되어야 한다. 교육받는 학생의 권리와 자율성이 존중될 때 교육의 가치 추구 활동이 이루어질 수 있는 것이다.

교육의 요건

교육이 이루어지기 위해서는 기본적으로 갖추어야 하는 요건이 있다. 즉, 교사와 학생 그리고 교육내용으로, 이를 학교교육의 3요소라고 한다. 각 요소들은 상호 관련되어 교육활동을 만들어내기 때문에 어느 것 하나라도 빠지면 교육활동이 이루어질 수 없다. 그러나 교육의 세 가지 기본 요건 가운데 교사와 학생 요인은 시대적 상황에 따른 교육의 패러다임이 바뀌면서 주체 또는 객체로서의 위상을 가지며 교육활동을 해 왔다.

과거의 교육활동에서 교육의 주체는 교사였고 학생은 객체로 간주되었으며, 이에 따라 학생은 어디까지나 수동적 존재로 여겨졌다. 즉, 교사의 교수활동을 강조함으로써 교사는 설명을 하고 학생들은 기계적으로 지식을 암기하는 모습이 일반적이었다. 따라서 인지적 영역에 치중한 교육이 이루어졌으며, 교사-학생의 교육활동을 높이기 위해 교재는 불가피하게 지식의 체계를 중시하는 교과중심 교육과정이 주를 이룰 수밖에 없었다. 학생들의 학습 및 행동평가 역시 교사의 권위와 판단에 의해 이루어진 경우가 대부분이었다.

그러나 이러한 교사중심의 교육활동에 대한 지적이 일기 시작한 20세기에 접어들어 교육은 일방적인 활동에서 벗어나 학생이 보다 **적극적인 학습자**로 인정받게 되었다. 그동안 교육의 주체였던 교사는 객체가 되고, 객체였던 학생이 주체가 됨으로써 학생의 학습활동을 강조하게 된 것이다. 따라서 인지적 영역보다는 정의적 영역의 행동 변화에 관심을 두었으며, 교재도 경험중심 교육과정에 의거하여 학생들의 실생활에 필요한 교육내용을 담은 교과를 채택하게 되었다. 학생들의 학습과 행동에 대한 평가는 상대평가에 의해 이루어졌다.

적극적인 학습자
루소, 페스탈로찌, 프뢰벨, 헤르바르트, 듀이 등에 의해 아동중심의 교육관이 등장하면서 학생들은 좀더 능동적인 존재로 여겨졌다.

그러다가 1957년 구 소련의 인공위성 발사로 지식의 구조를 중요시 여기는 학문중심 교육과정이 대두되면서 교육활동의 주체와 객체에 대한 생각이 무너졌다. 즉, 교사는 가르치는 사람으로서의 주체이고 학생은 배우는 사람으로서의 주체로 보게 되었다. 이에 따라 교수·학습 활동을 동시에 강조하게 되었으며,

그동안 편중되어 왔던 인지적·정의적 영역에 대한 균형적 발달을 꾀하게 되었다. 학생들은 적극적인 탐구활동을 통해 지식의 구조에 접근해야 했으며, 이를 위해 교사의 치밀한 수업설계가 필요해졌다. 학생들의 학습과 행동에 대한 평가는 절대평가에 의존하게 되었다.

이러한 교육활동의 모습은 모두 시대적·사회적 상황에 따라 교육의 목적을 달성하기 위한 최선의 방법이었다고 할 수 있다. 따라서 오늘날 교육활동에서 교사와 학생을 모두 존중하는 관점은 시대 및 국가·사회가 요구하는 교육목적의 변화를 가져온 요인이 되었다고 할 수 있다.

교육의 형태

교육의 형태는 구분하는 기준에 따라 다양하게 분류될 수 있다. 학제 및 학습자의 수준에 따라 분류할 때 초등교육, 중등교육, 고등교육으로 나눌 수 있고, 교육이 일어나는 장소를 기준으로 할 때 가정교육, 학교교육, 사회교육으로 구분할 수 있다. 이 가운데 교육의 관심은 주로 초·중등교육 및 고등교육이 포함되는 학교교육에 집중되므로, 후자의 구분 방식에 의해 논의하면 다음과 같다.

첫째, 가정교육이다. 가정교육은 비형식적 교육이지만 모든 교육의 기초가 된다. 가정은 인간이 태어나면서부터 자연적으로 소속되는 집단으로, 아이들은 삶의 과정 전반에 걸쳐 부모 및 형제자매로부터 자연스럽게 배우게 되기 때문이다. 즉, 아이들은 가정에서 기본적인 인성, 가치관, 태도 등을 형성하게 되면서 인간성의 기초를 닦을 뿐만 아니라, 심리적·사회적 특성을 갖게 된다. 특히 초등학교에 입학하기 전의 기본적인 생활습관은 대부분 가정교육을 통해 이루어지기 때문에 가정교육은 학교교육 못지않게 중요한 영역이다. 또한 학생들의 각종 부적응행동이나 학교폭력 등은 그 원인이 가정에 있는 경우가 많아 가정교육의 중요성은 더욱 높아지고 있다. 그러나 오늘날 가정의 형태 및 기능 변화로 가정교육의 역량이 줄어들고 있는 점은 가정교육의 약화를 가져오는 요인이 되고 있다.

둘째, 학교교육이다. 보통 교육이라고 하면 학교교육을 지칭한다. 학교교육은 체계를 갖춘 형식적 교육으로, 일정한 연령층으로 구성된 각급 학교에 따라 학생들의 보편적 발달 특성 및 사회의 요구에 부합하는 교육을 실시한다. 즉, 학교교육은 학생들의 건강한 성장·발달과 함께 자아실현을 돕기 위해 개인의 잠재가능성을 발굴·계발하는 노력을 하며, 사회의 유지와 발전을 위해 인류의 문화유산 등을 가르침으로써 인간다운 삶을 영위할 수 있도록 돕는다. 이러한 학교교육은 제도화한 공교육의 성격을 띠면서 의무교육의 범위를 확대하는 등 교육복지를 위해 노력하고 있으며, 국민의 동질성을 유지하고 다양성을 길러주어 글로벌 시대에 세계 시민으로서의 자질을 갖추도록 돕는다. 그러나 학교교육이 자칫 학력 또는 학벌 위주의 풍토를 야기함으로써 사회 불평등을 초래하는 원인으로 작용할 수 있고, 제도화된 교육제도 안에서 학생들의 창의성을 방해할 수 있다는 점에 유의해야 할 것이다.

셋째, **사회교육**이다. 사회교육은 보통 학교교육과 대비되어 일컫는 말로, 학교교육 이외의 교육을 말한다. 따라서 사회교육은 사회생활에 필요한 지식과 기술 등에 초점을 두는데, 점차 사회 및 사회구성원들의 교육에 대한 높은 요구 수준을 반영해야 하는 입장에 있다. 사회교육이 중요시되는 보다 구체적인 이유로 박철홍 등(2013: 34-35)은 현대사회에 접어들면서 국민의 복지향상을 위한 교육과 교육의 기회균등에 대한 사회적 요구의 증대, 학교교육의 문제점에 따른 교육적 보완과 확충의 필요성 대두, 산업화에 따른 인간의 적응 문제와 가치관 정립의 문제, 인간소외 현상의 극복, 그리고 여가 선용과 건강 증진의 욕구 증가 등을 들고 있다. 사회교육은 대상 자체가 일정하지 않고 다양하기 때문에 학습자의 자발성에 의한 적극적 참여가 전제되는 것으로, 실생활이나 직업세계 그리고 개인의 필요에 의해 다양한 목표와 내용 및 방법에 의한 학습이 이루어질 것을 요구받고 있다.

사회교육

사회교육과 비슷한 의미로 사용되는 개념으로 '평생교육'이 있는데, 이것은 넓은 의미에서 보면 학교교육을 포함한다. 우리나라 교육기본법 제3조에 의하면 "모든 국민은 평생에 걸쳐 학습하고, 능력과 적성에 따라 교육받을 권리를 갖는다."라고 규정하고 있고, 헌법 제31조 제5항에 의하면 "국가는 평생교육을 진흥시켜야 한다."라고 명시하고 있다. 국민의 평생교육 활성화에 기여하기 위한 기관으로는 국가평생교육진흥원이 있다.

교육의 가능성과 한계

인간은 누구나 잠재적 가능성을 가지고 태어나며, 교육은 인간을 어떠한 모습으로라도 변화시킨다. 문제는 교육이 인간의 자기계발 및 삶의 질을 높이는 데 기여할 것이지만, 제한적 발달 또는 부정적 발달을 가져올 수도 있다는 것이다. 여기에 교육의 가능성과 한계가 있다.

교육의 가능성

인간은 비록 미성숙한 모습으로 태어나지만, 무한한 성장가능성을 가지고 태어나 자기를 실현하고자 하는데, 이것을 가능하게 하는 것이 교육이다. 아울러 인간이 생존을 위해 그리고 사회적 존재로서의 역할을 다하기 위해 교육을 필요로 한다는 점에서 교육의 필요성은 교육의 가능성을 예견하게 하며, 교육의 가능성은 교육의 필요성을 정당화한다.

교육이 필요한 이유는 크게 개인적 필요와 사회적 필요로 나누어 볼 수 있다. 우선, 교육은 개인의 존재를 위해 필요하며, 개인이 인간다운 생활을 향유하도록 지원한다. 즉, 각 개인이 생물학적·정신적으로 자립할 수 있도록 도우며, 개인으로 하여금 행복한 생활과 자기실현을 하도록 돕는다. 다음으로, 교육은 사회의 존속과 발전을 위해 필요하다. 즉, 교육을 통해 선조들의 가치, 규범, 지식 등의 문화유산을 전승받을 수 있으며, 이러한 문화를 이어받은 개개인의 공동체의식이 사회의 발전을 가져온다고 보는 것이다. 따라서 교육의 필요성을 주장하는 논거들은 결국 교육의 가능성을 뒷받침해 준다. 즉, 인간이 선천적으로 가지고 태어나는 미성숙과 잠재적 가능성들은 교육을 통해 성숙함과 자기실현을 가져오며, 교육받은 개개인이 모여 사회의 발전에 기여한다는 것이다.

학자들의 교육에 대한 주장을 통해서도 교육의 가능성을 찾아볼 수 있다.

루소(J. J. Rousseau)는 그의 저서 『에밀』에서 “우리는 빈손으로 태어났으므로 도움을 필요로 하며, 또한 우리는 어리석게 태어났으니 판단력을 필요로 한다. 우리가 태어날 때 지니지 못한, 그러나 자라면서 필요로 하는 이 모든 것은 교육에 의해서 얻는다(Rousseau 저, 김은우 역, 1984: 14).”라고 주장하였다. 칸트(I. Kant) 역시 인간은 교육을 필요로 하는 유일한 존재이며, 인간은 교육적 산물 이외에 아무 것도 아니라고 하였다(김영래, 2003). 학자들의 교육에 대한 이러한 주장은 교육이 인간의 삶에 절대적으로 필요한 것임을 피력하는 것이다. 즉, 인간이 미숙한 상태로 태어나지만 학습이나 경험 등 환경적 요인에 의해 성숙한 모습으로 성장한다는 것은 교육의 가능성을 지지해 주는 것이라 할 수 있다.

루소

루소는 자연주의 교육관을 실천한 대표적인 교육사상가로, 인간이 태어날 때는 좋은 성질을 가지고 태어나는데, 문명이 이것을 나쁘게 만든다고 하면서 ‘자연으로 돌아가라.’고 주장하였다. 따라서 그는 저서『에밀』에서 문명으로 더럽혀진 인간과 사회를 구제하는 유일한 방법이 자연교육, 자유교육, 개성교육이라고 주장하고 있다.

인간의 본성과 관련지어 논의할 때도 교육의 가능성이 지지된다. 즉, 성선설을 주장한 맹자(孟子)나 루소에 의하면 인간은 본래 선한 존재로 교육에 의해 더욱 선해질 수 있다. 성악설을 주장한 순자(荀子)나 홉스(T. Hobbes)의 경우에도 인간이 비록 악한 존재로 태어나지만, 이는 교육에 의해 선한 존재로 성장할 수 있다고 보았다. 백지설을 주장한 로크(J. Locke)에 의하면 인간은 태어날 때 백지와 같은 상태(tabula-rasa)로 태어나며, 교육에 의해 백지 상태의 모습을 채워나감으로써 많은 변화를 가져온다. 이로써 인간의 본성을 보는 관점에 관계없이 교육은 인간의 본성을 긍정적으로 변화시켜 다양한 특성을 갖게 함을 알 수 있다.

그렇다면 교육의 가능성은 어디까지인가? 프랑스의 교육소설『아베롱(Aveyron)의 야생소년』의 일부를 보면 알 수 있다. 다음은 남부 프랑스의 아베롱 숲 속에서 12세 정도로 추정되는 한 소년이 발견되었을 당시 소년의 모습이다.

> 수년 전 완전 나체로 나무의 열매나 뿌리를 찾고 있는 11,2세의 소년이 꼰느(Caune)의 숲에서 발견되었다. 이 소년은 1799년 9월말 경 3명의 사냥꾼에게 추적되었고, 나무에 올라 그들의 추적을 피하려 했으나 붙잡혔다. 그리하여

> 가까운 마을 한 과부의 보호를 받았다. 그는 1주쯤 되었을 때 탈주하여 다 떨어진 샤스를 입었다기 보다는 걸치고 극히 혹독한 겨울 날씨에 이리저리 돌아다니던 산으로 돌아갔다. 밤에는 한적한 곳에 은신하고 있다가 낮이면 가까운 마을에 가서 성 세르넹(St. Sernin)의 인가에 마음대로 침입하였다. …… 이 여러 곳에서 묵는 동안 소년은 난폭하고, 겁이 많고, 마음이 초조하여 안정되지 못하였다. 그래서 기회만 있으면 도피하려고 하였다. …… 구역질나게 불결한 이 소년은 발작적 동작이나 경련이 있었고, 동물원의 동물과 마찬가지로 끊임없이 앞뒤로 흔들고, 뜻에 맞지 않는 자를 물어뜯거나 할퀴거나 하였고, 그에게 주의를 기울여 주는 자에게도 애정을 나타내지 않았다(Itard 저, 김정권 역, 1984: 13-14).

이처럼 인간으로서의 기본적 감각조차도 없는 야생동물과 같은 모습이었던 소년은 젊은 의사 **이따르**(J. M. G. Itard, 1774~1838)의 5년에 걸친 교육에 의해 어느 정도 사람의 모습을 찾게 되었다. 이따르는 이 야생소년에 대한 심적·도덕적 교육을 다섯 가지의 주요 목적으로 분류하여 실행하였다. 즉, (1) 야생소년이 지금까지 살아왔던 생활보다 더욱 즐겁고, 그의 과거생활에 가까운 생활을 하게 함으로써 사회생활에 흥미를 갖게 하기 (2) 강력한 자극과 때로는 격렬한 감동을 줌으로써 신경적 감각력을 일깨우기 (3) 새로운 욕구를 주고 사회적 접촉을 넓힘으로써 관념의 범위를 확충시키기 (4) 중대한 필요의 법칙을 통해 모방의 훈련을 쌓도록 함으로써 언어를 사용하도록 유도하기 (5) 육체적 욕구의 대상에 대한 아주 간단한 정신적 작업을 연습하게 한 다음 정신적 과정을 응용하게 하기 등이었다(Itard 저, 김정권 역, 1984: 20-59). 이러한 목적을 달성하기 위한 이따르의 교육활동은 야생소년을 인간으로서 생명을 보존하게 하고 조금이나마 인간답게 만드는 데 성공하였다. 이 사례를 통해 볼 때 교육의 필요성은 아무리 강조해도 지나치지 않는다.

이따르

이따르는 그의 저서 『아베롱의 야생소년』의 서문에서 "문명의 원조가 없으면 인간은 연약하고 어리석은 동물의 하나에 지나지 않으리라."라고 지적한 철학자의 말을 인용하면서 "인간은 인간의 틈에서 어쩔 수 없이 성장되기 때문에 동료로부터 그 습관이나 욕망을 배우게 된다."라고 기술하고 있다.

교육의 한계

교육의 가능성이 전적으로 인정된다 하더라도 교육을 통해 인간이 원하는 모든 것을 얻을 수는 없다. 교육이 인간의 삶과 함께 하기 때문에 삶 속에서 교육에 영향을 미치는 다양한 변인들을 무시할 수 없기 때문이다. 즉, 인간은 미성숙하고 무능력한 존재로 태어날 뿐만 아니라, 환경이 뒷받침되지 않으면 인간이 지닌 잠재력을 발휘하는 데 어려움이 있기 때문이다.

이러한 이유에서 교육의 한계는 인간의 성장가능성을 제지하는 요인으로 크게 유전적 요인과 환경적 요인으로 구분하여 논의한다.

우선, 유전적 요인이 인간의 성장가능성을 제한한다고 보는 입장이다. 즉, 인간이 가지고 태어나는 신체적 조건, 소질, 인지적 수준 등이 인간의 성장가능성을 제한한다고 보는 것이다. 그 예로, '아빠 닮아서 키가 작다.' 또는 '엄마 닮아서 셈을 못한다.' 등을 들 수 있다. 이처럼 인간의 행동 특성이 유전적 요인에 의한다고 보는 입장에서는 선천적 요인을 강조한다.

다음으로, 환경적 요인이 인간의 성장가능성을 제한한다고 보는 입장이다. 이 입장에서는 인간의 성장이 주변의 다양한 환경적 요인에 의해 영향을 받는다고 본다. 즉, 태어날 때 가지고 태어난 소질이나 능력 등이 환경적 요인에 의해 제한적으로 발달할 수 있다는 것이다. 그 예로, 중국의 고사성어인 '맹모삼천지교(孟母三遷之敎)'를 되새겨보면 이해가 될 것이다. 이처럼 인간의 행동 특성이 환경적 요인에 의한다고 보는 입장에서는 후천적 요인을 강조한다.

교육의 한계를 논할 때 유전적 요인과 환경적 요인 가운데 어떤 측면이 더 강하게 작용하는지에 대해서는 명확히 설명하기 어렵다. 이들 두 요인은 상호 관련되어 작용하기 때문이다. 다만, 선천적으로 가지고 태어난 요인들을 교육의 힘에 의해서도 극복하기 어렵다면 이것은 틀림없이 교육의 한계를 입증하는 것이 되지만, 환경적 요인이 유전적 요인을 극복하는 데 도움을 준다면 이는 교육의 가능성을 입증하는 변인이 될 것이다.

교육학의 성격

교육을 학문적으로 연구하고자 하는 노력은 이론을 만들어내며, 이론은 교육활동에 피드백을 줌으로써 교육의 목적 달성에 도움을 준다. 따라서 교육학은 응용학문으로서의 성격을 지닌다고 할 수 있다.

교육학의 성격

교육학은 교육사상에 관한 여러 개념·법칙·이론 등을 포함하는 과학으로, 교육사상이 경험사실의 세계인 한 교육학은 경험적 과학을 구성한다. 따라서 교육학은 교육사상을 기술하고 설명하며 예언한다(정범모, 1981: 267). 이를 위해서는 교육활동 및 교육활동에 영향을 미치는 각종 변인에 대한 연구가 이루어져야 한다. 즉, 교육이 이루어지는 과정인 교육행위와 그로 인한 결과인 교육현상에 대한 체계적 접근이 필요한데, 이것은 바로 교육학이 하나의 학문으로 성립될 수 있는 근거가 된다.

그동안 교육행위나 교육현상에 대한 학문적 노력은 여러 학자들에 의해 이루어져 왔으나, 교육을 학문적으로 연구하고자 한 최초의 노력은 1806년에 출판된 헤르바르트(J. F. Herbart)의 『일반교육학(Allgemeine Padagogik)』에서 찾는다. 헤르바르트는 교육목적이 윤리학에서, 교육방법이 교육심리학에서 도출되기 때문에 교육학을 윤리학과 심리학의 두 기초학문으로 이루어진다고 보았다.

학문으로서의 교육학에 대한 보다 본격적인 논의는 영국의 오코너(O'Connor, 1957)와 허스트(Hirst, 1966)의 교육학에 대한 논점에서 찾아볼 수 있다. 오코너는 교육이론의 전형을 **자연과학**으로 보았고, 허스트는 교육이론을 과학적 지식이나 방법은 물론, 형이상학적 신념이나 도덕, 종교 등의 가치판단

자연과학

자연과학 이론은 어떤 현상을 관찰, 기술, 설명, 일반화, 예언하는 가설 연역 체계를 갖춘다.

을 포함하는 것으로 보았다. 따라서 허스트는 오코너의 주장에서 한 걸음 더 나아가 교육학의 학문적 성격을 확대하고 교육학이 실제적 이론을 가진 학문임을 강조하였다. 오코너와 허스트의 교육학의 성격에 대한 논의는 교육학의 정체성을 확립하는 중요한 논거를 제시하였다.

교육학에 대한 지속적인 논쟁은 교육학의 정체성을 확립하는 계기가 되었다. 중요하게 거론되는 이슈는 교육학이 규범적이어야 함과 동시에 과학적 성격을 가져야 한다는 것이다. 아울러 교육학은 인간을 다루는 일을 학문적으로 접근해야 하기 때문에 인간의 삶이 가진 의미 해석에도 역점을 두어야 한다는 것이다.

그러나 교육학의 정체성을 명확히 하는 일은 사실상 쉽지 않다. 교육학의 정체성은 교육학의 학문적 성격이 학자들 간에 이견 없이 얼마나 명확히 규정되느냐와 관련되며, 실제 교육이 이루어지는 현상도 변인으로 작용하기 때문이다.

교육학의 정체성 확립에 혼란을 준 원인은 두 가지 측면에서 살펴볼 수 있다. 하나는 교육을 실제로 학교교육과 구별하지 않은 데 있다. 즉, 학교교육에 산재한 문제들을 해결하는 과정에서 여러 학문이 유입되어 순수한 의미의 교육학이 제 자리를 지키지 못했기 때문이다. 이러한 현상은 장상호(2003)가 지적한 바와 같이 '학교의 문제를 해결한다는 실제적이고 급박한 상황' 때문에 타 학문이 아무런 저항 없이 유입된 것에 기인한다. 교육학의 정체성 확립에 혼란을 준 또다른 하나는 교육학이 하나의 독립된 학문 영역임에도 불구하고, 인접해 있어야 할 철학, 심리학, 사회학, 행정학 등에 교육철학, 교육심리학, 교육사회학, 교육행정학 등의 교육학 분과학문이 종속되어 있는 데서 발생하는 것으로 보는 입장이다(이돈희, 2003: 314-318).

이러한 지적은 교육학자들 사이에서 공감 또는 반론을 일으키며 교육학을 정립하기 위한 노력으로 이어졌다. 우선, 본질적 교육학을 회복하기 위해서는 '학교에서 가르치는 일(schooling)을 교육과 동일시하는 것'을 바로잡아야 한다는 것이다. 그러나 교육학이 학교교육만을 대상으로 할 수 없기는 하지만, 김안중(1988)의 지적처럼 진정한 교육은 학교에서 이루어지기 때문에 학교를 부정할 수는 없다. 즉, 교육학은 대부분 학교교육의 문제를 다룰 수밖에 없다는 것을 고려해야 할 것이다. 다음으로, 교육학의 분과학문을 교육학과 동일시하지 않아야 할 뿐만 아니라, 다른 학문에 종속되어서도 안된다는 것이다.

그러나 오늘날 학문은 인접학문 간 접근(inter-disciplinary approach)은 물론, 다학문적 접근(multi-disciplinary approach)이 불가피하기 때문에 학문으로서의 독립성을 갖되 상호 보완하는 지혜가 필요하다. 이렇게 할 때 학문은 독특한 성격을 지니면서 여러 학문과의 유기적인 관련을 맺으며 발전할 수 있다.

교육학의 영역

교육학의 성격 규정에 대한 논의가 지속되면서 교육학의 정체성을 찾으려는 노력은 교육학을 구성하는 다양한 분류 방법을 제안한다. 그러나 많은 학자들이 교육학에서 일반적으로 다루는 하위 영역들을 중심으로 살펴보면 다음과 같다.

첫째, 교육철학은 교육과 관련된 내용을 철학적으로 연구함으로써 '왜 교육을 해야 하고 왜 받아야 하는가'라는 질문을 던지고 이를 해결해 나가는 영역이다. 따라서 교육활동의 가장 기본적인 영역으로, 교육에 대한 관점이나 목적 등을 설명하는 기초가 된다.

둘째, 교육사는 과거의 교육에 대한 체계적인 역사적 고찰을 통해 현대교육을 새롭게 정립하는 데 도움을 주는 영역이다. 즉, 과거의 교육이론과 실제를 통해 현대교육에서 시사받을 수 있는 점을 찾아내고, 이를 통해 교육을 성공적으로 수행하는 데 도움을 준다.

셋째, 교육심리학은 교육과 관련된 내용을 심리학적인 입장에서 교육을 '어떻게' 해야 하느냐에 대한 답을 찾는 영역이다. 따라서 교육활동의 대상인 인간의 사고와 행동 변화에 직접적으로 관여하는 학문이라 할 수 있다. 즉, 인간의 발달 특성을 이해하고 개인차를 존중하는 교육활동을 제안하는 역할을 한다. 이 영역에서는 인간발달, 학습, 상담 등의 내용이 이루어진다.

넷째, 교육사회학은 교육이 사회와 어떤 관계 속에서 이루어지는지 연구하여 사회 안에서의 교육의 역할을 찾아보는 영역이다. 즉, 교육의 사회적 기능을 조명함으로써 교육이 사회에 미치는 긍정적·부정적 영향을 분석·논의한다.

다섯째, 교육과정학은 교육이 이루어지는 과정(process), 즉 교수·학습 활동을 체계적으로 계획하는 영역이다. 교육활동을 위해 짜여진 커리큘럼(curriculum)은 교육의 성패를 좌우하는 기초가 된다. 따라서 교육과정의 개발과 개정은 교육의 질을 향상시키거나 퇴보시키는 관건이 될 수 있다.

여섯째, 교육공학은 교수·학습 과정의 계획·실행·평가에 투입되는 다양한 자원을 적절히 활용하는 것을 연구하는 영역이다. 따라서 교육의 효율성과 효과성을 높이고, 교사의 교수법 노하우를 발전시키는 데 도움을 준다.

일곱째, 교육행정학은 교육활동을 지원하는 행정을 연구하는 영역으로, 학교교육뿐만 아니라 학교 외 교육을 포함하는 행정을 연구한다. 이 영역은 교육활동의 체제 및 지원 등을 통해 교육활동의 성패를 좌우하는 요인이 된다. 따라서 교육행정은 국가 교육을 지원하는 가장 강력한 요소라 할 수 있다.

여덟째, 평생교육학은 개인의 전 생애에 걸쳐 이루어지는 다양한 형태의 교육을 연구하는 영역으로, 오늘날 학교교육 못지않게 중요해진 영역이다. 이 영역은 개인의 평생학습에 대한 욕구를 충족시켜 자기계발 및 삶의 질을 높이는 데 도움을 준다.

아홉째, 교육평가는 교육활동을 마친 후 교육의 성과를 측정하고 이를 토대로 교육활동을 피드백하는 데 도움을 준다. 교육활동에는 반드시 평가가 이루어져야 하는데, 이때 평가의 효율성을 높여 교육활동의 효과를 가져올 수 있어야 한다.

끝으로, 교사론은 교직을 보는 관점, 교사의 역할과 자질 등을 논의하는 영역이다. 과거로부터 시대적·사회적 상황에 따라 다른 관점에서 교직을 보아온 것은 사실이며, 이에 따라 교사의 역할과 자질이 논의되어 왔다. 이러한 논의는 교직의 본질을 퇴색시키지 않으면서 소명의식을 지닌 교사를 길러내는 데 중요한 역할을 한다.

교육아! 나 좀 도와줄래?

교수님! 이렇게 학교에 와서 교육을 받지 않으면 어떻게 될까요?
글쎄? 어떻게 생각하는데?
아마 원시인, 아니 늑대 소년과 같은 생활을 할지도 모르겠죠?
크르르.
그럴 수 있지. 그래서 교육은 우리 인간의 삶과 떼려야 뗄 수 없는 거란다.
그래도 정말 이 공부라는 게 참 스트레스인데···
조금 전에 네가 말했듯이 교육을 받지 않았다면 너의 모습이 어떻게 됐을지 상상해 보렴.
교육이란 개인이 가진 능력을 발휘할 수 있도록 도와주는 거란다.
그럼 제가 이렇게 학교에 와서 열심히 공부하면 하고 싶은 일을 성취할 수 있는 건가요?

그렇지. 네가 열심히 한다면 말이야.
하지만, 저는 음악가가 되고 싶은데, 저희 부모님은 두 분 다 음악이랑 거리가 멀어요.
네가 음악에 관심이 있고 잠재력이 있다면 교육을 통해 얼마든지 실현할 수 있단다.
정말 인가요?
물론이지. 교육은 개인이 가진 잠재력을 발굴하고 계발해 주어서 개인의 행복한 생활을 도와준단다.
아, 그럼 저도 제가 가진 능력을 맘껏 발휘할 수 있겠네요.
그게 바로 교육의 가능성이란 거다. 교육을 통해 사람들은 자기실현도 하고 삶의 질도 높여가기든.
네. 그럼, 정말 이제부터 열심히 교육을 받아야겠네요. 히히~

볼거리

영화 '고독한 스승(Lean on me)'을 보고, 폭력의 온상으로 변해버린 한 미국 뉴저지의 일류 고등학교를 살리기 위해 노력하는 Joe Clark 선생님의 모습에서 시사받을 수 있는 점을 찾아보자.

생각할 거리

1. 교육의 개념을 규범적 정의와 기능적 정의 그리고 조작적 정의로 규정할 때 교육의 방향이 어떻게 바뀔 수 있는지 논의해 보자.
2. 교육의 가능성을 사례를 들어 소개하고 논의해 보자.
3. 교육의 한계를 유전적 입장과 환경적 입장으로 나누어 논의해 보자.
4. 다음의 웹사이트를 방문해 보고, 진정한 페다고지란 무엇인지에 대해 생각해 보자.
   - What is Pedagogy?(https://www.youtube.com/watch?v=jkoRR670fj8, 2:27)
   - Effective Pedagogy(https://www.youtube.com/watch?v=34e9f8zVX4Y, 5:58)

2 교육의 역사적 흐름

르네상스, 이탈리아에서 일어나다!

예로부터 교육은 인간의 삶 속에서 행해져 왔다. 고대 그리스 아테네 교육은 건전한 자유시민을 양성하기 위한 인문교육을 실시하였다. 중세를 거치면서 인간중심교육은 온데 간데 없이 사라져버렸고, 이는 다시 문예부흥운동을 계기로 인간중심의 사회로 돌아가려는 노력으로 이어졌다. 그리고 18세기 말 신인문주의는 또다시 인간성 해방을 추구하게 된다. 이러한 휴머니즘 사상이 지배하는 교육의 패러다임은 무엇으로 설명할 수 있겠는가? 그리고 오늘날 우리 교육의 패러다임은 무엇이라고 생각하는가?

서양 교육의 발전

고대의 교육

중세의 교육

근대의 교육

한국 교육의 발전

근대 이전의 교육

근대의 교육

서양 교육의 발전

서양의 교육은 보통 고대 그리스 교육과 로마 교육에서 그 근원을 찾으며, 중세를 거쳐 인문주의의 꽃을 피우는 르네상스 교육으로부터 시작하여 근대 교육의 발전이 이루어진다. 이러한 교육의 흐름을 보면 시대적·사회적 상황에 따라 그 패러다임이 변해 온 것을 알 수 있다.

고대의 교육

기원전 1200년 경 그리스 문화가 형성된 이후, 여러 개의 **도시국가**(polis)를 이루며 발전한 그리스의 교육은 스파르타와 아테네 교육으로 대표된다. 또한 그리스 문화의 영향을 받은 로마의 교육은 전기의 왕정과 공화정 시대의 교육, 그리고 후기의 제정시대의 교육으로 나누어 살펴볼 수 있다.

도시국가

그리스를 형성한 크고 작은 도시국가를 폴리스(polis)라고 하는데, 이 폴리스들이 취한 국가주의적 관점은 영토전쟁이 빈번하게 일어났던 고대사회의 특징이다.

그리스의 교육

그리스는 크고 작은 도시국가로 형성되었으며, 정치적 공동체의 운영을 위해 국가주의적 관점을 취하면서(오인탁, 2001: 32-42) 다양한 생활양식과 독특한 문화를 발전시켜 나갔다. 여러 도시국가 가운데 스파르타와 아테네는 그리스 문화의 중심지로, 각기 다른 교육의 모습을 보였다.

스파르타의 교육

스파르타(Sparta)는 거친 성격의 도리아족(Dorians)이 세운 도시국가다. 척박한 땅을 가진 스파르타는 당시 지배를 받고 있는 사람들의 반란과 외적의 침입에 대응하고, 토지와 농노를 관리하는 일이 급선무였다. 그러다보니 스파르타는 자연스럽게 군사훈련과 정치에 전념할 수밖에 없었다.

리쿠르고스

리쿠르고스(B.C.800~B.C. 730)는 스파르타의 전통적인 2대 왕가 중의 한 집안에서 둘째 아들로 태어나, 8개월 정도 왕으로 스파르타를 통치한 왕이자 입법자다.

스파르타는 **리쿠르고스**(Lykourgos) 법에 의해 교육제도가 마련되었다. 교육의 목적은 강인한 군인을 양성하는 것이었으며, 이를 위해 엄격한 규율을 강조하였다. 교육목적을 달성하기 위한 교육내용은 주로 체육과 군사훈련이었으며, 최소한의 읽기와 쓰기 그리고 음악 등이었다. 교육은 국가가 전적으로 담당하였으며, 엄격한 훈육과 통제 및 강압 등에 의해 이루어졌다(윤재홍, 2012: 186).

스파르타 교육은 국가주의 교육의 필요성을 인식하게 하는 배경이 되었으며, 나아가 국가의 주도 하에 공교육을 강화하는 데도 영향을 미쳤다고 본다. 그러나 스파르타 교육방식은 '교육'이 아닌, '훈련'으로 지적받는다.

아테네의 교육

아테네(Athens)는 온순한 성격의 이오니아족(Ionians)이 세운 도시국가다. 해양에 위치하여 비옥한 땅을 가진 아테네는 개방적이면서 자유주의적인 문화를 발전시켰다. 이러한 문화는 개인주의와 시민주의를 강조하게 되었다.

솔론

솔론(B.C.638~ B.C.558)은 고대 그리스 아테네의 정치가, 입법자, 시인으로, 아테네의 정치, 경제, 도덕이 쇠퇴하는 가운데 이에 맞서 새로운 법을 세우고자 노력한 사람이다.

아테네 교육은 수세기 동안 **솔론**(Solon) 법에 의해 실시되었다. 교육의 목적은 인간 정신의 계발에 바탕을 둔 건전한 자유시민을 양성하는 데 두었다. 즉, 자유 시민으로서의 자격을 갖추도록 하기 위해 개인적 교양에 힘써 심신의 조화로운 발달을 도모하는 것이었다. 이러한 목적을 달성하기 위해 신체 단련을 위한 운동경기, 음악, 미술, 철학 등을 교육내용으로 하였으며, 각 개인의 개성을 존중하는 교육방법을 실시하였다. 가정교육을 중시하였으며, 연령에 따라 체계적인 교육이 이루어졌다(김수동·공병호, 2003: 36-38). 그러나 재력을 가진 시민에 의해 교육이 이루어지다보니 교육의 기회도 재력과 권력에 의해 결정되는 모습을 보였다.

소피스트

소피스트들은 처음에 순수하게 젊은이들에게 지혜를 주는 지식인으로 시작하여 수사학, 변론, 웅변 등을 가르쳤는데, 후에 지식을 파는 사람으로 전락하였다.

당시 페르시아 전쟁에 따른 다양한 정치적·경제적·문화적 변화는 학문의 발달을 가져왔는데, 이때 신흥지식인으로 불리는 **소피스트**(Sophist)가 등장하여 청소년들의 교육에 관여하였다. 대표적인 소피스트로는 소크라테스(Socrates, B.C.469~B.C.399), 플라톤(Platon, B.C.428~B.C.348), 아리스토텔레스(Aristoteles, B.C.386~B.C.322) 등을 들 수 있다.

아테네 교육은 이후 인문주의 또는 자연주의 교육이념의 성립에 영향을 주었다. 그러나 여자와 노예를 제외한 시민을 대상으로 교육했다는 점은 건전한 자유시민의 양성을 목적으로 한다는 교육목적과 상충되는 모습을 보인다.

로마의 교육

로마의 교육은 그리스 식민지 시대로부터 로마 제국이 서로마 제국과 동로마 제국으로 분열될 때까지 1300여 년간(B.C.753~A.D.476) 이루어졌다. 로마의 교육은 그리스 교육에서 유래했지만, 그리스 교육과는 달리 실용주의에 기반을 두었다.

로마 전기의 교육

로마 전기라 함은 왕정시대(B.C.753~B.C.509)와 공화정시대(B.C.509~B.C.27)를 말한다. 로마는 씨족국가에서 왕정 및 공화정 체제를 정립해 가면서 행정이나 통치가 중요해짐에 따라 성문법인 12동판법을 제정(B.C.451)하였음에도 불구하고 주로 관습법에 의해 이루어졌다. 당시의 교육은 도덕성과 준법정신 등을 실생활에서 직관적으로 가르치는 데 관심을 두었다(신득렬 외, 2004: 55; 윤재홍, 2012: 200-201). 그들은 학교교육보다는 가정교육을 중시하였는데, 자신들만의 독특한 교육방식으로 실시하였다. 이것은 키케로(M. T. Cicero, B.C.106~B.C.43)가 자신의 저서인 『국가론(De republica)』에서 다음과 같이 언급하고 있는 것을 보아 알 수 있다.

> 내 말을 들으시오. 나는 그리스의 문물에 대해 완전히 무식한 사람은 아니오. 그러나 나는 우리 로마의 전통보다 그리스의 문물을 더 숭상할 생각이 없소. 나는 아버지의 덕택에 자유교육을 받았고 어렸을 때부터 내 스스로 열심히 공부하였고. 그렇기는 해도, 내가 오늘날의 나로 된 데에는 경험과 가정교육이 책보다 훨씬 더 큰 도움이 되었소(http://ko.wikipedia.org/).

공화정 말기에 들면서 초등학교는 루두스(Ludus), 중등학교는 **문법학교**

문법학교
로마 후기 제정시대의 중등교육은 초기에 문법 중심이었으나, 점차 실질적인 내용과 일반적인 교양을 추가하게 되어 3학인 문법, 수사학, 논리학과 4과인 산술, 기하, 천문학, 음악 등 7자유학과(seven liberal arts)를 가르쳤다.

(grammar school), 고등교육은 수사학교(rhetoric school)로 체계화되었다. 그러나 이들 학교는 가정교육을 보완하는 역할을 한 것으로 전해지고 있다.

이처럼 로마 전기의 교육은 그리스 교육에서 많은 부분을 가져왔지만, 학교 교과로는 문학과 웅변이 대부분을 차지할 정도로 그 폭이 좁았다. 그럼에도 불구하고 로마의 교육 조직과 제도는 그리스보다 훨씬 체계적이고 정교한 것으로 평가받는다.

로마 후기의 교육

로마 후기인 제정시대에는 국가와 지역자치정부가 직접 학교를 설립하면서 '학교를 통한 로마화'가 진행되어 기원전 2세기 경에는 로마의 학교화가 보편화되었다. 그리하여 로마 제국 말기 학문이 쇠퇴할 때까지도 로마 제국 전역에 수많은 문법학교와 수사학교가 설립되었다.

당시의 교육목적은 실천 중심의 교육을 통해 유능한 정치적 웅변가를 양성하는 것이었으며, 로마 전기에 설립된 루두스, 문법학교, 수사학교 등이 주된 교육기관으로 발전하여 각각 초등·중등·고등교육을 담당하였다(신득렬 외, 2004: 56; 윤재홍, 2012: 201-202). 당시 퀸틸리아누스(M. F. Quintilianus, A.D. 35~A.D.95)는 수사학교를 설립하여 20여 년간 웅변술을 강의한 인물로 유명하다.

로마 후기의 교육은 상류계급만을 위한 고등교육에 주력함으로써 일반 서민들의 교육을 무시했다는 지적을 받는다. 또한 수사학이 매우 중요한 과목으로 여겨짐으로써 지나치게 형식적이고 언어주의화한 경향을 보였다는 평가를 받는다(Butts, 1955).

중세의 교육

중세는 서로마의 멸망으로부터 동로마의 멸망에 이르기까지 약 1,000년(476~1453)에 해당하는 시기다. 이 시기에는 로마 교황을 중심으로 한 기독교 신앙에 의해 모든 것이 지배되었고, **게르만족**이 서유럽으로 이동해 오면서 봉건제도가 성립되었으며, 십자군 원정 이후 시민계급이 발생하였고, 기독교 교리에 대한 회의가 생기면서 스콜라 철학이 발달하였다(Boyd 저, 이홍우 외 역, 2008).

게르만족
당시 게르만족은 훈족의 침입에 대응하고 농경지를 확장하기 위해 발트해 연안에서 서유럽 지역으로 이동하였다.

기독교 교육

중세에 접어들면서 게르만족의 침입, 상류층의 사치와 향락, 기아와 전염병의 만연 등은 로마인들을 위협하였고, 이를 극복하려는 노력이 종교적 접근으로 나타났는데, 이것이 바로 중세를 지배한 기독교다. 이로써 중세는 신중심주의, 내세주의, 금욕주의 등이 중요한 가치로 여겨졌다.

따라서 중세의 기독교 교육은 신에게 복종하고 영원한 내세를 준비하는 것을 목적으로 하였다. 그러다보니 세속적인 학교교육보다는 기독교 교리의 전파를 목적으로 하는 **문답학교**, 고급문답학교, 성당학교(본산학교), 수도원학교 등과 같은 교육기관을 중심으로 교육이 이루어졌다(신득렬 외, 2004: 60; 윤재홍, 2012: 208-209).

문답학교
문답학교는 초등교육기관의 성격을 띠며, 교리문답, 찬송가, 3R's(reading, writing, arithmetic) 등을 가르쳤다.

이후 기독교 교육은 국민에 대한 세속적 교화사업으로 변모되었는데, 이는 당시 **카알대제**(Karl der Grosse, 764~814 재위)가 일반 대중들에게 기독교 문화를 가르침으로써 교양을 함양하고 국가적 통합을 기한 것과, 궁정학교를 설립하여 왕족과 귀족 자제들을 대상으로 국가나 교회 지도자를 양성하기 위한 엘리트 교육을 실시한 것에서 엿볼 수 있다.

카알대제
카알대제는 802년 세계 최초로 '의무교육령'을 반포함으로써 부모들에게 자녀들을 취학시키고 학업을 마칠 때까지 의무를 다할 것을 주장하였다.

중세의 기독교 교육은 신과 내세를 지나치게 강조함으로써 현실생활을 부정하였고, 개인의 자유로운 사고의 발달을 무시하였으며, 교회나 교황에 의해 모든 것을 통제하였다는 점이 지적된다.

기사교육

서로마제국의 붕괴 이후 중앙집권이 해체되면서 이루어진 봉건제도는 기사계급을 출현시켰다. 이들을 대상으로 하는 기사교육은 신과 군주 그리고 귀부인에게 봉사하는 무사로서의 본분을 다하도록 기사에게 요구되는 신체적 능력과 기독교적 신앙에 바탕을 둔 정신적 자질의 함양을 목적으로 하였다(손인수·정건영, 2000).

교육내용은 활동적인 신체훈련과 종교교육 및 연장자에 대한 복종과 예법 등이었다. 즉, 승마, 궁술, 검술, 무예 등과 함께 충성, 예절, 공손, 관용 등과 같은 기사도 정신을 함양하는 내용들이었다. 6~7세까지는 가정에서 어머니와 시녀들에 의해 건강한 신체 및 종교 위주의 교육을 받았고, 7~14세에는 궁정이나 상류 가정에 들어가 상류사회의 풍습과 예법 등을 익혔으며, 14~20세에는 기사를 시중하고 기사로서 필요한 일곱 가지 기예(승마, 수영, 궁술, 검술, 수렵, 체스, 시 짓기)를 비롯하여 기사가 되기 위한 소양을 전반적으로 익힌 후, 21세에 의식을 통해 기사로서 인정을 받았다(윤재홍, 2012: 211-212).

기사제도가 사라진 후에도 기사교육은 귀족과 왕족의 교육은 물론, 신사교육에 영향을 미쳤다. 또한 기사교육을 받은 기사들은 부녀자와 약자를 보호하고 정직과 충성을 실천한 모델로, 오늘날에도 기사도 정신이 사회 곳곳에서 실천되고 있다는 점에서 긍정적 평가를 받는다.

십자군 원정

십자군 원정은 1096년부터 시작하여 200년 정도 지속된 것으로, 중세 서유럽의 로마 가톨릭 국가들이 중동의 이슬람 국가에 대항하여 성지 예루살렘을 탈환하는 것을 목적으로 행해진 대규모의 군사 원정을 말한다.

도제제도

도제제도는 무보수로 장인과 같이 생활하면서 기술을 배우는 도제기, 임금을 받으며 직업기술을 익히는 직공기, 자신의 작품을 조합에 출품하여 심사를 통과함으로써 장인으로서의 독자적 직업생활에 들어가는 장인기를 거친다.

시민교육

중세에 감행된 **십자군 원정**은 도시의 발달과 상공업의 번창을 가져오면서 신흥 상공계급을 출현시켰다. 이들은 자신들의 생활에 필요한 교육을 요구하게 되었고, 이러한 요구에 부응하는 일반 시민을 위한 교육이 등장하게 되었다.

이들은 생산교육이나 직업교육을 위주로 하는 학교를 발달시켰는데, 이것이 바로 조합학교(guild school)다. 조합학교는 상류 시민계급의 자녀들을 위한 라틴어학교, 공중학교, 문법학교와 일반 시민을 위한 직업학교로 구분된다(윤재홍, 2012: 210-211). 아울러 비형식적 교육으로서의 역할을 한 **도제제도**도 시민을 대상으로 한 교육의 하나다.

시민들을 대상으로 한 교육은 실용을 강조함으로써 귀족계급의 교육과 다소 구별되었다. 따라서 당시 시민교육을 담당한 조합학교는 현대 직업교육의 발달에 영향을 준 교육기관이라 할 수 있다.

대학교육의 태동

중세의 대학은 스콜라 철학의 학문적 토대 위에 형성되고 운영된 성당학교(본산학교)를 모체로 하면서 십자군 원정으로 유입된 사라센 문화의 자극으로 발달하였다. 즉, 본산학교를 기반으로 하여 세워진 종합연구소(studium generale)는 배우고자 하는 사람들의 자격을 제한하지 않았으며, 교수와 학생이 결성한 일종의 조합(guild) 조직에 의해 단체(universitas)가 형성되었는데(Reble 저, 정영근 외 역, 2002), 이것이 오늘날 종합대학교(university)의 호칭이 되었다. 학생들은 모두 기숙사(collegium)에서 생활하였는데, 이것은 오늘날 단과대학(college)의 명칭이 되었다.

중세의 대표적인 대학으로는 이탈리아의 살레르노대학과 볼로냐대학, 프랑스의 파리대학, 영국의 옥스퍼드대학과 켐브리지대학, 독일의 프라그대학과 하이델베르크대학 등이 있다.

중세 대학의 목석은 성직사나 법조인, 의사 등과 같은 전문인을 양성하는 것이었다. 당시의 수업은 강의와 토론으로 진행되었으며, 학사, 석사, 박사 등의 학위를 수여하였다(김수동·공병호, 2003: 97-99).

이들 중세 대학은 진리 탐구의 전당으로서의 역할을 하면서 학문적 자율성을 확보하였다. 이는 오늘날 대학교육이 고등교육의 역할을 하는 데 초석을 마련한 것으로 평가받는다.

근대의 교육

근대는 1453년 동로마제국이 멸망하고 문예부흥 운동이 일어나면서 시작되었다. 즉, 중세사회의 신과 내세 중심의 사회에서 벗어나 인간 중심의 사회로 돌아가자는 노력의 결과다. 이러한 노력은 종교개혁 운동으로 이어지고, 실학주의, 계몽운동, 국가주의, 발달주의, 과학적 실증주의 등이 시대의 패러다임으로 자리잡으면서 교육에 영향을 미쳤다.

문예부흥 운동에 의한 교육: 인문주의 교육

문예부흥 운동

문예부흥운동은 14세기 중엽에 이탈리아에서 시작하여 유럽 전역으로 확대되었으며, 단순히 고대 문예의 부흥 보다는 문예부흥을 통해 새로운 근대 문화를 창조하고자 했던 문화운동이다.

14, 15세기 **문예부흥(Renaissance) 운동**은 인간 본연의 모습으로 돌아가자는 인문주의(Humanism) 사상의 발현이다. 문예부흥 운동의 원인으로는 약 1,000년 간 내세에 집착했던 중세에 대한 반발, 십자군 원정과 상공업의 발달 등에 따른 물질적·경제적 변화, 고전의 대량 출판과 스콜라 철학의 발전 및 실증적인 것에 대한 요구 등에 따른 지적 발달, 그리고 타락과 부패의 온상이 되어 버린 교회로부터의 이탈 심리 등을 들 수 있다.

인문주의 교육은 인문주의를 실천하는 방식의 차이에 따라 개인적 인문주의와 사회적 인문주의로 나뉜다. 전자는 이탈리아를 중심으로 발전한 것으로 조화로운 인간 완성을 목적으로 하였으며, 후자는 북유럽과 독일을 중심으로 발전한 것으로 종교와 도덕에 의한 사회 전체의 행복 실현을 목적으로 하였다(신득렬 외, 2004: 68-69).

당시 교육내용으로는 그리스와 로마의 고전을 중심으로 고전어교육과 고전문학을 강조하였으며, 체육과 음악 및 미술 교육 등이 이루어졌다. 학생들의 자존심과 자유를 존중하는 생활지도 및 경험과 직관을 강조하고 자주적인 사고를 중시하는 교육을 실시하였다. 당시 대표적인 사상가로는 비토리노(Vittorino de Veltre, 1378~1446), 에라스무스(D. Erasmus, 1469~1536), 라블레(F. Rabelais, 1483~1553) 등이 있다.

인문주의 교육은 오늘날 산업화의 폐단으로 지적되는 비인간화 현상에 대해 자성을 갖게 했다는 점에서 높이 평가된다. 그러나 16세기 말에는 고전을 단순히 암기하고 모방함으로써 형식적이고 편협된 모습의 **키케로주의**(Ciceronianism)로 전락해 버린 부정적 모습을 보였다는 점에서 비판을 받는다.

키케로주의

키케로주의 교육은 키케로의 유명한 문장을 암송하고 그의 문장구성 방식을 배우는 것을 목적으로 한 인문주의 교육의 변형된 형태다.

종교개혁에 의한 교육: 구교 vs. 신교의 교육

16세기 종교개혁(Reformation) 운동은 교권주의에서 벗어나 오직 성서에 의해서만 구원을 얻을 수 있다고 주장한 신앙 해방운동이다. 종교개혁의 교육적 영향은 카톨릭인 구교의 교육에 대비하여 프로테스탄티즘에 입각한 교육, 즉 신교의 교육에서 찾아볼 수 있다.

종교개혁은 로마 교황 레오 10세(Leo X)가 성 베드로 성당 개축에 필요한 자금 조달을 위해 속죄부를 발행하여 신도들에게 강매한 데 대해 루터(M. Luther, 1483~1546)가 항의서를 제출하면서 시작된 것이다(신득렬 외, 2004: 74). 루터는 성서를 독일어로 번역하여 종교의 대중화를 꾀하였으며, 모든 사람에 대한 교육의 필요성에서 초등 의무교육을 주장하고 기초를 다졌다. 루터의 종교개혁 운동을 지지한 칼빈(J. Calvin, 1509~1564)은 직업의 평등함과 근면·절약을 역설하고 재산의 소유를 허용하였다. 루터와 칼빈의 이러한 신앙은 종교개혁의 교리가 되었는데, 이것이 바로 신교(Protestant)다. 신교는 카톨릭인 구교와 구분되며, 신교와 구교 모두 오늘날에 이르기까지 대중들의 종교로 자리잡고 있다.

신교의 교육은 국가 및 공공단체가 관리하면서 교육의 대중화에 힘썼다. 신교의 교육은 종교와 생활이 통합된 삶을 영위할 수 있는 새로운 기독교인의 양성을 목적으로 하였으며, 이를 위해 성서 중심의 종교교육과 인문교과 중심의 교육을 암송 위주의 교육방식으로 실시하였다. 신교가 교육개혁과 보급에 주력하면서 세력 확장에 집중할 때 카톨릭은 교황의 신성과 성당의 전통을 존중할 것을 요구하면서 반종교개혁(Counter Reformation) 운동을 전개하였다. 이러한 과정에서 카톨릭은 교육의 중요성을 인정하여 학교교육에 힘쓰고 유능한 교사를 양성할 **사범학교**를 설립하는 한편, 교회의 유지·발전에 힘을 기울였는데, 예수회 교단(Society of Jesuit)의 활동이 대표적이다(윤재홍, 2012: 225).

> **사범학교**
> 당시 구교(카톨릭)에서는 교사양성의 중요성을 인식하고 1685년에 라살(B. La Salle)이 사범학교를 설립하였는데, 이것을 사범학교의 기원으로 본다.

신교의 교육은 교육내용이 종교교육 위주로 되어 있을 뿐만 아니라, 언어주의와 형식주의 그리고 암기 위주의 교육방법에서 벗어나지 못했다는 한계점을 지닌다. 구교의 교육 역시 교육의 궁극적 목적을 내세의 준비에 둠으로써 근대교육으로 발전하지 못했다는 지적을 받는다.

실학주의 교육: 인문적·사회적·감각적 실학주의

17세기 실학주의(Realism) 운동은 새로운 과학운동의 전개와 형식화된 키케로주의 교육에 대한 반발로 일어났다. 실학주의 교육은 과학적 지식을 이용하여 현실 사회에 유용한 인간을 양성하는 것을 목적으로 하였다. 따라서 구체적인 경험과 실용성을 강조하였으며, 고전어보다 현재 사용하고 있는 모국어를 중시하였다. 이러한 실학주의 교육은 인문적 실학주의에서 사회적 실학주의 그리고 감각적 실학주의로 발달하였다(신득렬 외, 2004: 82-90).

인문적 실학주의(Humanistic Realism)는 고전 연구를 통해 현실생활에 잘 적응하는 인간을 양성하는 것을 교육목적으로 하였다. 따라서 실제 생활에 필요한 언어와 문자를 배우고 고전 내용을 습득하는 것을 강조하였으며, 토의와 설명 등에 의한 개별 교육이 이루어졌다. 인문적 실학주의의 대표적인 사상가로는 라블레(F. Rabelais, 1484~1553), 밀턴(J. Milton, 1608~1674) 등이 있다.

사회적 실학주의(Social Realism)는 귀족 계급의 자제들을 훌륭한 신사로 양성하는 것을 교육목적으로 하였다. 이를 위해 타인과의 접촉이나 사회생활에의 참여를 통해 실제적 경험을 얻는 것을 강조하였으며, 이해와 판단을 통한 교육을 실시하였다. 사회적 실학주의의 대표적인 사상가로는 프랑스의 몽테뉴(M. E. de Montaigne, 1533~1592), 영국의 로크(J. Locke, 1632~1704) 등이 있다.

보다 엄밀한 의미의 실학주의라 할 수 있는 감각적 실학주의(Sense Realism)는 감각적 경험을 강조하고 이를 통해 생활에 유용한 지식을 얻는 것을 교육목적으로 하였다. 따라서 모국어, 자연과학, 사회과학 등을 교육내용으로 하였으며, 자연의 원리에 따른 교육, 감각에 기초한 직관교육, 그리고 시청각교육을 중시하였다. 감각적 실학주의의 대표적인 사상가로는 베이컨(F. Bacon, 1561~1626), **코메니우스**(J. A. Comenius, 1592~1670) 등이 있다.

실학주의 교육은 교육의 실천성과 구체적 경험을 강조하고 시청각 중심의 교육방법을 사용함으로써 학교현장에서의 교수·학습 활동에 긍정적 영향을 미치고 있다. 그러나 코메니우스가 지적한 바와 같이 상류계층을 중심으로 한 교육이었다는 점이 한계점으로 남는다.

코메니우스

코메니우스는 세계 최초의 그림 교과서인 『세계도회』 라는 저서를 통해 감각에 호소하는 사물에 관한 학습을 주장하였는데, 이는 교수방법의 새로운 혁신을 가져왔다.

계몽주의 교육: 합리주의, 자연주의, 신인문주의

봉건적 사회체제가 붕괴되고 근대사회가 본격적으로 형성되는 시기에 등장한 18세기의 계몽운동(Enlightenment)은 이성에 의한 비판을 기본으로 하며, 합리주의, 자연주의, 신인문주의 교육사상을 낳았다.

합리주의

합리주의(Rationalism)는 전제적이고 종교적인 속박으로부터 인간성을 해방하고, 개인의 자유와 권리를 신장시키기 위해 이성에 호소한 사상이다. 합리주의 교육은 이성을 발달시키기 위해서는 모든 능력을 단련시켜야 한다고 보았다. 이러한 관점은 바로 17세기 말부터 19세기 중엽까지 학교교육을 지배한 형식도야설이다.

합리주의와 형식도야설은 고전어를 옹호하고, 습득되는 과정의 단련성을 중요시하였다. 형식도야설과 관련지어 볼 때 합리주의 교육은 로크의 경험론과 관련되며, 대표적인 사상가로는 데카르트(R. Descartes, 1596~1650), 볼테르(F. M. A. de Voltaire, 1694~1778) 등이 있다.

합리주의 교육은 종교적·사회적 속박으로부터 벗어나 인간성을 찾으려는 노력을 시도했다는 점에서 긍정적이다. 그러나 소수의 귀족계급에 국한되었을 뿐만 아니라, 실용적인 측면을 간과했다는 지적을 받는다.

자연주의

자연주의(Naturalism)는 감각적 실학주의의 연장선에 있다고 볼 수 있다. 다만, 자연주의는 자연성의 의미를 인간 내부로 전환시켰다는 점에서 외계의 자연과 자연의 원리를 강조한 감각적 실학주의와 다르다.

자연주의 교육은 자연으로 돌아가자는 것으로, 교육을 내적인 자연적 과정으로 보았다. 따라서 자연주의 교육의 목적은 선천적으로 타고난 성장가능성을 최대한 계발시켜 전인(whole person)으로 발달하도록 돕는 것이다.

자연주의 교육의 대표적인 사상가 루소(J. J. Rousseau, 1712~1778)는 인간의 이러한 가능성을 계발시키기 위해 일반 교양교육을 중요시하였고, 직업교육도 일반 교양교육을 위해 이루어져야 한다고 주장하였다. 아동의 관심과 흥미에 바탕을 둔 직접적인 경험과 감각적 활용을 강조하였으며, 합자연의 원리, 개성 존중의 원리, **자연적 벌의 원리**에 의해 교육해야 한다고 주장하였다(Rousseau 저, 김은우 역, 1984). 이러한 주장은 아동들에 대한 자연성을 인정하고 이들을 자연 속에서 자연의 법칙에 따라 교육해야 함을 강조한 그의 저서 『에밀』 에 잘 나타나 있다.

자연적 벌의 원리
루소가 주장하는 '자연적 벌의 원리'란 아동의 잘못에 대해서는 자연적으로 주어진 벌을 통해 스스로 잘못을 깨닫게 될 때 고쳐질 수 있다는 의미로, 체벌을 반대하는 루소의 입장을 표명한 것이다.

자연주의 사상은 1900년대 진보주의 교육운동으로 연결되며, 아동중심 교육과정 운동과도 밀접하게 관련된다. 그러나 지나치게 자연성을 중시함으로써 역사적 전통과 사회적 현상을 경시하였으며, 아동의 흥미와 자발성을 강조한 나머지 개인주의 또는 자유방임의 우려를 갖게 할 수 있다는 평가를 받는다.

신인문주의

신인문주의(Neo-Humanism)는 18세기 후반에 독일에서 나타난 사조로, 15세기 르네상스 시대의 인문주의가 키케로주의로 전락한 점, 17세기 실학주의의 공리성, 18세기 계몽사상의 지나친 이성 강조 등을 비판하고 나온 사상이다. 즉, 신인문주의자들은 고전을 연구하되 고전 속에 담겨있는 과학적·역사적·사회적 지식을 얻고자 하였으며, 이성으로 해명할 수 없는 인간을 감성적·심미적 태도로 탐구하고자 하였다.

신인문주의는 그리스 문화를 존중하였으며, 따라서 고대 그리스의 이상을 부흥시켜 인간성의 조화로운 발달을 목적으로 하였다. 이처럼 신인문주의 교육은 그리스 문화의 순수성을 되찾고자 하였으며, 이를 위해 고전의 형식보다는 정신과 내용을 중시하였다(Reble 저, 정영근 외 역, 2002: 232).

신인문주의의 대표적인 사상가로는 칸트(I. Kant, 1724~1804)를 들 수 있다. 칸트는 대륙의 합리주의 철학과 영국의 경험 철학을 종합하여 새로운 비판 철학을 완성하였는데, 이것은 그의 저서 『순수이성비판』 을 통해 알 수 있다.

신인문주의는 인간성의 조화로운 발달을 추구하고 그동안의 패러다임들이 지닌 단점을 보완하고자 한 점에서 높은 평가를 받는다. 즉, 그리스 시대가 강조한 인간성의 조화로운 발달이 중세의 신중심사회를 거치면서 퇴색되다가 르네상스 시기에 인문주의 교육으로 다시 전개되었지만, 이후 또다른 패러다임이 강조되면서 약화되었던 인간성을 되찾고자 한 노력은 주목할 만하다.

국가주의 교육: 국가의 존속·발전

19세기 국가주의(Nationalism)는 프랑스 시민혁명 사상이 자국에 유입되는 것을 방지하려는 주변 군주국가들이 연합하여 프랑스에 무력간섭을 시도했을 때 프랑스로 하여금 자유와 평등을 지키게 하는 계기를 만들어 준 사상이다. 이때 나폴레옹(B. Napoleon, 1769~1821)은 국가주의 사상을 이용하여 전쟁을 일으켰으며, 이 전쟁에 참가한 각국들도 프랑스의 국가주의 사상을 모방하여 고취하게 되었다. 특히 독일은 당시의 큰 타격으로부터 국력을 회복하기 위해 극단적인 국가주의를 받아들였나. 이것은 피히테(J. G. Fichte, 1762~1814)의 '독일 국민에게 고함'이라는 연설에 잘 나타나 있다.

> 지금까지는 일반적으로 감각의 세계가 참다운 실재 세계로서 여겨지고, 그것이 우선 교육의 객체로서 학생들에게 제시되어 왔었다. 학생들은 우선 감각의 세계에서 출발하여 사유로 이끌렸다.
>
> 새로운 교육에 있어서는 사유에 의해서 파악된 세계만이 참다운 실재이다. 새로운 교육은 모든 사람들 속에서 정신만을 살리어 그것을 지도하도록 해야 한다.
>
> 나는 먼저 견실한 정신만이 질서 정연한 국가의 유일한 기반이 된다고 했는데, 참으로 그 정신을 모든 사람들 속에서 이룩하고자 하는 것이다. 이로써 생겨나는 정신만이 고매한 조국애를 나 자신 속에 심어 준다. 그래서 그 사람으로부터 용감한 조국의 수호자로서 충실하게 법을 지키는 공민이 태어나게 되는 것이다.
>
> ……
>
> 젊은 세대에 호소한다. 여러분은 젊다. 젊은 만큼 빛나는 예지와 비상한 능력을 갖고 순수하고 뛰어난 감성을 갖고 있으리라 믿는다(Fichte 저, 황문수 역, 1997).

피히테는 18세기 계몽주의 시대의 개인주의를 배척하고 국가에 의한, 국가를 위한 국민교육을 주장하였다. 따라서 전 국민을 대상으로 한 의무교육과 교육비의 국고 부담, 그리고 국민공통 교육과정의 개설, 남녀공학의 실시 등을 주장하였다.

이처럼 국가주의 교육은 그 목적을 국가나 사회의 존속과 발전에 두었으며, 따라서 학교교육을 개인이나 종교단체가 아닌, 국가가 관리함으로써 공교육제도를 확립하는 계기를 마련하였다. 국가주의 교육의 목적을 실현하기 위한 교육내용으로는 국어, 국사, 지리, 공민, 체육, 직업교육 등을 강조하였다(신차균·안경식·유재봉, 2006: 285).

국가주의 교육은 공교육제도의 확립을 위한 기초를 마련하였을 뿐만 아니라, 의무교육 실시 및 교육의 대중화에 기여했다는 평가를 받는다. 그러나 국가의 발전을 강조한 나머지 개인의 성장과 발달에 다소 취약했다는 지적이 있다.

발달주의 교육: 인간발달의 존중

19세기에는 국가주의의 발달과 함께 발달주의 사상이 등장하였다. 발달주의 사상은 인간 정신의 본질과 그 작용에 중점을 둔 것으로, 인간발달의 원리를 존중하고 이에 따른 교육과정을 개발하는 것을 강조한다.

발달주의자들은 태어날 때 타고난 잠재능력을 계발시켜 주는 것을 교육으로 보았다. 그리고 개인과 환경의 상호작용 속에서 나타나는 결과에 주목하면서 이러한 결과들이 인간 내부에 어떤 식으로 영향을 주어 발달하게 하는지에 관심을 가졌다.

대표적인 발달주의자로는 **페스탈로찌**(J. H. Pestalozzi, 1746~1827), 프뢰벨(F. W. A. Fröbel, 1782~1852), 헤르바르트(J. F. Herbart, 1776~1841), 홀(G. S. Hall, 1846~1924), 제임스(W. James, 1842~1910), 숀다이크(E. L. Thorndike, 1874~1946) 등이 있다.

발달주의는 인간의 초기 발달의 중요성에 대한 인식으로 아동 발달에 대해

페스탈로찌

페스탈로찌는 노이호프(Neuhof)에서는 빈민의 자녀를 교육하였고, 슈탄츠(Stanz)에서는 고아원을 운영하였으며, 부르크도르프(Burgdorf)에서는 초등교육에 주력하였다. 이처럼 그는 평등의 이념에 근거한 교육실천가로, 인간의 자연적 발달에 근거한 교육방법을 정립하고 조화로운 인간 발달을 강조하였다.

깊은 관심을 갖게 하였으며, 따라서 초등교육에 큰 영향을 미쳤다. 특히 창의·인성이 중요시되는 오늘날 아동들의 잠재가능성을 인정하고 그들의 능력을 계발시켜 주는 교육의 역할에 강한 책무를 부여하는 계기를 마련했다고 할 수 있다.

한국 교육의 발전

우리나라의 교육은 삼국시대에 학교교육이 시작된 것으로 보며, 이후 고려와 조선을 거쳐 근대화 물결에 따른 신학교 설립과 미군정기를 통한 민주주의 교육으로 이어졌다. 현재 우리나라의 교육은 이러한 발전을 바탕으로 하여 '미래 사회가 요구하는 창의적 인재 양성'을 추구하는 교육을 실시하고 있다.

근대 이전의 교육

삼국시대의 교육

삼국시대는 기원전 1세기부터 676년 신라가 삼국을 통일한 통일신라시대까지를 말한다. 삼국시대는 중국의 영향을 받아 불교를 숭상함과 동시에 유교식 교육을 실시하였다.

고구려는 중국과 가깝게 위치하여 일찍이 중국문화의 영향을 받아 학교교육이 발달하였다. 고구려의 학교교육의 시초는 고등교육기관으로서의 역할을 한 태학(太學)으로 본다. 태학은 관리를 양성하는 학교로 귀족 자제들을 대상으로 하였으며, 5경(五經)과 3사(三史)를 교육내용으로 하였다(이만규a, 1991: 41). 또한 초등교육에서 고등교육까지를 겸한 사학으로 경당(扃堂)이 설립되었다. 경당은 일반 서민 자제와 지방 호족의 미혼 자제들을 대상으로 하였으며,

독서와 습사(習射) 등을 교육내용으로 하였다.

백제는 학교를 설립했다는 기록이 없으나, 고구려보다 앞서 학교교육이 성립되었을 것으로 짐작한다. 그 이유로, 하나는 박사제도가 있었다는 사료와 다른 하나는 중앙관제에 육좌평(六佐平)이라는 관제 가운데 조선의 예조(禮曹), 즉 오늘날의 교육부에 해당하는 내법좌평(內法佐平)이 있었다는 사료가 이를 증명한다고 보는 것이다.

신라 역시 학교를 세워 교육했다는 기록은 없다. 그러나 화랑도 교육이 있어 신라 고유의 사상에 유(儒), 불(佛), 선(仙) 등 외래 사상을 받아들여 **세속오계**를 수양 지침으로 삼고 인재를 양성하여 국가 관료로 등용하였다(이만규a, 1991: 47).

세속오계

세속오계는 원광법사가 귀산(貴山)과 추항(箒項)에게 가르친 것에서 비롯되며, 다섯 가지 지침으로 사군이충(事君以忠), 사친이효(事親以孝), 교우이신(交友以信), 임전무퇴(臨戰無退), 살생유택(殺生有擇)이 있다.

삼국을 통일한 통일신라는 당과의 교류가 활발해지면서 학교교육에 관심을 갖게 되었고, 당의 국자감 제도를 모방하여 국학(國學)을 세웠다. 국학은 15~30세의 6두품 귀족 자제를 대상으로 하였으며, 수학 기간은 9년이었다. 국학에는 유교의 경전을 가르치는 유학과와 잡학교육을 가르치는 과가 있었다. 유학과는 유교의 윤리관을 확립하는 데 필요한 경전을 주요 교육내용으로 하였으며, 논어(論語)와 효경(孝經)을 필수과목으로 하였다(이만규a, 1991: 59-60). 잡학교육으로는 의학, 율학, 천문학, 산학 등을 가르쳤다. 국학을 졸업한 학생들을 대상으로 독서삼품과(讀書三品科)를 두어 관리 선발에 활용하기도 하였다.

삼국시대의 교육은 학교교육이 시작되는 시기로, 교육기관이 설립된 모습을 보면 매우 제한적임을 알 수 있다. 또 귀족계급이나 상류층을 위한 교육이 우선적으로 발전된 모습을 보였다. 그러나 이 시기는 학교교육이 공식적인 모습을 갖추어가는 기반을 마련하였다는 점에 큰 의의가 있다.

고려시대의 교육

고려는 서경(평양)을 북방정책의 중심지로 삼고 이를 중요시했으며, 태조 13년(930년)에 이곳에 학교를 세웠다. 고려는 불교를 숭상하였음에도 불구하고, 광종 9년(957년)에는 중국 후주인(後周人) 한림학사 쌍기(雙冀)의 건의에 따라 **과거제도**를 실시하여 인재를 등용하였으며, 이를 통해 봉건제도를 강화하고 유교식 교육을 실시하였다.

고려시대 과거제도

고려시대 과거는 3년에 한번 실시하였으며, 제술과, 명경과, 잡과, 승과가 있었다. 이 가운데 제술과가 우대되었다.

고려는 고등교육기관에 해당하는 국자감으로부터 초등교육기관이라 할 수 있는 서당에 이르기까지 교육이 발전하였다. 특권 계층을 위한 교육기관으로는 국자감, 동서학당, 5부학당 등이 있었으며, 서민 계층을 위한 교육기관으로는 향교, 12도, 서당 등이 있었다. 즉, 성종 11년(992년)에 국자감(國子監)이 수도 개경(개성)에 설립되어 유교식 교육이 이루어졌고, 인종 5년(1127년)에는 전국에 향교(鄕校)를 세워 지방교육에 힘썼으며, 원종 2년(1261년)에는 향교와 같은 수준의 학교인 동서학당(東西學堂)과 5부학당을 세웠다. 사학으로는 최충(崔沖, 984~1068)의 12도(十二徒)라고 하는 고등교육기관이 있었으며, 초등교육 수준의 서당(書堂)을 통해 서민들의 교육이 이루어졌다(이만규a, 1991: 89-93).

고려시대는 삼국시대와는 달리 다양한 수준의 교육기관이 국가 또는 개인에 의해 설립되면서 교육이 활발하게 이루어진 모습을 보였다. 특히 민간인들을 위한 교육기관을 설립하여 서민에게까지 교육을 개방한 점은 교육의 기회균등을 실현하고자 한 노력으로 볼 수 있다.

조선시대의 교육

조선은 불교를 배척하고 유학을 숭상함으로써 이를 보편화하기 위한 노력을 하였으며, 자연스럽게 유학 중심의 교육을 실시하였다. **과거제도**는 고려시대의 과거제도를 이어받으면서 귀족계급 자제의 교육을 통한 관리양성에 주력하였다.

조선시대 과거제도

조선시대 과거는 고려시대와 마찬가지로 3년에 한번 실시하였으며, 문과(文科), 무과(武科), 잡과(雜科)의 세 종류로 나뉘었다. 문과와 무과는 초시, 복시, 전시의 3단계로 이루어졌고, 잡과는 전시가 없었다.

당시 고등교육기관으로는 성균관이, 중등교육기관으로는 향교와 서원이, 그리고 초등교육기관으로는 서당이 있었다. 조선은 태조 7년(1398)에 고려의 교육제도를 계승하여 국자감을 성균관(成均館)으로 명칭을 바꾸어 설립하였으며, 태종 11년(1411)에는 중앙에 4학(四學)과 지방에 향교(鄕校)를 세웠다. 사학으로는 중종 38년(1543)에 풍기군수 주세붕(周世鵬)이 세운 백운서원(白雲書院)을 계기로 많은 서원이 설립되었는데, 선현의 학식을 기리기 위한 사당을 두었으며, 주로 청년자제를 모아 학문과 덕행을 연마시켰다. 고려시대부터 이어 내려온 서당은 대중교육을 담당함으로써 초등교육 수준의 역할을 하였다(이만규a, 1991: 125-188).

조선시대의 교육은 고려시대의 교육을 기반으로 하여 교육체제가 크게 정비되었으며, 숭유억불 정책을 썼기 때문에 교육에 있어서도 유학 중심의 교육이 이루어졌음을 볼 수 있다. 또한 고려시대와 마찬가지로 고등교육에서 초등교육에 이르기까지 수준에 따른 교육기관이 설립되어 신분의 차별이 있기는 했어도 서민들에게 교육의 기회를 제공한 점은 긍정적 평가를 받을 수 있을 것이다.

근대의 교육

조선 말기 쇄국정치가 막을 내리고 고종 13년(1876)에 일본과 수호조약을 맺은 이후 미국, 프랑스, 이탈리아 등과도 통상조약을 체결하면서 우리나라는 문호를 개방하게 되었다. 이러한 가운데 당시 우리나라 정부의 외교고문을 맡고 있던 독일인 묄렌도르프(P. G. von Möllendorf, 1848~1901)는 우리나라 근대식 교육기관의 시초라 할 수 있는 **통변학교**(通辯學校)를 설립하였는데, 이 학교는 통변(通辯)을 양성하는 것을 목적으로 하였다.

통변학교(通辯學校)

통변학교는 동문학(同文學)으로도 불리어지는데, 통상아문에 소속된 영어 통역관을 양성하기 위해 설립된 학교다.

문호가 개방되면서 선교사들에 의해 외래문화가 전달되었는데, 이들은 교육에 주력하였다. 그 결과 1885년에 아펜젤러(H. G. Appenzeller, 1858~1902)가 배재학당을, 1886년에 스크랜턴(M. Scranton, 1832~1909)이 이화학당을, 1886년에 언더우드(H. G. Underwood, 1859~1916)가 경신학교를 설립하였다. 1883년에는 관민이 원산학사(元山學舍)를 설립하여 근대적 학문을 가르쳤으며, 정부에서도 1886년에 정부 최초로 **육영공원**(育英公院)을 설립하였다(이만규b, 1991: 31-37).

육영공원(育英公院)

육영공원은 귀족의 자녀나 국왕이 선정한 사람들을 위한 학교였다.

고종 31년(1894)에는 갑오개혁을 계기로 그동안 상류계층의 교육 및 과거 응시로 이루어졌던 교육에 대한 쇄신이 이루어졌다. 즉, 누구나 차별받지 않고 교육을 받을 수 있는 학교관제와 학교령이 공포됨으로써 모든 국민이 소학교, 중학교 등과 같이 구분된 학교에서 교육을 받을 수 있게 되었다. 아울러 한성사범학교(漢城師範學校)가 설립되어 초등교원을 전문적으로 양성하게 되었다.

그러나 1905년 을사조약이 체결되면서 일제의 식민지 교육이 시작되었고, 1910년 한일병합 이후 4차에 걸친 '조선교육령(朝鮮教育令)'이 반포되면서 우리나라 민족의 우민화 및 황국신민화 교육은 더욱 강화되었다. 이를 위해 일제 통감부는 우리나라의 민족사학을 폐지하고 새로운 학제에 의해 학교를 신설하는 등 민족말살 정책을 실시하였다(조화태·정재걸, 2000: 119-122).

1945년 8월 15일 우리나라는 일제로부터 벗어나 해방을 맞이하였으며, 미군정이 실시되면서 자주독립과 민주국가를 수립하는 계기를 맞이하였다. 이에 따라 학무국과 조선교육심의회 등을 중심으로 일본식 교육제도에서 벗어나 홍익인간의 교육이념 설정, 6-3-3-4제로의 단선형 교육제도 개편 등이 이루어졌다. 이러한 개혁은 특히 1948년 정부수립에 힘입어 민족적 민주주의 교육이 실시되었고, 새교육 운동(New Education Movement)과 함께 교육의 과학적 연구가 이루어지면서 교육의 민주화 작업이 박차를 가하게 되었다.

이상의 과정을 거치면서 우리나라 교육은 단기간에 양적 확대를 이루었으나, 교육의 체제나 내용 또는 운영 방식에 있어서 권위주의적인 모습을 보여왔다. 그럼에도 불구하고 현재 우리나라 교육은 홍익인간의 이념 아래 각급 학교의 교육목표가 수립되고, 이를 실현하기 위한 교육과정이 지속적으로 개정 또는 부분 수정이 이루어지면서 시대적·사회적 패러다임에 부합하는 인간상을 추구하기 위한 노력을 하고 있다.

휴머니즘의 패러다임을 좇아서...

그리고 문예 부흥기에 인간 본연의 모습으로 돌아가자는 외침도 맘에 들어요.
그래. 또 종교 개혁 이후 나타난 실학주의는 실용을 강조하면서 환영을 받았지.
네. 18세기에 들어서면서는 계몽운동이 등장했고요.
오~대단하구나 자연주의와 합리주의··· 그렇지?
교수님, 그리고 18세기 후반에는 신인문주의도 등장하고, 19세기에는 국가주의도 등장했잖아요.
그래. 그러고 보니 인간의 잠재가능성을 계발시키는 것을 강조한 발달주의도 생각난다.
국가주의
발달주의
이렇게 교육도 역사적으로 발전을 거듭했구나. 이 시대에 사는 우리는 더 좋은 패러다임을 만들어야겠지.
네. 저는 인간성의 조화로운 발달을 추구하는 인문주의 교육이 맘에 들어요. 호호호~

볼거리

고대 그리스의 제우스, 포세이돈, 하데스의 관계를 그린 영화 '타이탄의 분노(Wrath of the Titans)'를 보고, 신들의 죽음을 중세의 신중심사회 및 인간중심사회와 관련지어 생각해 보자.

생각할 거리

1. 로마 시대의 키케로가 가정교육의 중요성을 언급한 내용에서 시사받을 수 있는 점을 오늘날 우리나라의 가정교육과 비교하여 논의해 보자.
2. 중세 시대에 태동한 대학 가운데 한 대학을 지정하고, 그 대학의 역사와 교육방법 등 특이할 만한 점을 찾아 논의해 보자.
3. 우리나라의 근대교육, 즉 개화기, 일제 치하, 미군정기의 교육이 오늘날 우리의 교육에 미친 영향에 대해 논의해 보자.
4. 다음의 웹사이트를 방문해 본 후, 르네상스의 역사를 설명해 보고, 르네상스 시대에 등장한 인물들이 그들 자신의 내면세계 또는 추구하는 세계를 어떤 식으로 표현하고 있는지 논의해 보자.
   - The Renaissance(https://www.youtube.com/watch?v=4mgSPiAiBjU, 2:37)
   - History of the Renaissance(https://www.youtube.com/watch?v=Uhd-uwFonog, 43:04)

3 교육의 철학적 기초

플라톤, 소크라테스를 자신의 스승으로 삼다!

고대 그리스 철학자 플라톤은 어느 날 비극시 경연대회 원고뭉치를 들고 길을 가고 있었다. 그런데 머리가 희끗희끗한 노인이 어른아이 할 것 없이 모여 있는 자리에서 뭔가를 얘기하고 있었다. 사람들은 매우 열심히 이야기를 듣고 있었다. 플라톤이 가까이 가서 들어보았다. 잠시 후 플라톤은 자신의 원고를 그 자리에서 불살라 버리고 그 노인의 제자가 되기로 결심했다. 도대체 그 노인이 한 이야기가 무엇이었길래 플라톤이 이러한 행동을 했던 것일까? 그 노인이 한 이야기는 바로 "인생이란 무엇인가?", "사랑이란 무엇인가", "자유란 무엇인가?" 등에 관한 것이었다. 이처럼 사람들을 자신의 이야기에 푹 빠지게 한 노인, 그는 바로 플라톤이 사춘기에 스승으로 맞이한 소크라테스였다.

교육철학의 기초

철학과 교육철학

철학의 연구영역

교육철학의 탐구방법

전통적 철학과 교육

관념론과 교육

실재론과 교육

실용주의와 교육

현대 교육철학

20세기 전반의 교육철학

20세기 후반의 교육철학

교육철학의 기초

철학은 본질적으로 인간의 존재와 관련이 깊다. 지혜를 가르치는 일로부터 시작된 철학은 인간의 삶의 의미를 체계적으로 탐구하면서 실천적 성격을 가진 교육철학에도 영향을 미쳤다. 따라서 교육철학은 교육을 탐구대상으로 하면서 다양한 탐구방법으로 교육과 인간의 본질은 물론, 교육의 방향을 정립하는 데 도움을 준다.

철학과 교육철학

철학은 독일어 'philosophie'를 옮겨놓은 것으로, 이것은 그리스어 'philosophia'에서 유래된 것이다. 'philosophia'는 'philos(사랑)'와 'sophia(지혜)'의 합성어로, '지혜를 사랑하는 일'로 해석할 수 있다.

따라서 철학한다는 것은 지혜를 사랑하는 일에서 시작하며, 이를 통해 인간의 삶의 의미 또는 지식의 본질을 체계적으로 추구하는 활동으로, 물음에 답하기까지의 탐구 과정을 중요시한다. 이것은 예로부터 철학자들이 삶에 대한 본질을 찾거나 지식의 본질을 탐구하려는 노력에서 엿볼 수 있다. 즉, 철학자들은 '나는 어떤 존재인가?'에 관심을 가짐으로써 인간의 본질을 탐색해 왔으며, 지식에 대한 이해를 통해 지식의 본질에 대한 탐구를 도모해 왔다. 그러나 오늘날 철학은 탐구의 양상이 변화하고 있다. 즉, 철학은 진리를 추구하는 이론적 활동보다 인간의 의미체계를 표현하는 언어와 그것이 현실과 어떻게 관련을 맺는지 비판적으로 검토함으로써 의미를 확장하여 탐구하는 실천적 사고활동을 강조한다(Rorty, 1979).

교육철학은 철학의 의미를 지니되, 탐구의 대상을 교육에 둔다. 따라서 교육철학은 교육과 인간의 본질 또는 진리 탐구의 산물인 교육적 이론을 제공함

철학

철학은 역사가 오래된 학문으로, 그리스의 탈레스(Thales)로부터 시작하여 인도의 우파니샤드(Upanischad) 철학, 중국의 도가철학 등이 있어 왔다. 이러한 철학은 철학자의 사고에 따라 다양한 형태로 연구되고 있다.

으로써 하나의 지식체계를 만들었다. 그러나 철학의 탐구 양상이 변하면서 교육철학의 탐구 양상도 변화를 가져왔다. 즉, 제도적으로 또는 일상적으로 접하는 교육적 담론의 기저에 놓여있는 언어적 의미체계가 현실과 어떻게 관계되는지 비판적으로 검토하는 실천적 활동으로 바뀌었다(Blake, Smeyers, Smith, & Standish, 2003). 따라서 오늘날 교육철학은 교육에 대한 의미를 탐구할 뿐만 아니라 인간의 삶에 유용한 방향으로 교육하는 데 필요한 지혜를 제공함으로써 교육의 새로운 방향 탐색에 도움을 준다.

철학의 연구영역

철학은 연구영역에 따라 인간의 삶의 의미는 물론, 지식의 본질을 탐구하는 관점과 방식이 달라진다. 철학의 연구영역은 보통 존재론, 인식론, 가치론 그리고 논리학으로 구분된다(김수동·공병호, 2003: 203-206).

존재론(ontology)이란 우주의 궁극적인 본질 또는 실재를 탐구하는 것이다. 즉, 이 영역에서는 '이 세상이 변화하는 것은 무엇 때문이며, 변화하지 않는 것은 무엇인가?'에 대한 질문을 던진다. 이 세상의 모습은 다양하지만 실재가 하나라고 보는 입장을 일원론(一元論)이라고 하는데, 실재를 정신 또는 영혼으로 본다면 관념론의 입장을 취하는 것이고, 실재를 물질 또는 관찰 가능한 것으로 본다면 실재론의 입장을 취하는 것이며, 우주의 본질이 계속해서 변화하는 것이라고 본다면 실용주의의 입장을 취하는 것이다. 전통적 철학에서는 보통 이들 세 입장에 대해 다룬다.

인식론(epistemology)이란 진리 또는 지식의 근거를 밝히는 것이다. 따라서 이 영역에서는 '진리란 무엇인가?', '안다는 것은 무엇을 의미하는가?', '참다운 앎에 다다를 수 있는가?' 등에 대해 질문한다. 참다운 앎에 다다를 수 있다고 볼 때 지식은 절대적인 것이 되고, 참다운 앎에 다다를 수 없다고 볼 때 확실한 지식이 없다는 것을 반증하는 것이며, 참다운 앎이 무엇인지 알 수 있지만 그것이 상대적이라고 본다면 지식은 세상에서 일어나는 현상들을 설명하기 위해 인간이 만들어낸 것일 뿐이라는 입장을 취하게 된다.

가치론(axiology)이란 선악, 정의와 불의 등과 관련하여 그 근거와 판단기준을 밝히는 것으로, 윤리학이나 미학 등이 이 영역에 포함된다. 윤리학은 인간의 개인적·사회적 행위의 도덕성 문제를 다룸으로써 행위의 질을 판단하고 좋은 것과 그렇지 않은 것 또는 옳은 것과 그른 것의 기준을 밝히고자 한다. 미학은 인간의 삶 속에 존재하는 미의 본질과 기준을 탐구한다.

논리학(logic)이란 어떤 결론에 도달하기까지의 사고과정에 대한 타당성을 알아보는 검토 준거를 밝히는 것이다. 논리적 사고에는 귀납법(induction)과 연역법(deduction)이 있다. **귀납법**은 구체적 사실로부터 보편적 원리나 법칙을 이끌어내는 추리 과정이며, **연역법**은 반대로 보편적 원리로부터 구체적 사실을 이끌어내는 추리 과정이다. 논리실증주의(logical positivism)에 의하면 논리학에 근거한 철학적 탐구는 추리 과정이 논리적이라 해도 그 결론의 근거가 되는 전제가 진위를 검증할 수 없는 것이라면 그 결론은 아무런 의미가 없다고 본다. 그러나 어떤 문장에 대한 진위 검증이 어렵다고 하여 무의미하다고 볼 수는 없기 때문에 이 또한 문제가 될 수 있다. 따라서 어떤 개념이나 진술에 대해 인간과 사회 및 문화 등의 맥락 안에서 갖는 의미를 탐색하고자 하는 분석철학적 입장을 취하는 경우가 많다.

귀납법

귀납법은 개별적인 특수한 사실이나 원리를 전제로 하여 일반적인 사실이나 원리로서의 결론을 이끌어내는 연구방법으로, 특히 인과관계를 밝혀내는 데 사용된다.

연역법

연역법은 논리적으로 필연적 원리 또는 진리 보존적 추리 규칙에 따라 주어진 전제로부터 결론을 이끌어내는 연구방법이다.

시대적·사회적 상황에 따라 철학의 어떤 영역이 강조된다 하더라도 교육철학은 이상에서 살펴본 철학의 각 연구영역에서의 탐구결과를 통해 교육이 지향해야 할 방향성을 제시해 주어야 한다. 아울러 교육이 인간과 사회 속에서 갖는 맥락적 의미를 탐색하는 데 도움을 주어야 할 것이다.

교육철학의 탐구방법

교육철학은 교육현상에 대한 탐구를 통해 교육의 미래를 바라보는 안목을 갖게 한다. 교육에 대한 탐구는 다양한 교육 상황에 대한 깊은 성찰 또는 반성을 통해 이루어질 수 있다. 보통 교육철학은 철학에서의 탐구방법과 마찬가지로 분석적·평가적·사변적·통합적 방법으로 접근하는데(신득렬 외, 2004: 294-298), 상호 관련되어진다.

사변적 방법
사변적 방법은 지적이고 이론적인 사고를 통해 어떤 생각 또는 체계적 이론을 형성하게 하는데 도움을 준다.

첫째, **사변적 방법**은 사고를 통하여 새로운 개념과 아이디어 그리고 가설 등을 찾아내는 이론적 활동으로, 가장 널리 사용되는 방법이다. 교육철학에서는 이 탐구방법을 통해 교육에서 드러나는 현상을 설명하고, 이를 통해 교육의 효율성을 높이기 위한 관점과 실행을 위한 구체적 방법을 제시한다.

둘째, 분석적 방법은 언어의 의미 또는 가치판단을 위한 기준 등을 분명히 하고자 할 때 사용되는 탐구방법이다. 교육철학에서는 이 탐구방법을 통해 '교육'이라는 용어의 의미를 명확히 하고, 교육적 의미체계를 구성하는 언어의 의미와 그 논리적 관계를 명백히 하려는 노력을 한다. 따라서 이 탐구방법은 언어의 단순한 논리적 분석에서 벗어나 교육적 의미체계가 어떤 배경에서 성립되는지 분석함으로써 교육적 의미체계가 무엇을 전제하고 어떻게 반영되는지 이해하는 데 도움을 준다.

셋째, 평가적 방법은 사물이나 사건에 대해 어떤 준거를 가지고 판단하고자 할 때 사용되는 것으로, 그 준거가 명확해야 한다는 점에서 분석적 탐구활동과 밀접하게 관련된다. 교육철학에서는 이 탐구방법을 통해 주어진 기준이나 준거에 비추어 교육적 의미체계의 타당성이나 교육실제의 적합성 등에 대해 평가한다. 따라서 교육실제를 뒷받침하는 이론적 배경 또는 의미체계의 수용 여부를 결정하거나 한계점을 지적함으로써 교육의 방향을 제시하는 단초를 제공한다.

넷째, 통합적 방법은 다양한 요소들을 종합적으로 고려하는 탐구방법이다. 교육철학에서는 이 탐구방법을 통해 교육과 관련하여 제시되는 다양한 의미체계를 전체적인 관점에서 통합적으로 파악한다. 즉, 교육과 관련된 다양한 학문이 갖는 이론에 대해 전체적인 관점에서 이해함으로써 상호 관련성을 검토하고 적합성을 평가하여 교육활동의 효율성과 효과성을 높이는 데 도움을 준다.

전통적 철학과 교육

철학의 큰 사상적 조류는 관념론과 실재론이며, 실용주의와 함께 이들 철학은 전통 철학의 중요한 영역으로 자리잡고 있다. 이들 철학은 궁극적 실재에 대해 서로 다른 시각을 갖고 교육에 영향을 미쳐왔다(신득렬 외, 2004: 299-315; 윤재홍, 2012: 23-29).

관념론과 교육

관념론(idealism)은 궁극적 실재가 마음 또는 정신이라고 보는 것이다. 관념론자들은 절대적인 실재와 그렇지 못한 것을 구별하면서 물질적인 것들을 정신적 실재의 표상일 뿐이라고 하였다. 또한 인간의 육체와 마음도 구별하였는데, 육체를 마음에 비해 열등한 것으로 보았다.

관념론에 의한 교육은 마음을 훈련하고 정신을 함양하는 것을 강조한다. 이 입장을 강조하는 교육자들에 의하면 지식이 실재의 기초가 되는 정신적 원리이며, 이 지식이 이데아의 형태를 취한다. 따라서 교사와 학생은 깊은 성찰로 이데아를 다룸으로써 진리가 무엇인지에 대한 해답을 찾아야 한다는 것이다.

대표적인 관념론자로는 이데아(idea)만이 참된 실재라고 한 관념론의 창시자 **플라톤**(Platon, B.C.428~B.C.348)이 있으며, 버클리(G. Berkeley, 1685~1753), 칸트(I. Kant, 1724~1804), 헤겔(G. W. F. Hegel, 1770~1831) 등도 약간의 다른 견해들을 보이지만 관념론의 입장에 있다.

플라톤
플라톤에 의하면 교육이란 현실적인 감각 세계의 허상만을 지각할 수 있는 인간으로 하여금 초현실적인 이성 세계의 표상을 인식할 수 있도록 마음의 눈을 뜨게 하는 것이다.

관념론의 입장에서 학생들은 깊이 성찰하고 반성함으로써 진리를 찾아야 하며, 학교는 학생들이 진리를 탐구하고 발견하는 기관으로서의 역할을 해야 된다. 그러나 관념론에 치우친 교육이 이루어진다면 마음과 육체의 조화로운 발달을 강조해야 하는 교육은 제 구실을 다하지 못할 수 있다.

실재론과 교육

실재론(realism)에 의하면 이 세계는 인간의 마음이 아닌, 그 자체의 어떤 법칙에 의해 존재하고 변화하며 발전하는 것으로, 이 세계를 알기 위해서는 실제로 물질세계를 관찰하여 그 법칙을 발견할 때 가능하다. 따라서 실재론은 이데아와 현실을 동일한 것으로 본다.

실재론의 입장에서 교육은 인간 유기체를 포함하여 물질세계 속에 존재하는 자연법칙을 발견하는 일과 모든 존재하는 것 속에서 질서와 조화를 발견해 내는 인간의 지성을 중요시한다. 따라서 이 입장을 강조하는 교육자들은 인문과 과학 교과 중심의 교육과정을 강조한다. 이들은 관념이나 이데아가 반드시 감각적 경험에 의해 증명될 것을 요구한다.

대표적인 실재론자인 아리스토텔레스(Aristoteles, B.C.386~B.C.322)는 실재론에 대해 극단적 입장을 취한 플라톤을 비판하였다. 아리스토텔레스는 자연세계의 사물을 실체로 보고, 이러한 사물들이 어떤 공통성을 지니고 그 재료는 어떤 것으로 이루어졌는지 파악하면서 형상(form)과 질료(matter)라는 개념을 제시하였다. 즉, 그는 이 세상의 모든 사물이 물질이라는 가시적 구성요소와 그 물질의 본질에 의해 결정되는 형상을 지닌다고 생각하였다. 이러한 주장은 관념론자들의 주장과는 상반되는 견해로, 실체 또는 어떤 사물의 참된 실재란 정신에 내재된 관념의 세계에 존재하는 것이 아니라, 정신의 외부에 있는 물질의 세계에 존재한다고 보는 것이다.

실재론은 학생들로 하여금 과학적·실험적 방법을 배우고 합리적 과정에 대한 소양을 길러야 하는 중요성을 던져준다. 그러나 교육활동과 그 결과는 눈에 보이지 않는 내면적 과정에 의해서도 영향을 받기 때문에 결코 관념론적 입장을 무시할 수만은 없을 것이다.

실용주의와 교육

실용주의(pragmatism)는 우주를 움직이는 것이 물질이며, 변화는 끊임없이 지속되고 확산되는 것으로 본다. 즉, 실재는 변하는 것이며, 따라서 가치도 시간과 공간 그리고 주변 환경 요인에 따라 상대적이라는 것이다.

실용주의

실용주의는 미국 고유의 철학으로 보는 영향이 있지만, 사실은 "우리의 감각기관은 경험한 것만을 알 수 있다."라고 주장한 영국의 경험주의적 전통의 소산이다.

실용주의는 19세기 중엽 피어스(C. S. Peirce, 1839~1914)에 의해 시작되어 20세기 초엽 제임스(W. James, 1842~1910)가 발전시켰고, 듀이(J. Dewey, 1859 ~1952)에 의해 완성된 것이다. 이 철학은 특히 다윈(C. R. Darwin, 1809~1882)의 진화론에 의해 많은 영향을 받아 가치의 상대성을 강조하고, 인류 및 사회의 발전을 주요 논점으로 다룬다.

실용주의에 입각한 교육은 획득한 지식을 적용 또는 응용하는 능력을 길러주는 것을 강조하는데, 그 까닭은 지식과 경험의 재구성이 이루어질 때 인류가 발전한다고 보았기 때문이다. 따라서 교사는 학생들의 경험의 폭을 넓혀 주고 학생들이 경험을 재구성할 수 있도록 도와주어야 한다는 것이다.

실용주의에 입각한 교육은 교수·학습 과정에서 학생들의 자발적 참여를 유도하고 스스로 문제를 해결하는 능력을 길러주어야 한다는 점에서 긍정적이다. 학생들이 스스로 문제를 해결하고자 할 때 창의성이 발현되고, 지식을 생활 속에서 응용하는 지혜를 발휘할 수 있을 것이기 때문이다.

현대 교육철학

20세기에 접어들면서 세계대전과 과학기술의 발전, 사회적 변화 등에 따라 진보와 보수로 대립되는 교육사조가 등장하였다. 20세기 후반에 접어들면서는 연구방법과 담론의 정확성, 교육과 사회·정치 등과의 관련성을 강조한 교육철학이 등장함으로써 다양한 학문적 접근이 이루어졌다.

20세기 전반의 교육철학

20세기 전기에는 전통과 진보가 대립되어 나타난 교육사조에 의해 각기 다른 관점에서 교육에 대한 대안들이 다양하게 소개되었다. 즉, 진보주의 사상의 등장 및 이를 반대하는 항존주의와 본질주의, 그리고 이들 세 교육사조를 종합·검토하여 등장한 재건주의가 그것이다.

진보주의 교육철학

진보주의(progressivism) 교육철학은 전통적인 교육에 반대하며, 교육이란 아동의 성장을 도와주기 위한 것으로 보았다. 따라서 종래의 교사중심적·교과중심적 교육에 맞서 아동중심의 생활교육을 강조하였다.

진보주의자들은 1918년 진보주의교육협회(Progressive Education Association)를 결성하였으며, 학생 개개인을 중시하고 학생의 관심, 흥미, 욕구 등을 존중함으로써 학생의 내재적 성장을 지원해야 함을 선포하였다.

경험의 계속적인 재구성
경험의 재구성은 아동이 자신의 활동성과를 스스로 비판적 사고과정을 통해 검토할 때 이루어지는 것으로, 듀이는 이러한 검토과정을 '반성적 사고(reflective thinking)'라고 하였다.

진보주의의 대표적 철학자인 듀이에 의하면 교육은 **'경험의 계속적인 재구성'**에 의해 이루어지며, 따라서 '경험에 의한 학습(learning by doing)'을 중시하였다. 이것은 학습주체로서의 학습자를 존중하고 학습자의 관심과 흥미를 고려한 교육내용을 선정해야 한다고 보는 입장이다. 이 입장에서 교사는 아동들의 발달 특성과 요구를 바탕으로 하여 그들의 성장을 도울 수 있어야 한다(Kneller, 1971).

진보주의 교육은 미국의 공교육에 뿌리를 내리면서 1930년대 미국의 교육은 물론, 세계의 교육에도 큰 영향을 미쳤다. 즉, 진보주의 교육은 학습자 중심의 교육을 강조하면서 학습자의 관심, 흥미, 요구 등을 고려하여 전통적인 교육에서 벗어나는 계기를 마련하였다. 그러나 아동에게 지나친 자유를 부여함으로써 어려운 교과목을 기피하게 하는 요인이 되었고, 교육의 명확한 목표 설정을 어렵게 하였으며, 교육의 사회적 기능을 간과하였다는 문제점을 지닌다.

항존주의 교육철학

항존주의(perennialism) 교육철학은 1930년대에 전통적인 교육관을 지지하던 보수주의자들이 진보주의 교육철학의 이념에 반대하면서 등장한 것이다. 즉, 인간의 본성은 변화하지 않으며, 따라서 교육의 기본 원리도 영원불변하다고 주장하였다.

항존주의 교육철학에서는 인간을 이성을 지닌 존재로 보고, 이러한 이성이 계발될 때 인간다운 삶이 영위된다고 보았다. 따라서 교육의 목적은 이성을 계발하는 것이었으며, 그 방법은 영원불변의 진리를 습득하는 것이었다. 이에 따라 초등학교에서는 읽기, 쓰기, 셈하기 등과 같은 기초적인 교과를 배우도록 하였고, 중·고등학교에서는 **중세 7자유학과**의 내용을 중시하였으며, 대학교육에서는 위대한 사상가의 저서 가운데 100여 권을 선정하여 '고전명저(The Great Books)'로 명명하고 이를 필독 도서로 정하여 읽도록 하였다(Kneller, 1971).

중세 7자유학과
중세 7자유학과란 중등교육 이상에서 교수되어 오던 과목으로, 문법, 수사학, 논리학의 3학과 산술, 기하, 천문학, 음악의 4과를 말한다.

항존주의의 대표적 철학자인 허친스(R. M. Hutchins, 1899~1977)에 의하면 인간다운 모습은 모든 시대와 사회에 같은 것이며, 따라서 교육의 목적도 모든 시대와 사회에 동일한 것이어야 한다. 교육은 인간을 인간답게 형성시키는 일에 일차적 목적이 있기 때문이라는 것이다. 아들러(M. Adler, 1902~2001) 역시 교육의 목적이 만인에 동일한 것이 되어야 한다고 주장하였다. 즉, 언제 어디서나 어떤 사회, 어떤 생활방식에 있어서나 동일해야 한다는 것이다. 이처럼 항존주의자들은 교육의 목적이 절대적이고 보편적이어야 함을 강조하였다.

항존주의 교육은 비인간화 현상으로 치닫는 현대사회에서 인간의 본성과 절대성을 통해 인간의 삶의 지표를 분명히 하는 데 기여하였다. 그러나 절대불변의 가치를 숭상함으로써 지적 훈련을 강조한 나머지 평범한 민주시민들의 가치를 고려하지 않았고, 현재를 삶의 과정으로만 보아 현실을 경시했으며, 고전

속의 위대한 인물을 하나의 인간상으로 보아 이에 부응하지 못하는 일반 학생들을 배려하지 못했다는 한계점을 지닌다.

본질주의 교육철학

본질주의(essentialism) 교육철학은 현재의 삶을 중시한 진보주의와 과거의 위대한 업적을 강조한 항존주의의 입장을 절충함으로써 두 교육철학의 긍정적 측면을 수용하였다. 본질주의 교육운동은 1936년 배글리(W. C. Bagley, 1874~1946)에 의해 시작되었는데, 이는 '미국 본질주의 교육개혁위원회(The Essentialist Committee for the Advancement of American Education)'가 창설되고 이어 본질주의 선언이 선포되면서 본격화되었다.

본질주의의 교육목적은 인류의 소중한 경험을 다음 세대에 전달함으로써 여러 가지 사회 문제와 위기를 극복할 수 있는 지혜를 갖게 해 주는 것이었다. 이를 위한 교육내용은 인류의 문화유산 가운데 중요한 것이어야 했으며, 엄격한 훈련을 통해 보다 가치있는 내용에 관심을 갖도록 하는 것을 교육방법으로 삼았다. 따라서 교육의 주도권은 교사에게 있었으며, 교재는 학습자의 관심을 고려할 필요가 없었다(Kneller, 1971).

이처럼 본질주의는 인류의 유산을 다음 세대에 전달함으로써 닥쳐올 사회 위기를 극복하도록 하는 데 초점을 두었다. 그러다보니 현실 문제의 해결에 도움이 되는 학문인 자연과학을 강조함으로써 사회과학이 우리에게 주는 장점을 간과하였다. 또 교사의 주도권을 강조하여 학습자의 능동적 참여를 장려하지 못하였고, 지나치게 현실 문제의 해결에 치중함으로써 학생들에게 미래지향적인 태도를 길러주는 데 한계점을 갖는다.

재건주의 교육철학

재건주의(reconstructionism) 교육철학은 20세기 중반에 접어들어 사회와 문화의 위기를 극복하기 위한 방법으로 교육을 통한 사회개혁과 문화 재건의 필요성을 강조하였다. 재건주의 교육철학을 주장한 **브라멜드**(T. Brameld, 1904~1971)는 인류에게 닥친 위기를 극복하고 사회의 유지·발전을 위해서 교육이 필요함을 역설하였다.

재건주의자들은 진보주의, 항존주의, 본질주의 교육사상에서 필요한 것을 수용함으로써 절충하는 입장을 취했다. 즉, 수단과 과정을 중시하는 진보주의로부터 실험정신을, 영원불변의 가치를 존중하는 항존주의로부터 삶의 목적을, 그리고 문화보전을 중시하는 본질주의로부터 체계적·실용적 지식을 통합·수용하였다. 따라서 재건주의의 교육목적은 사회적 자아실현에 두었고, 이를 위한 교육내용으로 인류의 경험과 문화유산을 강조하였으며, 참여와 경험 또는 집단활동을 통한 학습을 제안하였다(Kneller, 1971).

재건주의는 위기에 처한 사회문제에 대한 인식을 갖게 하는 데 성공하였다. 그러나 새로운 사회질서를 수립하기 위한 구체적인 교육설계의 내용과 방법을 세안하지 못했으며, 학생들을 기성 세대가 만들어 놓은 사회로 몰고 감으로써 그들의 의지를 무시할 수 있다는 지적을 받는다.

브라멜드

브라멜드는 1956년 『재건주의 교육철학을 지향하며』라는 저서에서 자신이 구상하는 문화적 재건주의 교육이념을 피력하고 있다.

20세기 후반의 교육철학

20세기 후반에는 교육철학을 자율적인 학문으로 성립시키는 데 공헌한 분석철학, 사회적·정치적 문제에 관심을 가지고 교육의 문제 및 사회 관련성에 관심을 가진 비판적 교육철학, 그리고 지식이 삶의 맥락 속에서 구성된다고 본 구성주의 교육철학 등으로 구분된다. 이러한 교육철학은 다양한 학문적 접근을 시도하면서 발전하고 있다.

분석적 교육철학

분석적 교육철학은 1960년대 들어 기존의 사변적 철학방법에서 벗어나 교육을 과학적 방법으로 탐구하려는 입장을 취하였다. 따라서 교육철학을 객관적이고 보편타당한 이론체계를 갖춘 독립적인 학문으로 발전시키고자 노력하였다(Chambliss, 1996).

이를 위해 분석적 교육철학은 가치중립적이라고 생각되는 언어와 논리의 타당성 여부를 연구해야 한다고 주장하였다. 즉, 이돈희와 조화태(1995: 58)가 주장한 바와 같이 교육철학이란 교육을 둘러싸고 전개되는 이론이나 논의에 사용되는 언어적 의미를 분석하여 객관적 의미를 명료하게 하고, 각 진술들의 논리적 관련성을 분석하여 일관성과 타당성을 점검하는 일이라는 것이다. 분석적 교육철학의 대표적인 학자로는 **피터스**(R. S. Peters), 허스트(P. H. Hirst), 쉐플러(I. Scheffler), 솔티스(J. F. Soltis) 등이 있다.

피터스

피터스는 저서 『윤리학과 교육』에서 교육은 다양한 의미를 지니고 있어 개념 정의할 수 없기 때문에 교육의 개념적 기준, 즉 규범적 기준(목적), 인지적 기준(내용), 과정적 기준(방법)을 모두 충족해야 교육이 될 수 있다고 주장하였다.

분석적 교육철학은 교육철학의 독자적 학문 영역으로의 발전을 위한 노력을 통해 교육철학을 새롭게 정립하고자 하였으며, 교육과 관련된 논의의 전개에 사용되는 언어의 개념들을 명료화하려는 시도로 언어 사용의 편견이나 오류를 없애기 위한 노력을 전개하였다. 그러나 지나치게 언어와 논리에 치중함으로써 교육철학의 실천적 접근에 다가가지 못했다는 점이 지적된다.

비판적 교육철학

비판적 교육철학은 1970년대 후반 분석적 교육철학에 대한 비판으로 등장하였다. 비판적 교육철학은 **비판이론**의 영향을 받아 형성된 교육철학으로, 자본주의 사회가 인간에게 미치는 억압과 왜곡 그리고 불평등 구조의 재생산 과정으로부터 벗어나는 사회를 실현하려는 입장을 수용하였다(신득렬 외, 2004: 355).

비판이론

비판이론은 독일 철학, 특히 헤겔과 마르크스 철학에 그 뿌리를 두고 있는 것으로, 인간의 자유로운 의식의 형성을 억압하고 왜곡시키는 사회적·정치적·경제적 요인들을 분석·비판하고자 하는 입장을 취한다.

따라서 비판적 교육철학은 학교교육이 사회의 불평등을 계속해서 조장한다고 보았다. 즉, 사회의 억압 구조에 의해 이루어지는 학교교육이 잘못된 지배 이데올로기를 학습자에게 전달함으로써 불합리한 사회구조를 재생산하는 역할을 수행한다는 것이다.

비판적 교육철학의 대표적인 학자로는 프레이리(P. Freire), 부르디외(P. Bourdieu), 애플(M. W. Apple), 지루(H. A. Giroux) 등이 있다. 이들은 비판적 교육철학을 통해 교육활동의 숨은 의도를 찾아내어 분석하고, 이러한 것들이 어떤 방식으로 학생들을 억압하고 사회적 불평등 구조를 재생산하는지 비판함으로써 그 대안을 제시해야 한다고 주장하였다.

비판적 교육철학은 교육철학의 관심 영역을 학교현장에 두고 사회와의 관계 속에서 발생하는 불평등 구조의 재생산 등 다양한 교육문제를 비판함으로써 대안을 제시하려는 노력을 하였다. 그러나 인간의 잠재력을 발굴·계발하고 인류의 문화유산을 유지·발전시키는 데 기여하는 교육의 순기능적 기능을 간과하고 교육의 역기능적 측면을 강조했다는 문제점을 갖는다.

구성주의 교육철학

구성주의 교육철학은 지식이 어떤 성격을 갖느냐의 문제에 초점을 두는 지식론과 인간이 지식을 어떻게 인식하는가에 관심을 갖는다. 즉, 포스트모더니즘의 관점에서 지식의 형성과정과 성격에 대한 반성에서 비롯된 교육철학이다.

따라서 조용환(1998)이 지적한 바와 같이 지식이 삶의 맥락 속에서 구성된다고 본다. 즉, 지식은 삶 속에서 발생한 문제를 해결하기 위해 구성되는 것이므로 삶의 맥락 속에서만 의미와 가치를 갖는다는 것이다.

구성주의는 인지적 구성주의와 사회문화적 구성주의로 대별된다. 인지적 구성주의는 피아제의 인식론에 영향을 받은 글라스펠드(von E. Glasersfeld)에 의해 체계화된 것으로, 지식의 형성 과정 가운데 인간의 인지적 작용이 가장 중요한 것이라고 보는 입장이다. 사회문화적 구성주의는 **비고츠키**(L. Vygotsky)의 영향을 받아 발전된 이론으로, 지식을 구성하는 요인 가운데 사회문화적 상호작용을 가장 중요한 요인으로 본다.

비고츠키

심리학계의 모차르트로 불리어지는 비고츠키는 문화적으로 의미있는 행동을 습득하기 위해 아동과 성인의 상호작용을 강조하였으며, 특히 언어를 중요한 변인으로 생각하였다.

구성주의 교육철학은 지식이 절대적인 것이 아니라 상대적인 것으로, 삶의 맥락에 따라 다양한 의미를 갖는다는 것을 보여주었다. 그리하여 교사들로 하여금 학생들에게 지식을 던져주던 과거의 교육에서 벗어나 학생들이 지식을 구성하도록 돕는 구성주의적 교사가 될 것을 주문하는 계기가 되었다.

교수님, 전 요즘 가끔 '내가 누굴까?' 하는 생각이 들어요.
음. 좋은 생각을 하고 있구나. 예로부터 철학자들은 '내가 어떤 존재인가?'에 관심을 갖고 인간의 본질에 대해 탐색해 왔지.
근데, 이 세상이 도대체 무엇 때문에 이렇게 변화하는지도 궁금해져요.
우주의 궁극적 본질을 탐색하는 것은 철학의 영역 가운데 존재론에 해당한단다.
그밖에 진리와 근거를 밝히는 인식론, 선악 및 정의나 불의 등의 근거와 판단기준을 밝히는 가치론, 그리고 사고과정에 대한 타당성을 알아보는 검토 준거를 밝히는 논리학으로 구분된단다.
그렇구나~ 좀 어려운 것 같아요.
하지만 교육철학은 우리 인간에게 매우 유익한 학문 영역이란다.
그럼 교육철학은 그동안 어떤 형태로 나타났어요?

전통 철학으로는 보통 관념론과 실재론을 이야기하지. 그리고 20세기 초에 진보주의 교육철학으로부터 시작하여 항존주의, 본질주의, 재건주의 등이 교육에 영향을 미쳤단다.
그렇지. 그래서 영원불변의 진리를 습득해야 한다고 주장한 항존주의와 인류의 문화유산을 다음 세대에 전달하는 것을 중시한 본질주의가 등장했단다.
진보주의는 전통적 교육에 반대한 거잖아요. 그런데 아동들한테 너무 자유를 부여한 것이 좀 문제였고요.
그리고 세 철학사조에서 필요한 것을 받아들여 절충한 재건주의도 등장했잖아요.
오~정말 열심히 공부했구나. 20세기 후반에 들어서는 사변적 철학방법에서 벗어나 교육을 과학적 방법으로 탐구하려는 분석적 교육철학이 등장했단다.
맞아. 하지만 어느 교육철학이든 시대와 사회의 상황을 고려한 것일 뿐, 모두 장단점이 있게 마련이란다.
분석적 교육철학이 언어와 논리에 치중해서 생긴 한계점을 비판하면서 비판적 교육철학도 등장했지요. 헤헤~
저는 요즘 구성주의 교육철학이 맘에 들어요. 지식이 삶의 맥락 속에서 구성된다고 보잖아요. 저는 이 다음에 교직을 이수해서 구성주의적 교사가 되어 볼까 해요. 헤헤~

볼거리

뇌 사용량이 많아지면서 점차 차가운 사람으로 변해가고 감정을 잃어가는 루시를 통해 인간의 존재 자체에 대해 물음을 갖게 하는 영화 '루시(Lucy)'를 보고, 인간이 갖는 존재 이상의 의미가 무엇일지 생각해 보자.

생각할 거리

1. 교육철학의 탐구방법에는 사변적 방법, 분석적 방법, 평가적 방법, 통합적 방법이 있다. 각각의 방법이 교육철학의 역할에 어떤 식으로 기여할 수 있는지 논의해 보자.
2. 관념론과 실재론을 비교하고, 이들 철학을 학교교육에서 수용할 때 학교교육이 어떤 식으로 전개될 것인지 긍정적 측면과 부정적 측면을 사례를 들어 논의해 보자.
3. 현대의 교육철학 가운데 오늘날 우리나라 교육의 방향성을 가장 잘 나타내고 있는 교육철학이 무엇일지 생각해 보자.
4. 다음의 웹사이트를 방문해 보고, 구성주의 학습은 어떻게 이루어져야 하며, 구성주의적 교사가 되기 위해서는 어떻게 해야 하는지 논의해 보자.
   - Constructivism(https://www.youtube.com/watch?v=UkEJTiodg-Q, 2:50)
   - Bruner-Constructivism in Education(https://www.youtube.com/watch?v=ZXUJMNtZh_s, 5:14)

4 교육의 사회적 기초

sky를 향한 몸부림

'sky'란 무엇을 의미하는가? '하늘', '빛나다', '누군가의 ID'일 수도 있다. 그러나 한국 사회에서 'sky'란 수험생 또는 수험생 부모들 사이에서 소위 명문으로 꼽히는 3개 대학의 진학을 희망하는 정서의 표현이다. 그렇다면, 'sky'에 진학한 학생들은 행복한가? 'sky'에 진학하지 못한 학생들은 불행한가? 우리 사회는 언제까지 이 틀에서 벗어나지 못하는 것일까? 교육은 분명 사회의 유지·발전에 기여한다. 사회 또한 교육활동을 지원한다. 교육과 사회는 어떤 관계를 맺고 있는 것일까? 사회가 교육을 끌고 가는 것인가? 아니면 교육이 사회를 끌고 가는 것인가?

사회와 교육

사회, 문화, 교육의 관계

사회화와 교육

교육의 사회적 기능

사회계층 및 사회변동과 교육

사회계층과 교육

사회변동과 교육

학교교육에 대한 사회학적 관점

거시적 관점과 학교교육

미시적 관점과 학교교육

사회와 교육

교육은 사회 속에서 이루어지며, 사회 역시 교육받은 인간을 요구하면서 사회화된 구성원을 필요로 한다. 사회 속에서 형성되는 문화 역시 사회구성원들로 하여금 동질성을 형성하게 하는 요인이 됨과 동시에 다양성을 갖게 하는 요인이 되기도 한다. 이러한 문화를 향유하는 사회인으로서의 삶은 결국 교육을 통해 가능하다.

사회, 문화, 교육의 관계

사회는 인간의 삶과 떨어져 생각할 수 없는 환경이다. 린튼(R. Linton)에 의하면 사회는 하나의 전체로서 움직이는 것으로, 어떤 양상들을 공통적으로 갖고 있고, 개인의 일생을 넘어서까지 계속 정상적으로 지속되며, 전체의 생존에 필요한 활동들은 다양한 사회구성원들에게 분할되어 있다(Linton 저, 전경수 역, 1984: 29-31). 이러한 관점에서 사회는 인간의 존엄성을 인정하고, 자유와 평등, 정의 등이 실현될 수 있도록 해야 하며, 구성원 모두에게 복지가 이루어질 수 있도록 노력해야 한다. 각 개인 역시 자신의 역할을 다하고 타인과 더불어 살아가는 공동체의식을 갖출 때 사회가 건강하게 유지·발전될 수 있다. 사회의 노력은 교육을 통해 결실을 맺을 수 있으며, 따라서 사회와 교육은 개인의 자아실현과 행복을 위해 함께 노력해 간다.

문화는 다양한 사회에서 개인의 노력에 의해 이루어지는 인간의 사회적 유산이다. 즉, 문화란 한 사회의 구성요소들이 특정 사회의 성원들에 의해 공유되고 전달되는 학습적 행위와 그 행위의 결과들의 전체 형상(configuration)이다(Linton 저, 전경수 역, 1984: 45). 따라서 사회는 문화를 특징짓고, 문화는 사회구성원으로 하여금 관습, 규범, 생활방식, 신념, 가치 등에 있어서 동질성을

문화

문화에 대한 가장 오래된 정의는 영국의 인류학자 타일러 경(Sir E. B. Tyler, 1832-1917)이 자신의 책 『원시문화(Primitive Culture)』의 서두에서 '문화란 인간이 사회의 일원으로서 습득한 지식, 믿음, 예술, 도덕, 법률, 풍습 그리고 다른 능력들과 습관을 포괄하는 복합체'라고 밝힌 것이다.

갖게 함과 동시에 다양성을 창출하게 한다. 즉, 문화는 인간의 필요에 의해 만들어진 것으로, 각 개인은 문화를 공유하면서 습득하거나 전승하며, 보편성과 특수성을 지닌 다양한 문화를 만들어낸다. 이처럼 문화는 사회를 만들어가는 기반이 되는 것으로, 교육을 통해 학습되어지는 경우가 대부분이다.

학교는 작은 사회이며, 그 안에서 다른 사회가 갖지 못하는 특별한 학교문화를 만들어낸다. 학생들은 학교구성원으로서 학교문화를 향유하고 후배들에게 전달하며, 좋은 문화를 형성하기 위해 다양한 노력을 한다. 학교문화가 갖는 특징은 학습이나 학교생활 적응의 측면에서 다양하게 나타난다. 학급 및 학교에서의 질서지키기, 약속지키기, 인사하기 등 각종 생활규칙이나 학예회, 운동회, 야외학습, 견학 등 각종 행사, 그리고 학습과 관련된 다양한 약속 등이 가정 및 사회의 문화와 차별화되는 문화를 만들어낸다. 이러한 구체적이고 작은 문화들이 모여 하나의 커다란 학교문화를 특징짓게 되며, 학생들은 학교문화를 익혀나가는 과정을 통해 사회화됨으로써 사회구성원으로 성장하게 된다. 따라서 사회 안에서 생성되는 문화는 결국 교육의 힘에 의해 유지·계승되고, 이것은 곧 사회의 발전을 가져오게 되는 것이다.

사회화와 교육

개인은 각기 다양한 사회에 속하면서 그 사회가 요구하는 바를 충족시키기 위해 노력하며, 이러한 노력은 교육에 의해 가능하다. 사회에 적합한 인간을 길러내기 위한 교육의 기능은 바로 사회화(socialization) 과정에 의해 이루어진다. 사회가 유지되기 위해서는 사회구성원들의 사고, 가치관, 규범이 비슷해야 하며, 또한 사회의 분화에 맞도록 전문성 함양이 이루어져야 한다(김천기, 2006: 37). 이러한 사회화는 정치, 경제, 문화 등 다양한 영역에 걸쳐 이루어지며, 각 개인은 정치적·경제적·문화적 가치와 태도, 기술 등을 획득함으로써 사회구성원으로서의 역할을 다하게 된다.

개인이 사회화될 때 개인은 사회집단의 규범이나 규칙에 따라 행동하게 되고, 이에 따라 집단의 질서와 존속 및 발전이 이루어진다. 사회화된 개인은 자신이 속한 다양한 사회집단 속에서 자신의 역할을 인식하고 역할을 수행함으로써 사회의 건강한 발전에 기여하게 된다.

인간은 **사회적 동물**로, 생물학적 본능에서 벗어날 수 있을 뿐만 아니라 다른 사람과의 관계 속에서 삶을 영위한다. 또한 언어를 통해 의사소통을 하며, 감정과 가치 그리고 지식을 상호 교환한다. 개인의 사회화 과정은 심리학에서 입증한 몇 가지 이론에 의해 설명이 가능하다.

사회적 동물
아리스토텔레스는 "인간은 사회적 동물이다."라는 표현으로 인간의 본성을 언급하였다. 그에 의하면 사회는 본질적으로 개체보다 우위에 있는 어떤 것으로, 공동생활을 영위할 수 없거나 공동생활의 필요성을 느끼지 않을 만큼 자급자족이 가능한, 그래서 사회의 일원이 되지 않는 존재가 있다면 그것은 짐승이거나 신이라고 설명하였다.

우선, 파블로프(I. P. Pavlov)의 고전적 조건화이론에 의한 설명이다. 유기체에게 자극을 주면 반사적으로 반응이 뒤따른다는 것을 증명한 이 이론에 의하면 인간 역시 지속적인 자극을 통해 의도하는 행동이 가능함을 예측하게 한다. 즉, 지속적인 교육은 인간에게 어떤 사고와 행동, 가치관 등을 배우게 할 수 있다는 것이다. 예를 들면, 부모가 냉랭한 분위기일 때 지너들이 스스로 자기 일을 찾아 하는 행위, 교사가 교실에서 나갈 기색이 보이면 다소 좋아하는 학생들의 모습 등을 들 수 있다. 이것은 부모나 교사의 행위 또는 태도가 여러 번 지속될 때마다 익힌 행동인 것이다.

다음으로, 스키너(B. F. Skinner)의 조작적 조건화이론에 의한 설명이다. 이 이론은 일정한 자극이 없어도 필요에 의해 행동할 수 있다고 본다. 인간은 자극과 관계없이 필요에 의해 또는 결과를 도출해 내기 위해 행동할 수 있기 때문이라는 것이다. 따라서 이 이론 역시 개인의 사회화를 잘 설명해 준다. 예를 들면, 부모님께 용돈을 더 받기 위해 또는 선생님께 칭찬을 받기 위해 열심히 공부하는 행위 등을 들 수 있다. 이것은 아무런 자극 없이 인간 자신의 필요 또는 욕구가 만들어낸 행동이다.

개인의 사회화 과정을 설명할 수 있는 또다른 이론으로는 모방학습이론을 들 수 있다. 개인은 모방학습을 통해 타인의 가치관이나 행동, 태도 등을 모방하려는 속성을 지닌다. 개인은 이러한 모방을 통해 자신만의 가치를 만들고, 이를 사회 속에서 동화하기 위해 노력한다. 그 예로, 학교교육에서 교과과정 또는 비교과과정을 통해 학생들에게 다양한 경험과 상황을 제공할 때 학생들이 모방을 통해 학습하는 것을 들 수 있다. 즉, 다양한 상황에서 학생들은 개인의 자기실현을 위해 모델을 선정하고 그 모델을 모방하여 가치관과 행동방식을 배우게 되며, 이를 토대로 자신만의 개성을 발달시키면서 사회 속에서 다양성을 만들어낸다.

그러나 사회화를 설명하는 이상의 이론들은 한계를 갖고 있으므로 상황에 적절한 방법을 선택하여 교육해야 할 것이다. 고전적 조건화이론은 사회화의 결과를 쉽게 볼 수 있지만, 고차적 사고나 행위의 내면화를 가져오는 데 한계가 있다. 이런 점에서 개인이 자신의 학습 결과를 통해 사회화를 위한 노력을 할 것으로 보는 조작적 조건화이론이 지지받을 수 있다. 한편, 모방학습이론의 경우 타인의 행동을 비판없이 모방할 수 있어 이 역시 한계점으로 지적된다.

교육의 사회적 기능

사회는 제 기능을 발휘하기 위해 여러 통로를 통하여 개인의 사회화를 돕는다. 특히 학교교육은 개인의 사회화에 다양한 방식으로 기여한다. 즉, 문화전승, 사회혁신, 사회통합, 사회충원, 사회이동 등과 같은 역할을 수행한다(이형행, 2004: 177-181).

첫째, 문화전승 기능이다. 학교의 문화전승 기능은 가장 대표적인 사회화의 기능이다. 학생들은 사회구성원으로서의 역할을 다하기 이전에 사회에 적응해야 하는데, 이때 그 사회의 언어와 사고, 가치관, 지식, 감정, 행동양식 등을 학습하여 내면화함으로써 사회구성원으로 인정받고 제 역할을 다해야 하며, 동시에 사회의 존속을 위해 공동체적 의식을 갖고 노력해야 한다. 이렇게 할 때 개인은 사회화를 통해 다음 세대에게 문화를 전달하는 능력을 갖게 된다. 다만, 문화의 내용들이 사회가 공인하는 것이기 때문에 학교는 문화를 창출하여 전승하는 교육보다는 사회로부터 인정받은 문화를 전달하는 데 주력할 수밖에 없다.

둘째, 사회혁신 기능이다. 학교교육은 사회를 보다 나은 방향으로 변화시키기 위한 역할을 한다. 학교교육이 사회의 영향을 받아 수동적인 역할을 수행하기도 하지만, 사회에 보다 능동적으로 참여함으로써 사회에 영향을 미치거나 새로운 문화를 창조하기도 한다. 특히 학교교육은 과학기술의 발달에 힘입어 의도적으로 사회 및 가치의 변화를 가져오면서 기존의 문화를 개혁하고 새로운 문화를 창조하는 기능을 한다.

셋째, 사회통합 기능이다. 학교교육은 사회의 서로 다른 요소들이 독자성을 유지하면서 전체적으로 조화를 이루도록 하는 역할을 한다. 따라서 학교교육은 학생들의 바람직한 행동을 권장하고 그렇지 않은 행동에 대해 제재를 가함으로써 학생들이 사회에 나가 자기 역할을 다하면서 더불어 살아가는 지혜를 갖게 한다.

넷째, 사회충원 기능이다. 학교교육은 사회가 요구하는 인재를 양성함으로써 사회의 각 분야에서 필요로 하는 인재를 선발하고 학생의 능력과 적성 등에 따라 배치하는 역할을 한다. 학교의 이러한 역할은 사회를 존속·발전시키는 데 기여한다. 다만, 학생의 내적 요인, 즉 학업성적, 적성, 지능 등의 요인과 학생의 외적 요인, 즉 가정환경, 지역환경 등은 학생들의 능력에 큰 영향을 미치기 때문에 학교교육의 사회충원 기능에 변수로 작용할 수 있다.

끝으로, 사회이동 기능이다. 학교교육을 통해 전문적 지식이나 기술을 가진 사람들은 사회적으로 지위 향상의 기회를 얻음으로써 사회이동을 시도한다. 이것은 학교교육을 통해 이루어지는 성과로, 학교교육이 사회가 요구하는 능력을 개인에게 부여함으로써 나타난 결과이기도 하다. 사회이동은 고학력을 획득함으로써 얻어지는 수직적 이동과 고등교육을 받기 위해 도시 또는 외국으로 집중하는 수평적 이동이 있다.

그러나 이상의 기능들은 대체로 **기능론적 입장**에서 설명된 것들로, 갈등론적 입장에서는 이와 반대로 설명한다. 갈등론적 입장에서는 사회의 억압적 성격과 끊임없는 사회변화를 강조하며, 사회를 지배집단과 피지배집단으로 양분한다. 따라서 교육은 자본주의 체제를 유지·존속시키는 데 공헌하고 있으며, 피지배집단에게 순종과 복종을 주입시키고, 계급을 재생산하는 데 공헌하고

기능론적 입장
기능론적 입장에서 사회는 안정된 하위 요소들이 잘 통합된 구조다. 따라서 학교교육의 목적은 기존 사회의 유지와 변화하는 사회에 적응하기 위한 사회화에 있다고 본다.

있다고 비판한다. 라이머(E. Reimer)는 『학교는 죽었다』라는 저서에서 어떤 종류, 어떤 수준의 학교라도 네 가지 뚜렷한 사회적 기능을 갖는다고 지적하였다. 즉, 학생을 감독하고 보호하는 기능(custodial case), 사회적 역할을 선별하는 기능(social-role selection), 이론이나 원리 또는 사상을 주입시키는 기능(교화의 기능, indoctrination), 그리고 일반적인 기술과 지식을 개발·함양한다는 통상적 의미의 교육의 기능(education)이 그것이다(이종각, 2004: 90-101; Reimer 저, 김석원 역, 1996). 그는 이 네 가지 기능의 결합 과정에서 생기는 갈등이 학교를 교육적으로 쓸모없고 비효율적으로 만든다고 비판하였다. 즉, 학교가 사회평등화에 기여하기보다는 특정 엘리트 집단의 권력을 영속화시키고 기존의 계층질서를 유지시켜 줌으로써 불평등 구조를 순환시킨다고 본 것이다.

사회계층 및 사회변동과 교육

사회계층은 개인의 삶의 수준을 결정하는 데 중요한 역할을 하며, 이것은 학교교육을 통해 이루어지는 것이 일반적이다. 사회변동 역시 다양한 요인에 의해 이루어지면서 한 사회의 발전 또는 쇠퇴를 가져오는데, 이것도 학교교육에 의해 크게 좌우된다.

사회계층과 교육

사회계층

사회계층은 하나의 위계를 이루고 있는 것으로, 사회계급보다 넓은 의미로 사용된다. 사회계급은 사실상 실재하는 것으로 보기는 어려운데, 이는 인간 자체를 하층계급과 상층계급으로 구분하여 명명할 수 없기 때문이다. 또 계급이라고 하면 생산수단의 소유-비소유, 계급갈등, 지배-피지배와 같은 마르크스주의적 계급관을 연상하여 이런 계급관을 거부하기 때문이다.

사회는 학교교육을 통해 인재를 받아들이며, 학교 또한 사회가 요구하는 인간상을 길러내기 위해 노력하고 있다. 이 과정에서 **사회계층**은 학교교육의 수준을 결정하는 데 큰 영향을 미친다. 사회계층이란 사람들이 사회적으로 가치 있는 자원이나 지위획득 기회가 동일하지 않기 때문에 생기는 사회불평등의 위계 현상에 의해 나타나는 것이다(이철우, 2011: 311). 사회계층에 대해서는 마르크스주의적 관점과 비마르크스적 관점에서 논의된다(이규환, 1991: 89-94).

비마르크스적 관점은 보통 기능주의자들이 취하는데, 데이비스(K. Davis)와 무어(W. Moor)에 의하면 각 부문의 사회적 기능을 원만히 수행하고 사회적 균형을 확보하기 위해 계층화는 불가피한 것이다. 파슨스(T. Parsons)는 지위적 위계질서에서의 각 개인의 위치는 다른 사람들의 도덕적 평가에 의해 결정된다고 지적하였다. 따라서 사회의 공통된 가치나 관념에 가장 충실하게 생활하는 사람들은 높은 지위와 많은 수입 및 재화 등의 보상을 받게 된다는 것이다(Karbo, 1983: 136). 베버(M. Weber)는 경제적인 것 외에 위신과 권력도 계급을 구분하는 중요한 기준이 될 수 있다고 주장하였다.

마르크스적 관점에서 계급은 생산수단과 잉여가치에 대한 사람들의 관계에 기초하여 개념화된다. 따라서 이 시각에서 계급이란 자본주의 경제체제에서 차지하고 있는 일정한 위치에 따라 노동력을 팔고 임금 또는 급료를 받는 사람들과 매입한 노동력을 이용하여 이윤을 수단적으로 취하는 사람들의 집단인 것이다.

일반적으로 교육받은 정도가 높을수록, 재산과 수입이 많으며 이것의 축적이 떳떳하고 안정될수록, 전문성이 높은 직업일수록, 사회적으로 중요하다고 인정되는 직업일수록 높은 사회계층에 속할 가능성이 크다.

현대사회에서 사회계층은 과거에 비해 그 중요성이 덜하지만, 여전히 어느 정도는 사회계층이 개인의 일생을 좌우하는 요인이 되고 있으며, 보다 높은 사회계층에 속할수록 개인의 삶의 질이 높아질 가능성이 있다. 이러한 가능성은 학교교육에 의해 이루어지기 때문에 학교교육을 떠나서는 사회적으로 높은 계층에 속하는 직업을 갖기 어렵다고 보는 견해도 있다.

사회변동과 교육

사회는 늘 변동하는 과정에 있다. 존슨(Johnson, 1960: 626)에 의하면 사회변동이란 일정한 사회에 있어서 사회구조 또는 체제의 변동이다. 따라서 사회변동은 사회환경이 시간의 경과에 따라 기존의 사회질서에서 다른 사회질서로 대체되고 변화되는 과정이라 할 수 있다(이철우, 2011: 328).

사회변동의 원인으로는 글로벌 시대에 외국과의 빈번한 교류, 과거로부터 전해 내려온 지식이나 기술, 사회의 구조 및 사회구성원의 가치관과 태도, 그리고 사회구성원이 인지하는 사회변동의 절박함 등을 들 수 있다(이철우, 2011: 329; 이형행, 2004: 205-206). 즉, 외국과의 교류가 잦을수록, 과거의 지식이나 기술의 수준과 양이 많을수록, 사회의 구조가 복잡하고 역동적이며 사회구성원의 태도나 가치관이 개방적이고 동적일수록, 그리고 사회구성원이 새로운 사회변동을 절실하게 인지할수록 사회변동은 더욱 광범위하고 빨라질 수 있다는 것이다.

현대사회는 급속도로 변화하는 여러 가지 요인들에 의해 사회변동의 규모와 질의 변화가 매우 폭넓게 나타난다는 특징을 지닌다. 첫째로, 현대의 사회변동은 과거로부터 이루어진 사회변동 위에 그 범위가 매우 넓고 또한 급속도로 이루어지고 있으며, 전세계적으로 상호 영향을 받기 때문에 매우 심각한 현상을 보이고 있다. 둘째로, 현대의 사회변동은 인간의 필요 및 요구와 관계없이 계속되고 있다. 따라서 미래사회에도 사회변동은 계속될 것으로 예견된다. 그러나 반대로 각 개인이 사회변동에 적응하지 못해 사회가 무너지거나 인간이 사회변동을 이끌지 못하여 더 이상 변동이 일어나지 않을 가능성도 무시할 수는 없다. 셋째로, 현대사회의 변화 요인들이 인간의 가치관이나 사회규범에 큰 영향을 미친다는 점이다. 특히 과학기술의 발달은 가치관의 변화를 가져오고 경쟁적 사회풍토는 비인간화 현상을 초래할 우려가 있으며, 이러한 현상은 곧 사회의 규범을 무너뜨리는 요인이 될 것이다.

문제는 사회변동이 급격할수록 사회구성원들의 가치관 갈등이 심각해지고 사회의 해체가 우려될 수 있다는 것이다. 따라서 학교교육은 전통적인 가치와 새로운 가치 사이의 적절한 조화를 통해 학생들로 하여금 전통적인 가치 위에 새로운 가치를 통합하고 이를 토대로 사회구성원으로서의 역할을 다하도록 해야 할 것이다.

학교교육에 대한 사회학적 관점

학교교육을 바라보는 관점은 교육사회학 이론의 거시적 관점과 미시적 관점으로 나누어 살펴볼 수 있다. 전자는 사회 및 경제구조가 인간을 지배한다고 보는 것으로, 기능주의적 관점과 갈등주의적 관점에서 교육을 논한다. 후자는 사회 속에 사는 인간의 의지, 규범, 행동양식이 어떻게 형성되는지에 관심을 두는 것으로, 해석학적 관점과 신교육사회학 관점에서 교육을 본다.

거시적 관점과 학교교육

거시적 관점의 교육사회학 이론은 학교교육의 순기능과 역기능을 강조함에 따라 다르게 나타난다. 즉, 학교교육이 사회의 유지·발전에 공헌한다고 보는 기능론적 관점과 학교교육이 사회의 불평등을 재생산한다고 보는 갈등론적 관점으로 대별된다.

기능론과 학교교육

기능이론은 1950년대까지 주류를 이루었던 교육사회학 이론으로, 콩트(A. Conte, 1798~1857)와 **뒤르켕**(E. Durkheim, 1858~1917)에 의해 제안되고, 파슨스(T. Parsons, 1902~1979)에 의해 체계화되었다. 이 이론은 현상 유지 및 사회 질서와 통합에 관심을 가지기 때문에 학교교육이 사회의 유지·발전에 기여한다고 본다.

뒤르켕
뒤르켕은 사회의 여러 분야들이 어떻게 일상적으로 기능하는지 밝혀서 그 성격과 존재를 설명하고자 하였다. 따라서 뒤르켕을 기능주의 사회학의 선구자로 보기도 한다.

뒤르켕에 의하면 교육은 사회의 목적을 위한 수단이며, 따라서 사회에 적합한 인간을 양성하는 교육을 해야 한다(Durkheim, 1985: 22). 그는 사회화를 전체 사회가 요구하는 보편적 사회화와 특수한 환경에 따라 요구되는 특수 사회화로 구분하였으며, 두 기능의 조화를 강조하였다. 즉, 보편적 사회화를 통해 사회가 요구하는 가치를 내면화시켜 사회 통합에 이바지해야 하며, 특수 사회화를 통해 개인이 처한 특수한 환경에서의 역할 수행을 위해 전문적 지식을 익혀야 한다는 것이다.

파슨스는 학교교육이 사회화 기능과 선발 기능이 있다고 주장하였다(Morrow & Torres, 1995: 53-66). 즉, 사회화 기능을 통해 사회 규범과 가치관 등을 내면화하며, 선발 기능을 통해 개인을 사회에 적절히 배치한다는 것이다. 결국 사회구성원의 역할 사회화에 따라 개인이 사회구성원으로서의 소속감을 갖게 되어 사회가 유지·발전되며, 이러한 역할을 담당할 인재를 선발하여 배치함으로써 역시 사회의 존속·발전이 이루어진다는 것이다.

이처럼 기능론적 관점은 사회의 질서와 균형·발전을 강조하고, 학교의 기능을 긍정적으로 보았다. 그러나 개인보다 사회를 우선시하면서 기존의 사회제도를 정당화하는 이데올로기라는 비판을 받았다. 즉, 전체 사회의 유지에 필요하지 않은 것들까지 정당화해야 하는 경우가 생기면서 사회의 구석구석에 잠재하고 있는 권력 투쟁 및 갈등에 대해서는 고려하지 못했다는 것이다.

갈등론과 학교교육

갈등이론은 1960년대부터 시작하여 1970년대에 이르기까지 각광을 받던 이론으로, 교육현상을 갈등주의적 관점에서 설명한 대표적인 학자로는 마르크스(K. Marx, 1818~1883), 보울스(S. Bowles), 긴티스(H. Gintis), 일리치(I. Illich) 등이 있다. 이들에 의하면 사회는 개인 또는 집단 간의 경쟁과 갈등의 연속체(김신일, 2005: 81)로, 이에 따라 지배와 종속의 관계를 유지시키는 계급의 불평등 구조가 재생산된다. 따라서 이를 타파하여 계속적인 변화와 새 질서를 찾을 것을 강조한다.

갈등이론에서는 사회의 이념과 가치 등에 대한 사회구성원들의 합의를 부정함으로써 사회집단 간의 갈등을 중시한다. 그러다보니 시대적 상황에 따라 갈등의 근원을 다양하게 파악한다. 즉, 마르크스적 갈등이론에서는 계급 간의 갈등이 사회집단의 갈등을 만들어내는 원천이라 보고, 베버(M. Weber, 1864~1920)적 갈등이론에서는 부와 권력 및 지위를 둘러싼 집단 간의 갈등을 강조한다(김천기, 2006: 56).

보울즈와 긴티스는 파슨스의 기능주의적 관점을 비판하면서 학교교육이 경제적 성공을 가능하게 함으로써 계급구조와 불평등을 정당화하며, 학생들을 자본주의적 계급구조에 순응시키는 역할을 한다고 지적하였다. 이처럼 보울즈와 긴티스의 재생산이론에서는 사회계급 구조와 교육제도 사이의 밀접한 관련성을 밝히고 있는데, 이는 '대응이론(correspondence theory)'으로 불리기도 한다. 즉, 교육체제의 사회적 관계와 생산의 사회적 관계의 대응을 통해 젊은이들을 경제체제로 통합시킨다는 것이다(Bowles & Gintis, 1976: 131). 이때 교사와 학생의 사회적 관계에 의해 다양한 것들이 가르쳐지기 때문에 잠재적 교육과정은 학교 교육과정보다 더 중요한 기능을 수행한다고 보았다.

보울즈와 긴티스

보울즈와 긴티스는 학교가 자본가의 이해관계에 유리한 불평등 체제를 재생산함으로써 계급 간 갈등을 야기시킨다고 주장하였는데, 이를 경제적 재생산이론이라 부른다.

이처럼 갈등론적 입장은 계급구조의 불평등을 지적하고 학교교육의 실패를 경제적 구조에서 찾음으로써 학교교육의 방향을 찾는 데 도움을 주고 있다. 그러나 사회를 지배계급-피지배계급으로 나누고 교육이 지배계급을 위해 봉사하는 것으로 왜곡하였으며, 학교제도를 근본적으로 부정하려 했다는 비판도 받는다.

미시적 관점과 학교교육

기능론적 관점과 갈등론적 관점은 교육을 정치나 경제보다 등한시하고 교육의 기능에만 초점을 맞추어 설명함으로써 인간의 생활이나 사회집단의 내부세계를 들여다보지 못했다. 이에 대해 미시적 관점에서 개인과 사회와의 상호작용을 강조하고 인간의 행위를 행위자의 입장에서 이해함으로써 개인의 삶의 의미를 찾아보고 사회구성원들의 신념이나 가치관, 규범, 행동양식 등이 형성되는 과정에 관심을 갖게 되었다. 따라서 교육과 사회의 관계를 미시적 측면에서 해석하는 해석학적 관점에서는 학교구성원들 간의 상호 관계 및 작용에 초점을 두고 교육사회 현상을 설명하는데, 이 과정에서 참여관찰을 통한 교육의 내적 과정을 중시한다.

신교육사회학

신교육사회학은 제2차 세계대전 이후 영국이 불평등 해소를 위해 여러 가지 교육제도를 개혁했음에도 불구하고 계급 간의 불평등이나 계층 상속이 완화되지 않자, 그동안 교육개혁에서 소홀했던 교육과정 개혁을 시도하면서 시작된 것이다.

1970년대 초 영국에서 등장한 **신교육사회학**에서 비롯된 교육과정사회학 역시 미시적 관점에서 학교교육의 내적 과정, 즉 학교에서 중시되는 지식이 무엇이고 교육의 내적 과정이 어떠한가에 대해 탐구한다(김천기, 2006: 197). 영(M. F. D. Young)과 번스타인(B. Bernstein), 부르디외(P. Bourdieu) 등이 신교육사회학의 발전에 기여한 학자들이다.

교육과정사회학에서는 학교의 잠재적 교육과정에 정치적·경제적·사회적 조건들이 어떻게 영향을 미치는가에 관심을 갖는다. 잠재적 교육과정은 사회 전체 및 개인에게 작용하는 중요한 요인이기 때문이다. 따라서 학교가 각기 다른 계급의 학생들에게 다른 교육내용 지식이나 행동양식을 제공함으로써 이들의 위계 구조를 재생산시킨다고 본다. 이처럼 교육과정사회학에서는 교육과정 지식의 이데올로기 문제를 논의의 초점으로 삼는다. 이러한 관점에서 **애플**(Apple, 1986)은 헤게모니(hegemony) 개념을 적용하여 교육과정에서 다루는 갈등에 대해 연구하였다.

애플

애플에 의하면 학교는 경제, 국가, 문화가 다양한 방식으로 연결되거나 때로는 갈등을 이루는 방식으로 연결되어 있는 장으로, 서로 다른 계급이 매우 광범위하게 투쟁하고 적응하는 활동의 장이라고 지적하였다.

잠재적 교육과정 못지않게 학교의 문화적 재생산 역할을 통해서도 계급의 재생산이 이루어진다고 보는 입장이 있다. 즉, 문화재생산이론은 학교가 지배집단의 문화를 재창조하고 정당화하는 역할을 수행한다고 본다. 번스타인(Bernstein, 1997)은 공식적인 교육을 통한 지식의 전수에 관심을 갖고 문화전수이론을 제안하였다. 그는 계급에 따라 교수법에 대해 다른 이념을 갖기 때문에 지식의 문화적 전수에 있어서 갈등이 생긴다고 지적하였다. 부르디외와 파세롱(J. C. Passeron)은 학교에서 가치를 부여하는 문화는 보편적 문화가 아닌, 지배집단의 문화로 보는 문화자본이론을 제안하였다(Bourdieu & Passeron 저, 이상호 역, 2000). 즉, 학교가 지배집단의 문화자본을 보편적인 것으로 받아들임으로써 이러한 문화자본을 갖지 못한 학생들을 학업실패자로 길러내는 역할을 한다는 것이다. 그러므로 학교에서 가치있게 여기는 문화자본

(cultural capital)을 많이 가질 경우 그렇지 않은 경우에 비해 성공할 가능성이 높다고 주장한다.

미시적 관점의 신교육사회학 이론은 기능이론이나 갈등이론이 사회구조 속의 질서와 갈등을 주로 다루면서 놓친 학교의 내적 문제에 관심을 갖고 교육이 실제 이루어지는 현상을 들여다보는 노력을 했다는 점에서 의의가 있다. 그러다 보니 교육의 제도적 측면을 소홀히 하고 교육에 영향을 주는 외적 요인을 간과했다는 문제점이 지적된다. 특히 교육과정사회학의 경우, 학교에서 가르치는 내용을 모두 이데올로기로 볼 때 교육의 역할에 문제가 대두될 수 있다.

선생님, 전
요즘 수능시험을
앞두고 무척
고민스러워요.
왜? 무슨
일인데?
공부가 잘
안되니?
제가 생각하기에
전 제 전공이
중요하다고
생각하는데
부모님은 sky를
고집하거든요.
그렇구나.
sky~
왜 부모님들은
자녀들에게 sky를
고집하는 걸까?
상위 수준의 계층에
속하고 싶어서 그런 것
아닐까요?
그동안 sky를 나오면
어디를 가도 대접을
받는 풍토 때문에···
그래. 그런 것
같다. 사회계층
이란 한번
들어서면 이동
하기가 그렇게
쉽지는 않지.
사회 곳곳에서
상위 수준의
계층에 있는
사람들을 우대하고
그렇지 못한
사람들을 무시하는
경향이 있는 것
같아요.

옛날에는 공부를 하면 가난한 집에서도 사회에서 대접받는 직업에 종사하는 사람이 많이 나왔던 것 같은데, 요즘에는 그것조차 어려운 것 같아요.
그래도 교육을 받으면 여전히 사회 이동의 기회가 많지.
하지만 학교교육이 어떻게 보면 지배 계층을 더 단단하게 만들고, 그렇지 않은 계층은 더 어렵게 만드는 것 같아요.
그게 바로 갈등론자들의 생각이란다. 그들은 학교교육이 불평등을 재생산하기 때문에 학교가 없어져야 한다고까지 말하고 있지.
그렇지만 그건 또 아닌 것 같네요. 학교교육에서는 적어도 우리들이 배워야 하는 가치를 가르쳐주는 곳이잖아요.
최근에는 학교교육의 내적 과정에 관심을 갖는 교육과정 사회학이 등장했단다.
그렇지. 학교교육은 개인의 자아실현은 물론, 사회의 유지·발전에 기여한다고 볼 수 있지.
네, 맞아요. 그래서 우리가 배우는 내용 지식에 대해 좀더 관심을 가져야 할 것 같아요.

볼거리

영화 '죽은 시인의 사회(Dead Poets Society)'를 보고 '죽은 시인의 사회'라는 서클을 통해 연극을 하고 사랑을 한 닐을 아버지의 바람인 의사의 길을 가지 않는다는 이유로 전학을 시켜 닐을 자살하게 한 일련의 과정에 대해 자신의 생각을 이야기해 보자.

생각할 거리

1. 사회계층이 생기는 원인을 주변 사례를 들어 제시하고, 사회계층에 따른 사회화가 어떻게 다르게 이루어질 수 있는지 논의해 보자.
2. 학교교육을 기능론적 입장과 갈등론적 입장으로 나누어 구체적으로 비교해 보자.
3. 학교교육의 내적 과정을 중시하는 교육과정사회학에 대해 설명하고, 교육에 미치는 영향에 대해 논의해 보자.
4. 다음의 웹사이트를 방문해 보고, 기능론과 갈등론의 차이를 학교교육을 사례로 들어 비교해 보자.
   - Functionalism(https://www.youtube.com/watch?v=5jOZqVnQmdY, 5:40)
   - Conflict Theory(https://www.youtube.com/watch?v=d_c2p0Y7mgU, 4:36)

5 인간과 발달

나는 행복합니다. 그대들도 행복하시오!

"나는 행복합니다. 그대들도 행복하시오."라고 하는 가슴 저미게 하는 이 한 마디! 바로 요한바오로 II세가 서거하면서 남긴 유명한 말이다. 인간은 태어나는 그 순간부터 울고 웃고, 슬퍼하고 기뻐한다. 그리고 성장·발달해 가는 자신의 신체와 인지 그리고 정서 안에서 자신의 잠재력을 가늠해 보기도 하고, 때로는 어느 순간 자신의 한계를 느껴보기도 한다. 그러면서 인간은 죽음에 이르기까지 계속해서 발달한다. 그렇다면 우리는 어떻게 자기 발달을 이해하고 관여할 수 있을 것인가?

발달의 기본적 이해

발달의 개념과 원리

발달단계와 발달과업

발달에 대한 논점

발달의 특성

인지적 발달

정의적 발달

개인차와 교육

지능 발달

창의성 발달

발달의 기본적 이해

발달은 어떤 변화를 수반하는 것이다. 이는 양적인 증가와 질적인 향상은 물론, 그 반대의 현상인 양적인 감소와 질적인 쇠퇴를 모두 포함한다. 따라서 인간은 수태가 이루어진 순간으로부터 죽음에 이르기까지 누구나 신체적·인지적·정의적 발달을 겪게 된다.

발달의 개념과 원리

발달은 '변화'의 개념을 지니기 때문에 인간의 발달 역시 인간에게 어떤 변화가 뒤따를 때 이루어진다고 할 수 있다. 인간의 발달에는 일반적이고 보편적인 원리가 있다. 이러한 원리를 잘 알고 있을 때 학생들에 대해 보다 잘 이해할 수 있을 것이다.

발달의 개념

발달은 신체, 지능, 언어, 정서, 성격 등의 모든 측면에 걸쳐 이루어지며, 이들은 서로 관련되면서 신체적·심리적 변화를 가져온다. 이러한 발달은 성장, 성숙, 학습 등과 관련되어 유사하게 사용되는데, 인간의 변화 모습을 촉진시킨다는 점에서 공통점을 갖지만 차이점도 있다.

발달
발달은 수정에서 사망에 이르기까지 일련의 신체적·심리적 변화를 말하며, 전 생애에 걸쳐 심신의 구조·형태·기능 등의 변화를 가져온다.

보통 성장(growth)은 신체적인 변화를 나타낼 때 사용되는 개념으로(Papalia, Gross, & Feldman, 2003), 신체의 크기나 양의 증대로 인한 양적 변화를 의미한다. 예를 들어, 키가 자라거나 몸무게가 늘어나는 변화에 대해 신체가 성장했다고 말한다. 신체적 변화는 예측 가능한 경우가 많기 때문에 개인의 발달 수준을 일반적인 발달 수준과 비교할 때 유용하다.

성숙(maturation)은 외부적 영향이 아닌 유전적 요인에 의해 발달적 변화가 나타나는 것을 말한다(Berk, 2003; Papalia et al., 2003). 예를 들어, 갓난아기가 몸을 뒤집고 기다가 앉고 서고 걷는 변화 모습, 사춘기가 되어 2차 성징이 나타나는 현상 등이 성숙에 해당된다. 이러한 성숙은 개인에 따라 독특한 모습을 보이는 경우가 많다.

학습(learning)은 후천적 요인, 즉 외부로부터 주어지는 경험에 의해 나타나는 행동의 변화다. 인간은 학습을 통해 신념과 행동의 변화를 가져오며, 이는 곧 자기실현의 욕구를 성취하는 계기가 된다. 따라서 학습의 개념이 강조될 때 교육의 필요성과 가능성을 설명하는 것이 좀더 수월해진다.

발달(development)은 성장, 성숙, 학습을 모두 포함하는 포괄적 개념이다. 따라서 인간의 발달은 선천적 요인과 후천적 요인이 상호작용함으로써 이루어진다고 할 수 있다. 다만, 일반적으로 발달의 개념을 정의할 때 주의할 점은 양적인 증가와 질적인 향상뿐만 아니라 양적인 감소와 질적인 쇠퇴에 의한 변화를 모두 포함시켜야 한다는 것이다. 따라서 허얼록(Hurlock, 1950)이 지적한 바와 같이 발달이란 크기의 변화, 비율의 변화, 낡고 오래된 특징의 소멸, 새로운 특징의 획득 등이 상호작용함으로써 일어나는 과정이다. 즉, 발달이란 수태가 이루어지는 순간부터 죽음에 이르기까지 유전과 환경의 상호작용에 의해 일어나는 모든 변화 과정이라 할 수 있다.

발달의 원리

인간의 발달은 개인에 따라 차이가 있지만, 누구나 어느 시기가 되면 보편적으로 나타나는 공통된 현상이 있다. 이를 발달의 원리로 설명할 수 있는데, 구체적인 내용은 다음과 같다(Hurlock, 1950: 23-55).

첫째, 발달은 성숙과 학습의 상호작용의 결과로 나타난다. 이 두 요인은 발달에 독립적으로 영향을 미치기 보다는 상호작용함으로써 영향을 미치는 경우가 대부분이다. 그 예로, 손으로 물건을 잡게 되면서 누군가의 도움에 의해 젓가락을 사용하는 방법을 배워 음식을 집게 되는 경우를 들 수 있다.

따라서 훌륭한 유전적 요인을 가지고 태어났다 하더라도 환경적 요인이 받쳐주지 않거나, 환경적 요인이 우수하다 하더라도 유전적 요인이 열악하면 발달에 제한을 받을 수밖에 없음을 알 수 있다. 다만, 발달 영역에 따라 성숙과 학습이 발달에 각각 더 큰 영향을 미치는 경우가 있다. 예를 들어, 사춘기에 나타나는 2차 성징은 주로 성숙에 의한 것이고, 글짓기 능력은 주로 학습에 의한 것이라 할 수 있다.

둘째, 발달은 출생에서 죽음에 이르기까지 일생을 통해 이루어지는 계속적인 과정이다. 이때 발달 속도는 일정하지 않다. 즉, 인간의 발달은 거쳐야 하는 단계를 모두 거치면서 중도에 멈추지 않고 연속적으로 일어나지만, 신체의 부위나 정신 기능 또는 발달 영역에 따라 빠르게 또는 느리게 발달한다. 따라서 어떤 부분은 어릴 때 급속도로 발달하고 어떤 부분은 사춘기나 장년기에 현저하게 발달한다. 예를 들어, 언어는 유아기에, 체력은 유아기와 사춘기에, 그리고 추리력이나 논리력은 사춘기나 장년기에 급격히 발달한다. 이처럼 어떤 기관이나 기능이 현저하게 발달하는 시기를 **결정적 시기**(critical period)라고 하는데, 이는 발달 시기에 적합한 수준의 학습을 제공해야 함을 시사한다.

결정적 시기

결정적 시기란 어떤 심리적 특성이나 행동이 특정 시기에 획득되어야 하며, 그 시기가 지나면 획득 불가능하다는 발달의 비가역적 성격을 뜻하는 개념이다.

셋째, 발달에는 어느 정도 일정한 순서가 있기 때문에 일반적인 방향성을 나타내며, 따라서 예언가능한(predictable) 발달의 패턴을 갖는다. 즉, 발달은 단계적으로 순서에 따라 이루어지고, 어떤 단계의 행동 특성은 이전 단계의 행동 특성 및 다음 단계의 행동 특성과 서로 위계적으로 관련된다. 이처럼 발달은 어느 정도 규칙적이며 일정한 방향으로 움직이기 때문에 예측 가능하다. 보통 발달은 일반적인 것에서 특수한(general-to-specific) 것으로, 상부에서 하부(top-to-down)로, 전체활동에서 특수활동(mass-to-specific)으로, 중심에서 말초(proximal-distal direction)로 이루어진다. 예를 들어, 우리의 신체는 어릴 때 머리가 사지보다 먼저 발달하고, 물건을 손으로 무작정 잡던 것을 팔과 손목 그리고 손가락을 움직여가며 잡는다.

넷째, 발달은 분화와 통합의 과정이다. 발달은 처음에는 미분화된 상태의 전체적이고 일반적인 기능에서 분화된 상태의 부분적이고 특수한 기능으로 옮겨가며, 분화된 기능은 좀더 세밀하게 조직되고 통합된다. 예를 들어, 어릴 때 젓가락을 손 전체로 잡다가 시간이 지나면서 필요없는 동작은 버리고 손가락의 근육을 조절하여 필요한 손가락으로 잡게 되는 것을 볼 수 있다.

다섯째, 발달의 각 측면은 서로 밀접하게 관련되어 있다. 즉, 발달의 각 영역은 독립적으로 이루어지는 것이 아니라 상호 보완적으로 이루어진다. 따라서 인지적·정의적·신체적 발달은 서로 관련되어 영향을 주고받으며 발달을 가속화시키기도 하고 지연시키기도 한다. 예를 들어, 신체적으로 건강한 아이들은 인지적·정의적으로 긍정적 발달을 가져오는 반면, 신체적으로 쇠약할 경우 원만한 인지적 발달이나 정의적 발달을 기대하기 어렵다.

여섯째, 발달은 유전적 영향과 환경적 조건에 의해 성장 속도와 발달 시기에 있어서 개인차(individual differences)를 보인다. 이러한 개인차는 개인 간 차(inter individuality)와 개인 내 차(intra individuality)로 구분해 볼 수 있다. 개인 간 차는 유기체 사이에 나타나는 차이로, 성(性), 지능, 성격, 환경 등의 차이를 들 수 있다. 개인 내 차는 한 개인 안에서 발달 영역 간에 나타나는 차이로, 언어 발달이 빠른 반면에 신체 발달이 더디다거나 신체 발달이 빠른 반면에 인지 발달이 늦게 발달하는 경우 등을 예로 들 수 있다.

끝으로, 인생 초기의 발달은 후기의 발달보다 좀더 결정적이다. 초기에는 학습과 경험에 의해 크게 영향을 받기 때문이다. 따라서 어릴 적 발달은 이후의 성장·발달을 크게 좌우한다. 예를 들어, 어릴 때 영양 공급이 부족하면 뇌의 발달에 지장을 주어 성장했을 때 지적 장애를 초래할 수 있으며, 권위적인 부모로부터 양육을 받은 경우에는 성장해서도 원만한 인간관계를 형성하지 못하여 사회생활에 어려움을 겪게 될 수 있다.

발달단계와 발달과업

발달단계는 학자들의 관심 영역 또는 구분의 기준에 따라 다양하게 나누어진다. 그러나 공통적으로는 각 시기마다 사회적 기대(social expectation)가 있다고 보는데, 이것은 발달과업(developmental tasks)으로 설명된다. 즉, 각 시기마다 개인적·사회적으로 요구되는 과제를 수행해야 한다고 보는 것으로, 이것은 학생들의 발달 수준 및 수행과제를 해결해야 하는 시기를 알게 한다.

발달과업의 개념

인생의 각 시기에는 누구나 일반적으로 해야 하는 과제가 있다. 이것은 개인의 자기실현의 욕구와 사회적 기대가 일치하는 경우도 있고 그렇지 않은 경우도 있는데, 누구에게나 어느 정도 해당되는 보편성은 있다. 이것이 바로 해비거스트(R. Havighurst)의 발달과업이다.

발달과업이란 개인이 정상적인 발달을 이루기 위해 각 시기에 발달시키지 않으면 안 되는 과업이다(Havighurst, 1952). 해비거스트는 이것을 '**준비도**(readiness)'의 개념과 관련지어 설명하고 있다. 즉, 적정 시기에 교육히면 학습자는 학습과제에 흥미를 갖고 열심히 학습하여 만족할 만한 학업성취를 가져오지만, 준비가 되지 않은 상태에서 교육하면 학습자가 좌절감을 갖게 되어 학습부진 현상을 초래할 수 있다는 것이다. 따라서 그는 개인이 각 시기의 과업을 성공적으로 수행하면 행복해지고, 실패하면 이후의 과제를 달성하는 데 어려움을 겪을 뿐만 아니라 사회로부터 무시를 받는 등 불행해진다고 설명하였다.

준비도

준비도란 사회적 요구와 개인의 상황이 과업을 성취할 수 있는 적정 시기를 말한다.

발달과업은 학생의 인지적·정의적·신체적 발달을 지원하는 교육목표 설정은 물론, 교육내용을 선정하고 교육방법을 수립하는 데 중요한 기초 자료로서의 역할을 한다. 즉, 학생들의 학습준비도를 결정하고 적정 시기에 학생들을 가르칠 수 있게 함으로써 교육의 효율성 및 효과성을 높이는 데 기여할 수 있다.

발달단계에 따른 발달과업

인간의 발달 과정을 보면 어느 시점을 전후하여 서로 구분되어지는 특징을 가지면서 상호 관련성을 갖고 연속적으로 나타나는데, 이러한 특징에 따라 구분한 것이 발달단계다. 따라서 같거나 비슷한 연령층마다 공통적으로 나타나는 일반적이고 보편적인 발달 특징을 보인다.

이러한 특징은 보통 태아기, 신생아기, 영아기, 유아기, 아동기, 청년기, 장년기, 노년기 등으로 구분되어 명명된다. 물론, 학자에 따라서는 이들 과정 중 어느 시기를 좀더 구체적으로 분류하거나 어느 과정을 묶어서 구분하기도 한다. 예를 들면, 허얼록(Hurlock, 1950)은 태아기, 유아기, 아동 전기, 아동 후기, 청년기, 성인기, 중년기, 노년기로 나누었다. 해비거스트(Havighurst, 1952)가 제시한 발달단계에 따른 발달과업을 간략히 소개하면 다음과 같다.

영아 및 유아기(2개월~6세)에는 걷기, 말하기, 딱딱한 음식 먹기, 배설, 부모와 형제자매 및 타인과의 정서적 관계 등을 배우고, 사회적·자연적 현상과 관련된 간단한 개념을 형성하며, 선악을 판단하면서 양심을 발달시킨다.

아동기(6~13세)에는 일상적인 활동에 필요한 신체적 기능을 습득하고, 자기 자신에 대한 건전한 태도를 형성한다. 친구 사귀기, 성 역할, 읽고 쓰고 셈하기의 기본적 기술 등을 배우며, 일상생활에 필요한 개념과 양심, 도덕, 가치척도는 물론, 사회집단과 제도에 대한 태도를 발달시킨다.

청년기

청년기에는 자신의 존재에 대해 탐색함으로써 자기정체성(self-identity)을 확립하는 일이 중요하다.

청년기(13~22세)에는 남자나 여자로서의 사회적 역할을 학습하면서 남녀 사이의 성숙한 관계를 형성하고, 부모나 다른 성인으로부터 정서적 독립을 이룬다. 직업의 선택과 준비에 주의를 기울이고, 결혼과 가정생활을 준비하며, 사회적으로 책임있는 행동을 실천한다.

성년기(22~30세)에는 직업생활을 하고, 배우자를 선택하여 가정을 이루면서 자녀를 양육하며, 다양한 사회집단에 참여하는 방법을 배운다.

중년기(30~60세)에는 배우자와 동등한 인격체로서의 관계를 맺고, 자녀에게 신뢰받는 부모의 역할을 수행하며, 안정적인 경제 수준을 확립하기 위해 노력한다. 또한 중년기의 생리적 변화를 받아들이고, 여가생활에 참여하며, 연로한 부모를 공경한다.

노년기(60세 이상)에는 퇴직으로 인한 수입의 감소 및 노화 현상에 대한 적응은 물론, 배우자의 죽음을 받아들인다. 사회적인 책임을 실천하고, 또래 노인들과 친밀한 관계를 유지하면서 지낸다.

해비거스트가 제안한 위의 내용들을 보면 인간은 어느 시기가 되면 누구나 일반적으로 해야 하는 숙제가 있음을 알 수 있다. 즉, 영아 및 유아기에는 인간으로 살아가기 위한 가장 기본적인 습관과 행동을, 아동기에는 일상생활에 필요한 기본 기능의 본격적인 습득과 학습을, 청년기에는 사회적 역할의 증대와 자신의 행동에 대한 책임을, 성년기에는 직업 및 결혼 생활을, 중년기에는 경제생활과 자녀 양육 및 자아실현을, 그리고 노년기에는 삶의 통합과 죽음의 준비 등과 같은 보편적인 과제를 수행해야 한다.

발달에 대한 논점

인간 발달에 대한 논의는 발달에 대한 이해를 높이고 발달이론을 발전시킨다. 보통 인간의 발달이 선천적이냐 혹은 후천적이냐 하는 문제, 인간의 발달이 연속적이냐 혹은 비연속적이냐 하는 문제, 그리고 인간 발달 초기와 후기 경험 중 어느 시기의 영향력이 큰가의 문제 등에 대한 논의가 이루어진다.

인간 발달의 선천적·후천적 요인

인간은 태어날 때 부모로부터 유전적 소질을 어느 정도 받는다. 이것은 선천적 요인으로, 후천적 환경 요인 못지않게 발달에 지대한 영향을 미친다. 보통 성(性)이나 신체적 특성 등과 관련된 변화는 '성숙'에 의한 경우가 많다. 부모가 자녀들을 가리켜 "아빠를 닮아서 키가 크다." 또는 "엄마를 닮아서 입술이 도톰하다." 등과 같이 말하는 것들은 바로 후천적으로 어떻게 할 수 없는 유전적 요인인 성숙의 강한 영향력을 드러내는 예들이다.

반면, 개인이 가지고 있는 속성들을 좀더 특징지어주거나 감소시켜주는 요인들이 '경험'이나 '학습'에 의해 이루어지는데, 이것이 바로 후천적 요인이다.

후천적 요인은 인간이 가지고 태어나지 않은 것들을 학습이나 환경 요인에 의해 발달시켜 주거나, 이미 가지고 태어난 것이라 하더라도 그 기능을 좀더 발전시켜 주는 데 큰 역할을 한다.

선천적 요인이라 할 수 있는 성숙과 후천적 요인이라 할 수 있는 학습과 환경은 사실상 인간 발달의 특징적인 측면이 부분적으로 나타날 때 구분이 되기는 하지만, 보통 두 요인들은 상호작용하면서 발달에 영향을 미친다.

따라서 인간 발달이 어느 측면에 의해 이루어지느냐를 논의할 때 여전히 선천적 요인인 성숙과 후천적 요인인 환경 및 학습의 조화로운 영향력을 강조할 수밖에 없다. 즉, 선천적 요인을 무시할 수도 없고 후천적 요인을 무시할 수도 없는데, 이는 인간이 타고난 독특한 특성이 발달에 영향을 미치지만, 환경적 요인이나 학습에 의해서 얼마든지 발달의 차이를 나타내기 때문이다.

인간 발달의 연속성과 비연속성의 개념

발달은 발달 전후 간에 밀접한 관련성과 지속성을 갖지만, 그것이 과연 한 단계 한 단계 연속적인 발달의 과정을 거치는지 또는 어느 시점에서 종전과 다른 구조와 기능을 갖게 되는지 논의의 여지가 있다. 따라서 발달에 대한 논의를 하거나 발달단계를 구분할 때 연속성과 비연속성의 개념을 염두에 두어야 할 것이다.

발달의 연속성이란, 어느 시기나 연령 단계의 발달이 점진적으로 이루어지는 것을 말한다. 예를 들면, 은행나무가 은행으로부터 시작하여 오랜 시간을 통해 커다란 은행나무가 되는 경우다. 이 과정은 지극히 점진적이고 연속적인 특성을 지니는데, 보통 신체적 변화에서 볼 수 있다. 발달의 비연속성이란 어느 단계에서 다음 단계로의 발달이 갑자기 비연속적으로 이루어지는 것을 말한다. 예를 들면, 배추벌레가 어느 날 갑자기 나비가 되는 것과 같이 발달이 이루어질 때 이전과 다른 구조나 기능을 갖는 경우다. 이 과정은 비연속적이고 전환적인 특성을 지니는데, 주로 정신적 변화에서 나타난다.

인간 발달 초기와 후기 경험의 영향력

보통 인간의 발달은 초기의 경험에 의해 크게 좌우된다는 주장과 후기의 환경이나 **학습**에 의해 영향을 더 받는다는 주장이 있다. 이러한 상반된 주장은 결국 '초기의 경험이 발달에 더 많은 영향을 미치는가' 아니면 '후기의 경험이 발달에 더 많은 영향을 미치는가'의 논쟁을 불러일으킨다.

학습
학습에 의해 인간의 발달이 이루어진다는 입장을 강조할 때 교육의 책무는 더욱 커지며, 교사의 역할은 더욱 중요해진다.

흔히 '세살 버릇 여든까지 간다.'라는 말을 떠올리거나, 어릴 때의 경험이 이후의 행동을 결정짓는다고 주장한 프로이드(S. Freud)의 정신분석이론에 의하면 초기 경험은 틀림없이 중요하다는 것을 인식하게 된다. 반면, 경험과 학습에 의해 어떤 능력의 발달이 이루어지는 경우를 보거나, 에릭슨(E. H. Erikson)의 심리사회적 발달이론에 의하면 인생의 초기뿐만 아니라 후기의 경험도 인간의 발달에 매우 중요하다는 것을 알 수 있다.

발달의 특성

발달은 변화를 수반함으로써 인간으로 하여금 어떤 특성을 갖게 한다. 즉, 도식의 질적 변화를 통해 인지적 발달을 가져오고, 감성, 태도, 가치관 등의 변화를 통해 정의적 발달을 가져오며, 신체의 변화에 따라 신체적 발달을 가져온다는 것을 의미한다. 이러한 인간 발달의 특성을 고려하면 학생들을 이해하고 그들의 긍정적 발달을 유도할 수 있다.

인지적 발달

인지 발달은 인간의 인지와 사고 과정에 관심을 갖는다. 즉, 유기체가 주변의 상황이나 문제를 어떻게 받아들이고 상호작용하는지에 대해 관심을 가지며,

그것이 인지 구조에 영향을 미쳐 나타나는 인지 변화를 탐색한다. 따라서 인지 발달은 학습자의 학습 수준을 진단하고 효과성을 높이는 데 중요한 요인이 된다.

피아제의 인지발달이론

피아제(J. Piaget, 1896~1980)에 의하면 인지 발달은 누구에게나 자연스럽게 일어나는 것으로, 개인과 환경의 상호작용의 결과다. 그는 연체동물이 환경의 변화에 적응해 가는 모습을 통해 **유기체와 환경의 상호작용**이 유기체를 어떻게 변화시키는지에 관심을 갖고 인간의 인지와 사고과정에 대한 연구를 하였다.

유기체와 환경의 상호작용

피아제는 인간의 두뇌도 인지적 구조를 변화시켜 환경에 적응해 나가는 능력이 있다고 보았다.

피아제는 인지발달과정을 설명함에 있어서 도식, 동화와 조절 그리고 평형화의 개념을 사용하였다. 도식(schema)이란 유기체가 가지고 있는 사고의 틀이며, 이는 유기체의 경험과 환경에 따라 각각 다르다. 유기체는 자신이 가지고 있는 기존의 도식과 유사한 사물이나 상황 또는 사건에 부딪힐 때 그 상황이나 환경을 자신의 도식에 따라 적응시키는 동화(assimilation) 과정을 거치거나, 기존의 도식과 다른 사물이나 상황 또는 사건에 부딪힐 때 그 상황이나 환경에 유기체를 적응시키는 조절(accomodation) 과정을 거친다. 여기서 동화만 일어나면 도식의 분화가 일어나지 않게 되며, 조절만 일어나면 너무 많은 것을 학습하여 문제가 생길 가능성이 있다(이현림 · 김영숙, 2006: 64). 유기체가 계속적인 동화와 조절의 과정을 거치면 평형화(equilibrium) 상태에 도달하게 되는데, 이때 유기체의 도식은 기존의 도식보다 나은 상위의 도식을 형성하게 되면서 인지 발달이 이루어지게 된다고 본다.

피아제는 이러한 과정을 거쳐 유기체가 갖게 되는 인지구조는 이전의 인지구조와 질적으로 다른 변화를 가져온다고 보고, 인간이 일생 동안 갖는 네 단계의 인지 발달을 다음과 같이 설명하였다(Beck, 2003: 21, 218-249; Papalia et al., 2003: 243-273).

첫째, 감각운동기(sensorimotor stage: 0~2세)는 자극에 대해 반응하는 시기로, 아이들은 감각과 운동을 조절하는 것을 배운다. 피아제는 이 시기를 다시 여섯 단계로 나누어 설명하고 있다. 반사활동기(출생~약 1개월), 1차 순환반응기(1~4개월), 2차 순환반응기(4~8개월), 2차반응의 협응(8~12개월), 3차 순환반응기(12~18개월), 사고시작기(18~24개월)가 그것이다. 감각운동기의 아이들은 사고능력 없이 감각운동으로 주위 환경에 대처하기 시작하다가 점차 인지능력을 발전시켜 나간다. 이 시기에 일어나는 중요한 변화는 사물이 감각적으로 존재하지 않아도 없어진 것이 아니라 존재한다는 사실을 아는 대상영속성(object permanence)의 개념을 획득하게 된다는 것과, 이 시기의 마지막 단계에 이르러서는 자신이 부딪힌 상황을 일정 시간 경과 후 재현하는 지연모방(deferred imitation)이 가능해진다는 것이다.

둘째, 전조작기(preoperational stage: 2~7세)에는 언어 발달이 급속하게 이루어지며, 상징적 사고(make believe thinking), 물활론적 사고(animism), 자기중심적 사고(egocentrism), 꿈의 실재론 현상 등을 보인다. 상징적 사고는 상징놀이를 통해 알 수 있는데, 이 시기의 아이들은 각종 물체(막대, 빗자루 등) 또는 심상을 통해 놀이를 하거나 머릿속에 떠올리는 행위를 한다. 또 모든 사물이 생명을 가지고 있어서 생각할 수 있고 감정이 있다고 믿는 물활론적 사고를 하며, 모든 사물을 자기 입장에서 보고 판단함으로써 타인의 입장을 고려하지 못하고 남도 자신과 똑같이 생각한다고 믿는 자기중심적 사고가 강하게 나타난다. 아울러 자신이 꾼 꿈이 실제로 일어났다고 생각할 뿐만 아니라 실재한다고 믿는 꿈의 실재론 현상을 보이기도 한다.

셋째, 구체적 조작기(concrete operational stage: 7~11,12세)에는 급격한 사고의 발달을 보임으로써 이전 단계의 자기중심적 사고에서 탈피하고, 보존(conservation) 개념과 가역성(reversibility)이 생기며, 사물들 간의 관계를 이해하게 되어 물체를 유목화·서열화하는 능력이 생긴다. 다만, 이 시기 아이들이 갖는 이러한 개념들은 관찰 가능한 구체적 사건이나 사물에 국한하여 이해하기 때문에 구체적 조작기라고 하는 것이다.

넷째, 형식적 조작기(formal operational stage: 11,12~14,15세 또는 성인

초기)에는 사고가 자유로워지며, 나름대로 사고의 체계화를 시도한다. 따라서 가설의 설정을 통해 일반적 사실에 비추어 특수한 사실을 도출해 내는 가설-연역적 사고, 문제를 해결할 때 가능한 조합을 체계적으로 시도하는 조합적 분석력, 그리고 가설적 상황을 사고하고 추상적 개념을 이해하며 문제해결에 다양한 방법을 시도하는 추상적 사고가 가능해진다.

피아제의 인지발달이론은 인지 발달에 대한 가장 독창적인 이론으로, 아이들이 발달단계에 따라 독특한 공통적 사고를 한다는 것을 밝혔다는 점에서 발달 수준에 적합한 교육이 이루어져야 함을 시사하고 있다. 그러나 개인의 환경이나 경험 등에 따라 달라질 수 있는 인지 수준을 고려하지 않았을 뿐만 아니라, 전조작기 아동들의 능력을 과소평가하였다는 지적을 받는다.

비고츠키의 인지발달이론

비고츠키(L. Vygotsky, 1896~1934)는 피아제와는 달리 인지 발달이 사람들 간의 상호작용에 의해 이루어진다고 봄으로써 **사회·문화적 맥락**을 중요시하였다(Berk, 2003: 256-263; Papalia et al., 2003: 274-278). 그는 이러한 가정 아래 근접발달영역(ZPD: zone of proximal development)을 제안하였는데, 근접발달영역이란 아동이 어른이나 주변의 도움 없이 문제를 해결할 수 있는 현재의 발달 수준과 어른이나 주변의 도움을 받아 문제를 해결할 수 있는 잠재적 발달 수준 사이의 차이를 말한다. 근접발달영역은 개인에 따라 다르기 때문에 교사가 교실 수업에서 개별 아동들의 근접발달영역을 알면 그들의 학습효과를 높이는 데 유용하다.

사회·문화적 맥락
비고츠키는 인지 발달의 근원을 사회적 환경 속에서 찾았으며, 사회적 관계 속에서 개념이나 사실, 태도, 기술 등이 발달한다고 보았다.

이때 아동의 능력을 최대한 계발하기 위해서는 높은 수준의 내용을 체계적으로 가르쳐야 하는데, 누군가가 아동이 이러한 내용을 숙달할 수 있도록 도움을 주는 과정을 '스캐폴딩(scaffolding, 비계설정)' 또는 '발판'이라 하였다. 비계설정은 아동들이 과제를 완성하고 자신들의 능력으로 도달하기 어려운 목표를 성취하는 데 도움을 준다.

특히 비고츠키는 언어가 학습과 발달을 매개하는 중요한 요인이라고 보았다. 그는 처음의 언어, 즉 사적 언어(private speech)는 다른 사람과의 상호작용을 위해 필요하지만, 나중의 내적 언어(inner speech)는 사고를 조직하는 데 중요한 역할을 한다고 보았으며, 이렇게 언어가 발전해 가면서 인지발달을 가져온다고 주장하였다(Vygotsky, 1986). 비고츠키는 발달이 학습에 따라 이루어지는 것으로 보았는데, 이는 발달이 학습에 선행하며 언어가 사고의 부차적 요인이라고 한 피아제의 주장과 다르다.

정의적 발달

정의적 발달은 인지 발달 못지않게 아이들 생활에 중요한 영향을 미친다. 특히 아이들의 긍정적 정서 발달은 자기존중감을 높여주고 건강한 성격과 도덕성 그리고 더불어 살아가는 공동체의식을 갖게 하는 데 도움을 준다.

심리성적 발달

프로이드(S. Freud, 1856~1939)는 인간의 내면세계에 관심을 갖고 인간이 지닌 성욕과 공격성에 대해 논의하였다. 그에 의하면 인간은 비합리적이고 결정론적인 존재다. 즉, 인간의 사고와 행동은 인간이 지닌 본능적인 성적 에너지(libido)에 의한 것이며, 인간의 행동은 무의식과 과거 어릴 때의 경험에 의해 결정된다는 것이다.

프로이드에 의하면 **인간의 정신세계**는 의식, 전의식, 무의식으로 나누어진다. 의식(consciousness)은 감각기관을 통해 인지하는 것이고, 무의식(unconsciousness)은 마음 깊은 곳에 감추어져 있어서 인간의 사고와 행동을 지배하는 부분이며, 전의식(pre-consciousness)은 의식과 무의식 사이에서 조금만 주의를 기울이면 의식으로 전환되는 것이다.

프로이드는 인간의 이러한 정신세계를 분명히 하기 위해 인간의 성격을 본능, 자아, 초자아로 나누었다. 그에 의하면 쾌락의 원리가 지배하는 본능(id)

인간의 정신세계

프로이드는 인간의 정신적 활동에 작용하는 에너지를 생의 본능인 에로스(eros)와 죽음의 본능인 타나토스(thanatos)로 구분하였다. 에로스는 생명을 유지·발전시키고 사랑을 하게 하는 본능으로 이것 때문에 생명을 지속하게 하며, 타나토스는 무생물체로 환원하려는 본능으로 이것 때문에 결국 사멸되고 살아있는 동안에도 자신과 타인을 파괴하는 행위를 한다고 보았다.

은 무의식적이고 비이성적이며 이기적인 것으로, 현실과 충돌하면서 생기는 갈등 과정을 거치면서 자아가 발달하게 된다. 그는 자아(ego)가 현실의 원리에 의해 지배를 받기 때문에 현실을 직시하고 가장 적절한 해결책을 찾는다고 주장하였다. 아울러 학습에 의해 획득되는 초자아(superego)는 자아와 마찬가지로 현실과의 접촉을 통해 발달하며, 타인과의 동일시 또는 사회적 가치나 문화적 규범을 획득하면서 내면화되는 것으로 보았다. 그에 의하면 초자아는 본능과 항상 충돌하는데, 이때 초자아와 본능의 충돌에 의해 생기는 갈등을 해결해 주는 것이 자아다.

프로이드는 인간이 본능, 자아, 초자아의 발달에 의해 일련의 단계를 거치며 발달한다고 보았는데, 이것이 바로 리비도가 어디에 집중되느냐에 따라 구분한 심리성적 발달단계다(Berk, 2003: 16-17; Freud, 1953).

구강기

프로이드에 의하면 출생은 인간 불안의 근원으로, 따라서 수면은 불안에 대한 도피이며, 인간은 모두 자궁으로 되돌아가고 싶은 욕망을 지닌다.

첫째, **구강기**(oral stage: ~1세)는 입이나 혀를 자극함으로써 만족을 느끼는 시기로, 이 시기의 만족 정도에 따라 낙천적이거나 비관적 성격이 고착화된다. 즉, 구강기적 욕구를 충족하지 못하면 손가락을 빨거나 손톱을 깨무는 습관이 고착화되고, 과잉충족이 이루어지면 과식이나 과음 등의 습관이 고착화되는 구강기적 성격을 갖게 된다는 것이다.

둘째, 항문기(anal stage: 1~3세)는 리비도가 구강에서 항문으로 옮겨가면서 대소변의 보유나 배출을 통해 만족을 얻는 시기다. 이 시기에 지나치게 청결한 배변훈련을 강조하면 결벽증이, 적절하지 못하면 인색한 성격을 소유하게 된다고 본다.

셋째, 남근기(phallic stage: 3~5세)는 리비도가 항문에서 성기로 옮겨가면서 성에 대한 관심이 고조되며, 본능, 자아, 초자아가 역동적으로 상호작용하는 시기다. 이 시기에 남아는 이성의 부모(어머니)에 대해 성적 애착을 갖게 되는데, 아버지에 의해 좌절되는 오이디푸스 콤플렉스(oedipus complex)를 경험하면서 자신의 중요한 성기가 제거되지 않을까 하는 거세불안(castration anxiety)을 갖게 된다. 그러나 이러한 심리적 갈등은 곧 동성의 아버지와 동일시(identification)함으로써 해결되고, 아버지의 역할을 이해하게 된다. 반면, 여아는 이성의 부모(아버지)에 대해 성적 애착을 갖게 되는데, 어머니에 의해 좌절되는 일렉트라 콤플렉스(electra complex)를 경험하고, 역시 어머니와 동일시함으로써 심리적 갈등을 해결한다. 또한 이 시기의 여아는 남근선망(penis envy)을 갖기도 한다. 남근기에 갖게 되는 콤플렉스나 여러 가지 성적 문제가 원만하게 해결되지 않으면 성인이 되었을 때 이성과의 건전한 성관계가 어려울 수 있다.

넷째, 잠복기(latent stage: 5,6~11,12세)는 본격적인 집단생활을 하면서 성적 욕구가 잠재되는 시기다. 따라서 이 시기에는 학업과 사회규범, 동성친구 등에 대한 관심이 증가하면서 이성에 대해 배타적인 태도를 갖기도 한다.

다섯째, 성기기(genital stage: 12~19세)는 신체적 성숙과 더불어 이성과의 접촉이 본격화되는 시기다. 이 시기에 이성에 대한 관심이 적절하게 표현되면 건전한 애정으로 발전할 수 있으며, 성적 욕구를 취미활동 등으로 승화시킴으로써 성적 에너지를 건전하게 해결할 수도 있다. 그러나 성적 에너지가 적질히 해결되지 못하면 청소년 비행 등과 같은 부정적 행동이 표출될 수 있다.

이처럼 프로이드는 무의식과 리비도에 의한 성격발달단계를 제안함으로써 인간행동의 본성을 이해하는 또다른 방법을 제시하였으며, 아동의 초기 경험의 중요성을 언급함으로써 아동 양육에 시사점을 던져주었다. 그러나 이 이론은 지나치게 결정론적일 뿐만 아니라 성적 에너지를 강조했다는 비판을 받는다.

심리사회적 발달

에릭슨(E. H. Erikson, 1902~1988)은 **자아 발달**이 자기정체성 형성에 중요한 역할을 한다고 보았다. 그에 의하면 사람은 누구나 신체적 성장이나 환경 또는 학습 등에 의해 심리사회적 위기를 겪게 되는데, 이때 이것을 어떻게 극복하느냐에 따라 건강한 자아가 발달할 수도 있고 그렇지 못할 수도 있다.

에릭슨은 심리사회적 발달단계가 개인이 환경에 적응하려는 욕구와 그 과정에서 야기되는 갈등에 의해 구별된다고 보았으며, 인생을 8단계로 나누고 각 단계를 대립되는 개념으로 설명하였다(Berk, 2003: 17-18; Erikson, 1968).

자아 발달

에릭슨에 의하면 건강한 성격은 일련의 단계를 거치며 발달과업을 제대로 극복해낸 결과다. 또한 모든 발달은 '점성성의 원리', 즉 모든 것은 당초 계획대로 자라지만, 이외의 사건으로 계획에서 벗어나기도 하는데, 모든 부분이 전체로서 하나의 기능을 할 때까지 성장한다고 보았다.

1단계는 기본적 신뢰감 대 불신감의 시기(basic trust vs. mistrust: 출생~1세)로, 프로이드가 주장한 구강기에 해당한다. 에릭슨은 건강한 성격의 기본적 요소를 신뢰감으로 보고 이 시기의 아이들이 갖는 신뢰감과 불신감이 어머니와의 관계에서 이루어진다고 보았다. 그에 의하면 어머니로부터 따뜻한 보살핌을 받은 아이는 신뢰감을 발달시키고, 그렇지 못한 아이는 불신감을 갖게 된다. 신뢰감 대 불신감의 갈등이 성공적으로 해결되면 '희망'이라는 덕목을 성취하게 된다.

2단계는 자율성 대 수치심과 회의감의 시기(autonomy vs. shame and doubt: 1~3세)로, 프로이드가 주장한 항문기에 해당한다. 이 시기의 아이들은 의도적 행동을 하게 되면서 자율성을 획득하는 반면, 외부의 지나친 통제로 인해 자신이 이를 감당하지 못할 때 수치심이나 회의감을 갖게 된다. 이 단계에서 겪는 갈등을 성공적으로 해결하면 '의지력'이라는 덕목을 성취하게 된다.

3단계는 주도성 대 죄책감의 시기(initiative vs. guilt: 4~6세)로, 프로이드가 주장한 남근기에 해당한다. 이 시기에는 언어 능력과 상상력이 발달하고 주변 환경을 이해하면서 자신의 행동에 대해 주도성을 갖게 되는 반면, 자신의 주도적 행동이 옳지 않다는 이유로 제재를 받을 경우 자신감을 잃고 나쁜 짓을 했다는 죄책감을 갖게 된다. 이 단계에서 겪는 갈등을 성공적으로 해결하면 '목적의식'이라는 덕목을 성취하게 된다.

4단계는 근면성 대 열등감의 시기(industry vs. inferiority: 6~12세)로, 프로이드가 주장한 잠복기에 해당한다. 이 시기에는 학교에서의 본격적인 집단생활을 통해 무엇인가를 주도적으로 할 수 있고 자신감을 얻으면 근면성이 발달하는 반면, 자신감이 없다고 느끼거나 계속적인 실수 또는 실패를 하면 열등감을 갖게 된다. 이 단계에서 겪는 갈등을 성공적으로 해결하면 '유능감'이라는 덕목을 성취하게 된다.

5단계는 자아정체감 대 역할혼미의 시기(self-identity vs. role confusion: 12~20세)로, 자기 존재에 대한 인식을 하게 되면서 많은 고민을 하는 모습을 보인다. 이 시기에 자신의 역할을 알고 목적의식을 갖는 청년은 자아정체감을 형성하여 자신의 경험과 욕구를 통합하는 능력을 발달시키지만, 그렇지 못한 경우는 역할혼미를 경험하면서 부정적인 태도를 갖게 된다. 이 단계에서 겪는 갈등을 성공적으로 해결하면 '충성심'이라는 덕목을 성취하게 된다.

6단계는 친밀감 대 고립감의 시기(intimacy vs. isolation: 20~25세)로, 이성과 관계를 형성하고 배우자를 선택하게 된다. 이 과정에서 자아정체감이 확립된 사람은 친밀감을 형성하지만, 그렇지 못한 경우에는 배우자와의 관계에서도 고립감을 갖게 된다. 이 단계에서 겪는 갈등을 성공적으로 해결하면 '사랑'이라는 덕목을 성취하게 된다.

7단계는 생산성 대 침체감의 시기(generativity vs. stagnation: 25~65세)로, 가정생활 및 사회생활을 통해 심리적 안정감 또는 위기감을 갖게 된다. 즉, 결혼한 부부가 자녀를 낳아 교육시킴으로써 부모로서의 역할을 다하거나 자녀가 없더라도 사회적인 활동을 하면서 생산성을 획득하게 되는데, 그렇지 못한 경우에는 침체감에 빠지게 된다. 이 단계에서 겪는 갈등을 성공적으로 해결하면 '배려'라는 덕목을 성취하게 된다.

8단계는 자아통합 대 절망감의 시기(ego integrity vs. despair: 65세~)로, 자신이 걸어온 인생에 대해 가치를 부여하거나 좌절을 경험한다. 즉, 자신의 생애에 대해 가치를 인식하고 지혜를 획득한 경우 자아통정감을 얻게 되지만, 정신적·경제적으로 무력감을 느끼고 자신의 삶이 무의미했다고 느끼면 절망감을 경험하게 된다. 이 단계에서 겪는 갈등을 성공적으로 해결하면 '지혜'라는 덕목을 성취하게 된다.

에릭슨은 심리사회적 발달이론을 통해 인간의 성격이 사회문화적 영향을 받아 일생에 거쳐 계속적으로 발달하며, 발달과업을 잘 극복할 때 건강한 성격이 형성된다고 보았다. 그의 이론은 자아를 중요하게 생각하여 자아의 발달에 따른 건강한 정체감 형성을 강조하였다는 점에서 높이 평가된다. 그러나 심리사회적 위기를 극복함으로써 획득하게 되는 덕목들이 각 단계의 긍정적·부정적 발달과 어떻게 관련되는지에 대한 설명이 미약하다는 지적을 받는다.

도덕성 발달

피아제에 의하면 아동의 도덕성은 인지 발달에 따라 이루어지며, 타율적 도덕성의 단계에서 자율적 도덕성의 단계로 옮겨가며 발달한다. 타율적 도덕성의 단계(heteronomous morality: 3~8세)에서 아이들은 자기중심적 사고를 하기 때문에 행동의 결과 드러난 사실 그 자체만 보고 옳거나 그르다는 두 가지 도덕적 판단을 하며, 도덕적 규범은 무조건 따라야 한다고 생각한다. 그러나 자율적 도덕성의 단계(autonomous morality: 8세 이후)에 접어들면 타인의 내면적 동기나 의도를 파악하게 되면서 규칙은 사회구성원들의 약속이기 때문에 상황에 따라 조정할 수 있다고 생각하게 된다는 것이다(Berk, 2003: 485).

콜버그(L. Kohlberg, 1927~1987)는 피아제의 도덕성 발달이론을 바탕으로 하였다. 우선, 그는 가상적 이야기인 '하인즈(Heinz) 딜레마'를 10~16세의 아이들에게 다음과 같이 던졌다.

> 유럽의 한 마을에 사는 하인즈의 아내가 암에 걸려 죽어가고 있었다. 그런데 그 부인을 살릴 수 있는 약은 오직 그 마을에 사는 약제사가 발명한 약으로, 그 약은 제조 원가의 10배에 살 수 있었다. 하인즈는 이리저리 다니며 약값을 구했지만, 반 밖에 구하지 못하였다. 그는 약제사를 찾아가 약을 먼저 주면 꼭 약값을 갚겠다고 사정하였으나 거절당하였다. 결국 하인즈는 아내를 살리기 위해 약제사의 가게에 몰래 들어가 약을 훔쳤다. 하인즈는 어떻게 해야 했으며, 그렇게 생각하는 이유는 무엇인가?(Papalia et al., 2003: 436)

그리고 "하인즈가 약을 훔친 행동은 옳은가?", "누군가를 죽게 하는 것과 훔치는 것 가운데 어느 쪽이 더 나쁜가?", "남편이 아내를 사랑하지 않는다고 해도 약을 훔쳐야 하는가?", "하인즈가 잡혀서 재판을 받게 된다면 판사는 어떤 형을 선고해야 할까?" 등의 질문을 했으며, 아이들의 반응을 기초로 하여 3수준 6단계의 도덕성 발달단계를 제시하였다(Berk, 2003: 487-492; Papalia et al., 2003: 436-437).

첫째는 인습 이전의 수준으로, 보통 9세 이전의 아동에게 해당된다고 본다.

이 수준의 1단계는 벌과 복종 지향의 단계로, 규칙을 어겼을 때 받을 벌로부터 피하기 위해 규칙을 지키는 행동 수준이다. 2단계는 자신의 욕구를 충족시키기 위해 도덕성을 발달시키는 단계로, 개인의 관심에 따라 도덕적 행위가 결정되고 타인에게도 자신의 욕구와 똑같은 욕구가 있다는 사실을 인정하며, 옳다는 것은 상대적 의미를 지닌다고 보는 수준이다.

둘째는 인습 수준으로, 청소년과 대부분 성인의 도덕성 수준이다. 이 수준의 3단계는 대인관계에서의 조화를 지향하는 단계로, 부모나 교사 또는 또래와의 관계를 인식하고 이들의 기대에 부응하는 행동 수준이다. 4단계는 법과 질서를 지향하는 단계로, 사회 질서를 위한 법에 따라 행동하는 것을 도덕적 행위로 간주한다.

셋째는 인습 이후의 수준으로, 보통 20세 이상의 성인들 중 일부만이 이 수준까지 도달한다고 본다. 이 수준의 5단계는 사회계약 정신을 지향하는 단계로, 다수를 위한 법은 사회계약으로 인정되며 개인의 권리도 중요시된다고 보기 때문에 법의 절대성에서 벗어나 사회적 유용성이 있으면 바뀔 수 있다고 본다. 6단계는 인간의 존엄성과 동등한 권리를 인정하는 차원의 도덕성 수준으로, 이 단계의 도덕적 행위는 양심적 결정과 내면화된 생각으로 나타난다. 이 단계는 사실상 예수나 석가모니 등의 성인들만이 도달할 수 있는 수준의 도덕성으로 본다.

콜버그의 도덕성 발달이론은 방대한 종단적 연구를 통해 체계화한 연구로 평가받는다(이현림·김영숙, 2006). 그러나 이 이론은 미국의 중류층 이상 백인들의 가치를 반영한 것으로 일반인들의 도덕성 수준과 차이가 있을 것으로 보며, 특히 제시된 딜레마에 대해 응답한 대상이 10세 이상의 아이들이어서 10세 이전 아이들의 도덕성 발달 수준을 설명하기 어렵다(Siegler, 1986)는 지적을 받고 있다.

개인차와 교육

발달에 있어서의 개인차를 알면 그에 따른 교육이 가능해져 학습의 효과를 극대화할 수 있다. 개인차를 나타내는 변인으로는 지능, 창의성, 인지양식, 그리고 다양한 환경적 요소들이 있는데, 이 가운데 지능과 창의성이 개인차의 중요한 변인으로 논의된다.

지능 발달

지능은 개인의 지적 수준을 알아보는 척도로 많이 사용된다. 그러나 지능은 하나의 지수일 뿐 개인의 전체를 파악하는 기준으로 사용되어서는 안된다. 다만, 지능이 높은 경우에는 지능이 낮은 경우에 비해 빠른 학습속도와 우수한 학습결과를 보이는 경향이 있다.

지능의 의미

지능(intelligence)은 인간의 지적 능력을 나타내는 대표적인 특성으로, 상황을 인식하는 능력, 문제를 해결하는 능력, 그리고 학습하는 능력 등을 포함한다. 그러나 지능을 명쾌하게 정의하기란 쉽지 않다. 지능을 선천적으로 가지고 태어나는 것인지 아니면 후천적으로 발전시켜 가는 것인지, 그리고 어떤 요인으로 구성되어 있는지에 대한 논의가 다양하기 때문이다.

터먼(L. M. Terman)과 서스톤(L. L. Thurstone)에 의하면 지능은 고도의 추상적 사고능력이고, 게이츠(A. I. Gates)나 디어본(W. F. Dearbone)에 의하면 지능은 학습의 기초능력이며, 스테른(W. Stern)이나 피아제에 의하면 지능은 환경에 대한 적응능력이다. 가드너(Gardner, 1993)는 지능이 문화상황에서 가치있고 의미있는 문제를 해결하는 능력 또는 특정 문화상황 속에서 중요시하는 산물을 만들어 내는 능력이라고 보았다. 웩슬러(Wechsler, 1944)는 지능을 목적성 있게 행동하고 합리적으로 사고하며, 환경을 효율적으로 다루는 개인의 종합적 능력으로 봄으로써 지능을 좀더 포괄적이고 종합적인 개념으로 정의하고 있다.

지능의 이론

지능의 구조에 대해서도 지능에 대한 다양한 개념 정의 만큼이나 많은 이론들이 있다. 이들 이론은 인간의 지적 수준을 알아보기 위한 것으로, 인간의 지적 발달을 특징짓는 요인이 되기도 한다. 몇가지 주요 이론을 소개하면 다음과 같다(Berk, 2003: 313-318).

첫째, 스피어맨(C. E. Spearman)의 2요인설이다. 이 지능이론은 일반요인설 또는 g요인 이론으로도 불린다. 이 이론에서는 지능이 두 가지 요인, 즉 일반 요인(general factor)과 특수 요인(specific factor)으로 이루어진다고 본다. 이 가운데 g요인은 일반적인 능력을 나타내며, s요인은 특수한 능력을 나타낸다.

둘째, 서스톤(L. L. Thurstone, 1938)의 다요인설이다. 이 지능이론은 스피어맨의 일반요인에 반론을 제기한 것으로, 지능이 어떤 공통된 요인으로 구성되는 것이 아니라 특수한 요인으로 구성된다고 보면서 7개의 요인, 즉 기본정신능력(PMA : Primary Mental Abilities)을 제안한 것이다. 여기에는 언어 요인, 수 요인, 공간 요인, 지각속도 요인, 기억 요인, 추리 요인, 유창성 요인 등이 포함된다.

셋째, 길포드(J. P. Guilford)의 **지능구조 입체모형이론**이다. 길포드는 지능을 주어지는 정보의 내용, 정보를 처리하는 심리적 조작, 그리고 조작에 의한 결과인 산출로 나누고, 각 유목에 하위 요인을 정하여 내용(5요인)×조작(6요인)×산출(6요인)의 180개 상이한 정신능력으로 분류한 지능의 3차원을 제시하였다.

지능구조 입체모형이론
길포드의 지능구조 입체모형이론은 지적 요인을 크게 기억력과 사고력으로 나누고, 사고력을 다시 인지적 능력, 생산적 능력, 평가적 능력으로 분류하였으며, 생산적 능력을 다시 수렴적 사고와 발산적 사고로 나누어 이들 다섯 가지 사고력 요인의 구조를 입체화시킨 것이다.

넷째, 스테른버그(R. J. Sternberg)의 삼위일체이론(triarchic theory of intelligence)이다. 스테른버그는 지능을 구성적 부분, 경험적 부분, 맥락적 부분으로 나누었다. 그에 의하면 구성적 부분은 개인의 내적 세계와 관련되는 것으로 지능의 가장 중심적 기능이고, 경험적 부분은 지능이 인간의 경험과 관련되어 있기 때문에 지능의 구성 요소로서 중요하며, 맥락적 부분은 주변 세계에 대처하여 적응하는 기능으로 현실 상황에서의 적응력을 강조한다(Strenberg, 1986).

끝으로, 가드너(Gardner, 1993)의 다중지능이론(multiple intelligence theory)이다. 가드너에 의하면 지능은 서로 독립적인 여러 유형의 능력들로 구성되어 있으며, 이들은 상호작용한다. 그는 다양한 지능 영역을 소개하면서 개인은 누구나 이들 가운데 한 가지 또는 그 이상의 강점과 약점을 갖는다고 주장하였다. 가드너가 소개한 각 지능 영역의 특징과 관련 직업을 소개하면 다음과 같다(Berk, 2003: 318; Campbell, Campbell, & Dickinson, 2004).

첫째, 언어적 지능(linguistic intelligence)이다. 이 지능은 단어의 민감성, 문장 구성의 숙련도, 언어 이해력 등에서 뛰어난 능력을 보이는 지능이다. 시인, 저널리스트 등에게서 이 지능이 높게 나타난다.

둘째, 논리수학적 지능(logic-mathematical intelligence)이다. 이 지능은 논리나 수에 대한 감각 또는 탐구 능력, 즉 논리적 사고를 지속적으로 조정하는 능력이다. 과학자나 수학자에게서 이 지능이 높은 것을 볼 수 있다.

셋째, 음악적 지능(musical intelligence)이다. 이 지능은 음에 대한 민감성, 음과 절을 리듬으로 결합하는 능력, 감상 능력 등을 포함한다. 음악가, 작곡가 등에게서 이 지능이 높게 나타난다.

넷째, 공간적 지능(spatial intelligence)이다. 이 지능은 시공간 세계를 정확히 지각하는 능력, 최초의 지각을 전환하는 능력, 그리고 시각적 경험을 재창조하는 능력을 포함한다. 건축가, 항해사, 화가 등에게서 이 지능이 높은 것을 볼 수 있다.

다섯째, 신체운동적 지능(bodily-kinesthetic intelligence)이다. 이 지능은 신체를 숙련시키고 사물을 능숙하게 다루는 능력이다. 무용가나 운동선수 등에게서 이 지능이 높게 나타난다.

여섯째, 자연주의적 지능(naturalist intelligence)이다. 이 지능은 여러 가지 동물, 광물, 식물 등을 인식하고 분류하는 능력이다. 생물학자, 수석전문가, 곤충채집가 등에게서 이 지능이 높은 것을 볼 수 있다.

일곱째, 대인관계 지능(interpersonal intelligence)이다. 이 지능은 대인관계 속에서 타인의 기분, 기질, 동기, 욕구를 파악하고 적절하게 반응하는 능력이다. 치료사, 판매원 등에게서 이 지능이 높게 나타난다.

끝으로, 개인 내 지능(intrapersonal intelligence)이다. 이 지능은 자신의 생각, 감정, 행동 등을 이해하고 통제함으로써 자신을 잘 이해하는 능력이다. 정확한 자기인식을 가진 사람이나 섬세한 사람에게서 찾아볼 수 있다.

그밖에 실존주의적 지능(existential or philosophical intelligence)을 추가하기도 하는데, 이 영역은 개인 내 지능과 중첩되는 부분이 있어 온전한 하나의 지능으로 보지 않는다. 가드너의 다중지능이론은 학교현장에서 그동안 국어나 수학 능력을 중시하던 풍토에서 벗어나 학생들이 가진 다양한 능력을 인정하는 계기를 마련하였다. 아울러 학생들의 능력을 발굴해서 계발해야 한다는 입장을 강조함으로써 학생들의 잠재력을 인정하는 기회가 되기도 하였다.

지능의 측정 및 활용

지능의 측정은 지능검사에 의해 이루어지는데, 세계 최초의 지능검사도구는 **비네-시몽(Binet-Simon) 검사도구**다. 이 검사도구는 1905년 프랑스에서 학습부진 현상을 보이는 아동들에 대한 특별 교육의 필요성을 인식하고 학습부진 현상을 보이는 아동을 변별·측정하기 위해 비네(A. Binet)가 시몽(T. Simon)과 함께 제작한 것이다. 이 검사도구는 정신연령(mental age)이라는 개념을 도입하여 정신연령 표준에 의해 판단하는 방법을 제작하였다. 즉, 평균적인 능력을 가진 아이라면 주어진 연령에서 해결해야 하는 문제를 풀 수 있어야 한다는 것이다.

비네-시몽 검사도구
처음 제작한 비네-시몽 검사도구는 판단, 이해, 추리 능력을 측정하는 30개 문항으로 구성되었다.

비네-시몽 검사도구는 1916년 스탠포드대학교의 터먼(L. M. Terman) 교수에 의해 미국 문화에 맞게 수정·보완하여 표준화되었는데, 이것이 바로 **스탠포드-비네(Stanford-Binet) 검사도구**다. 이 검사도구는 우리나라 초기 지능검사 제작에 영향을 주었다.

스탠포드-비네 검사도구
스탠포드-비네 검사도구에서는 지능지수를 생활연령에 대한 정신연령의 비율에 100을 곱하여 나타낸다.

이후 웩슬러(D. Wechsler)는 개별적 능력을 측정할 수 있는 검사도구를 개발하였다. 웩슬러가 개발한 지능검사도구 WAIS(Wechsler-Adult Intelligence Scale: 16세 이상 성인)와 WISC(Wechsler-Intelligence Scale for Children: 5~15세)는 스탠포드-비네 지능검사가 거의 언어적 검사로 되어 있는 것에 비해 언어적 검사와 비언어적 검사를 결합하여 진단하는 방식을 취하였다. 특히 오늘날 학생들을 대상으로 많이 사용되는 **WISC-IV**는 이전의 웩슬러 검사와는 달리 전체 IQ와 두 가지 지표점수, 즉 일반적 능력지표와 인지수준지표, 그리고 이들의 하위 지표인 언어이해지표, 지각적 추리지표, 작업기억지표, 처리속도지표를 산출하는 방식을 취하고 있다(곽금주·오상우·김청택, 2011).

WISC-Ⅳ
WISC-IV는 전체 척도가 일반적 능력지표와 인지수준지표로 구분되고, 다시 일반적 능력지표는 언어이해지표와 지각적 추리지표로, 인지수준지표는 작업기억지표와 처리속도지표로 구분된다.

지능검사를 통해 수치화된 IQ가 학습상황에 참고가 되는 것은 사실이다. 그러나 IQ는 어디까지나 개인의 지적 기능의 한 지표로, 개인의 모든 것을 알려주는 것이 아니기 때문에 과잉해석을 피해야 한다. 또 지능검사를 할 때는 사용되는 지능검사도구의 특성을 잘 알고 그 해석에 주의해야 한다.

창의성 발달

창의성은 다양한 문제사태를 독창적으로 해결해 나가는 능력이다. 이 능력은 누구나 가지고 있다고 보며, 따라서 창의성을 계발하는 일은 학교교육에서 더욱 중요해지고 있다.

창의성의 의미

창의성(creativity)은 지능과 마찬가지로 학습과 깊은 관련이 있는 것으로,

변화하는 사회에 대처하기 위해 특히 강조되고 있는 특성이다. 이러한 창의성에 대해서는 지적 기능으로 보기도 하고 보편적으로 갖는 잠재적 능력으로 보기도 한다.

길포드(Guilford, 1959)에 의하면 창의성은 새롭고 신기한 것을 창출해 내는 확산적 사고력이다. 테일러(Taylor)는 창의성을 생산적이고 창조적인 사고를 표현하는 복잡한 심리적 과정으로 보고, 인내심, 성취욕, 변화 및 개선하고자 하는 태도, 정열 등을 포함시켰다(김동일 외, 2004: 269). 토렌스(Torrance, 1977)에 의하면 창의성은 개인과 사회에 가치로우며 참신한 산물, 기존 아이디어의 수정, 거부를 요구하는 비판 습성, 강한 동기, 수준 높은 지적 에너지의 사용 등을 특징으로 한다.

이들 학자의 창의성에 대한 정의를 종합해 보면 창의성이란 새롭고 독창적인 아이디어를 창출해 내는 능력이라 할 수 있다. 다만, 오스번(Osborn, 1963)이 지적했듯이 창의성이 인간 모두가 가지고 있는 보편적 능력이며 특성이라는 점에 유의한다면, 창의성은 누구나 발휘할 수 있는 능력임을 알 수 있다.

창의성의 의미를 명확히 하려면 창의성의 구성 요인을 살펴볼 필요가 있다. 창의성에는 보통 민감성, 유창성, 융통성, 독창성, 치밀성 등을 포함시킨다.

첫째, 민감성은 주변 상황을 빠르게 파악하는 특성으로, 주변 상황에 대해 예민하게 반응함으로써 새로운 것을 탐색하는 성향이다. 민감성이 뛰어난 사람은 사소한 문제를 무심하게 지나치지 않으며, 관심을 갖고 이에 대해 다각적인 평가를 한다. 예를 들면, “바다는 왜 푸르지?” 등과 같이 일반적으로 관심을 갖지 않는 것에 대해 민감하게 관심을 갖는 것이다.

둘째, 유창성은 어떤 문제상황에서 다양한 아이디어를 가능한 한 많이 생각해 내는 특성을 말한다. 유창성은 창의적 사고의 초기 단계에 요구되는 능력으로, 문제 해결을 위한 실마리를 제공한다. 예를 들면, ‘학원을 덜 다닐 수 있는 방법을 가능한 한 여러 가지로 제시하기’ 등과 같은 것이다.

셋째, 융통성은 문제 해결을 위해 기존의 사고방식에서 벗어나 새로운 아이디어를 이끌어내는 능력이다. 즉, 사고의 전환을 통해 다각적인 측면에서 문제

해결 방법을 다양하게 찾아내는 유연한 능력을 말한다. 예를 들면, '바늘로 옷을 깁는 용도 이외의 용도를 가능한 한 많이 찾아내기' 등을 들 수 있다.

넷째, 독창성은 새롭고 독특한 아이디어를 산출하는 능력이다. 독창성이 뛰어난 사람은 다른 사람들이 미처 생각하지 못한 것을 생각해 낸다. 예를 들면, '땀을 흡수하는 운동화 만들기' 등과 같은 것이다.

끝으로, 치밀성은 다듬어지지 않은 기존의 아이디어를 구체적이고 정교하게 만들어내는 능력이다. 이 능력은 독창적인 생각을 최종 산출물로 만들어내는 데 필요한 능력이다. 예를 들면, '땀을 흡수하는 운동화 만드는 방법을 구체화시키기' 등과 같은 것이다.

창의성 검사

창의성은 단일한 검사로는 알아보기 어려울 뿐만 아니라, 예언하기 어려운 특성을 지니기 때문에 가능하면 다양한 방법을 통해 종합적으로 검사해야 한다.

게젤스와 잭슨(Getzels & Jackson, 1962)이 고안한 창의성 검사는 단어연상검사, 용도검사, 도형찾기검사, 이야기완성검사, 그리고 문제작성검사의 다섯 가지로 구성되어 있다. 창의성이 확산적 사고와 관련이 있다고 주장한 길포드(Guilford, 1988)는 창의성을 측정하기 위해서는 반응의 양과 독창성 그리고 유용성 등을 알아볼 것을 제안하였다.

일반적으로 창의성을 알아보는 데는 토렌스(Torrance, 1995)의 검사도구를 자주 사용하는데, '그림 완성'의 예를 들면 [그림 5-1]과 같다.

[그림 완성]

다음의 불완전한 도형에다 선들을(직선이든 곡선이든 관계없이) 더하기 하면, 당신은 어떤 재미있는 물건이나 그림을 그릴 수 있다. 여기서도 아무도 생각해 볼 것 같지 않은 것들을 생각해 보려고 노력하라. 처음의 아이디어(생각)에다 새로운 아이디어(생각)들을 계속하여 더하기하고 다듬어서 그림의 내용이 될 수 있는 한 완전하고 재미있는 이야기가 되게 하라. 그리고 각 그림에 대하여 재미있는 제목을 만들고 그것을 번호 옆에 있는 빈칸에 적어 넣어라(제한시간 10분).

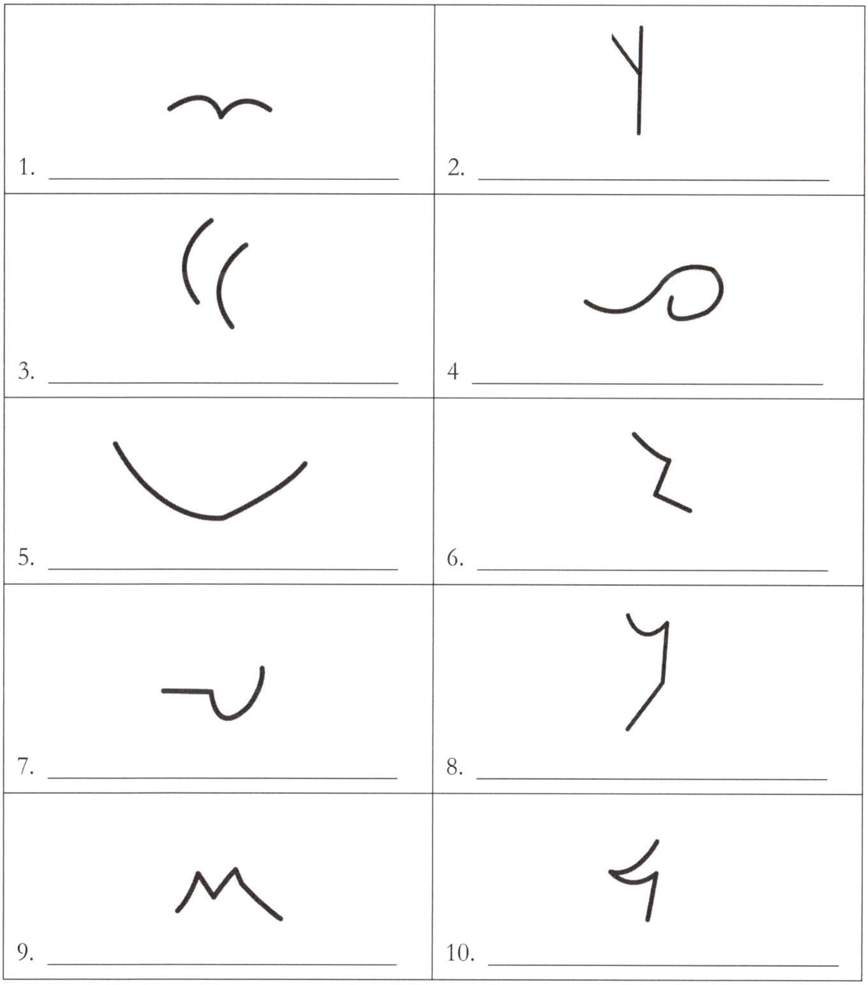

[그림 5-1] **토렌스 TTCT: 도형 A**

출처: Torrance, E. P.(저). 김영채 역(2010). **한국 표준화 토란스 TTCT 창의력 검사: 도형 A**. pp.4-5.

창의성 계발 방법

창의성은 지적 수준을 나타내는 것이 아니라 문제상황을 해결해 가는 능력이라 할 수 있다. 따라서 오늘날 학교교육에서 매우 중요하게 다루어지고 있는 영역이다. 구체적으로 창의성 계발 방법을 소개하면 다음과 같다.

브레인스토밍

브레인스토밍이란 뇌에 폭풍을 일으킨다는 뜻을 가진다.

첫째, **브레인스토밍**(brainstorming)이다. 이 방법은 오스번(Osborn, 1963)이 광고 분야에서 기발한 아이디어를 얻기 위해 고안한 것으로, 아이디어의 양이 질을 결정해 줄 수 있다는 점에 착안한 것이다. 따라서 이 방법은 많은 아이디어가 창출될 때까지 판단을 중지하는 판단 금지의 원칙, 과거의 지식과 경험 및 규칙에 얽매이지 않는 자유로운 사고의 원칙, 아이디어의 질과 관계없이 최대한의 아이디어를 추구하는 아이디어 양의 추구 원칙, 그리고 아이디어의 결합과 종합을 통한 개선의 원칙을 중시한다. 브레인스토밍은 학교현장에서 많이 이루어지고 있는 방법으로, 학습능력이 부진한 학생들에게도 발표의 기회를 줄 수 있으며, 타인의 생각을 자신의 생각과 비교하는 데도 유용하다.

둘째, 시네틱스(synectics)다. 이 방법은 고든(Gordon, 1961)이 개발한 것으로, 당연한 것으로 받아들이던 대상이나 요소를 이상한 것으로 파악하거나, 이상한 것으로 받아들이던 것을 친밀한 것으로 받아들이는 기법이다. 이 방법은 일상적 경험에서 유추(analogy)와 비유(metaphor)를 통해 민감하게 창의적으로 사고하는 능력을 길러준다. 예를 들면, '달의 위치가 바뀌는 현상을 보고 밀물과 썰물의 간격을 분명히 설명할 수 있는 공식 발견하기' 등을 들 수 있다.

셋째, 속성열거법(attribute listing)이다. 이 방법은 크로포드(Crawford, 1951)에 의해 개발된 것으로, 문제의 대상이나 아이디어의 다양한 속성을 목록으로 작성하여 세분된 각각의 속성에 주의를 돌리는 기법이다. 즉, 대상물의 주요 속성 열거하기, 속성을 변경시킬 수 있는 방법 열거하기, 한 대상물의 속성을 다른 대상물의 속성 변경에 이용하기 등을 훈련하는 것이다. 이때 각 속성들에 관한 아이디어를 산출할 때 브레인스토밍이 유용하다. 예를 들면, '비빔밥 만들기'에서 들어갈 재료의 모양, 색깔, 맛 등을 중심으로 나열하고 이것들을 조합하여 원하는 비빔밥을 만들면 된다.

넷째, 강제관련법(forced relation)이다. 이 방법은 서로 관련이 없는 두 개 이상의 사항을 인위적으로 관련시키는 방법이다. 예를 들면, 자신이 좋아하는 음식, 공부하다가 생각나는 일, 여행하고 싶은 장소 등을 적은 후, 이들 3개 영역의 내용을 서로 관련지어 이야기를 그럴듯하게 꾸미는 것이다.

다섯째, 연상법(association)이다. 연상법에는 자유연상법과 통제연상법이 있다. 자유연상법은 어떤 주제, 상황, 단서 등을 제시하고 문득 떠오르는 아이디어들을 늘어놓는 것이다. 예를 들면, "여름하면 생각나는 것이 무엇일까?" 등이다. 통제연상법은 자유연상에 어느 정도 조건을 주어 떠오르는 생각을 말하게 하는 것이다. '〈미〉자로 끝나는 말하기' 등이 이에 해당된다.

여섯째, PMI기법이다. 이 방법은 보노(Bono)가 개발한 것으로, 좋은 점(Plus), 나쁜 점(Minus), 흥미로운 점(Interesting)을 찾아 어떤 문제상황에서 심사숙고하여 결정하는 데 도움을 준다. 예를 들면, "서서 작업하도록 책상을 높인다면?" 등의 질문을 하고, 이에 대해 좋은 점, 나쁜 점, 흥미로운 점을 찾아 이 가운데 가장 적합한 대안을 찾는 것이다. 이러한 과정은 아무런 생각 없이 아이디어를 내고 결정하는 것을 방지하며, 안목을 갖고 문제를 해결하도록 돕는다.

일곱째, **여섯 가지 사고모자**(six hats)다. 이 방법 역시 보노(Bono)가 개발한 것으로, 여섯 가지 색깔 모자, 즉 백색모, 적색모, 흑색모, 황색모, 녹색모, 청색모의 모자를 바꾸어 쓰면서 자신의 모자 색깔이 표상하는 유형의 사고자 역할을 해 보게 하는 것이다. 이 방법은 편협하고 자기방어적인 사고에서 벗어나 다양한 사고 및 타인의 사고를 배려하도록 유도할 수 있다.

여섯 가지 사고모자

여섯 가지 사고모자에서 백색모는 중립적이고 객관적인 사고, 적색모는 감정 및 육감과 직관, 흑색모는 부정적 판단, 실패 이유, 황색모는 낙관적이고 긍정적, 녹색모는 창의적, 청색모는 규율의 강조 등과 같은 특성을 지닌다고 본다.

유전과 환경 사이의 '나'

선생님, 저는 왜 이렇게 친구들에 비해 키가 작을까요?
키 때문에 고민이 많구나.
네. 키가 좀 커서 저랑 친한 영수랑 뒤에 같이 앉고 싶어요.
이제 6학년 이니까 앞으로 많이 클 거야. 너무 고민하지 말아라.
정말 앞으로 제 키가 클까요?
당연하지. 그 대신 음식도 골고루 먹고, 운동도 열심히 해야 하는 거란다.
네, 선생님. 그런데 우리 반 친구들 키가 왜 이렇게 제각각인 거죠? 똑같은 학년인데.
누구나 다 키가 크게 되지만, 크는 속도는 사람마다 다른 거란다. 그래서 어떤 친구는 어릴 때 많이 크고 어떤 친구는 커서 많이 큰단다.

그래도
신기해요.
사람마다
이렇게 다르게
큰다는 것이요.
사람마다 제각각
타고난 유전 인자가
다르고, 또 크면서
환경이 다르기 때문에
그린 거란다.
저희 아버지는
키가 크신데,
그러면 저에게도
유전이
됐을까요?
그럴 수 있지.
하지만 네가
음식을 골고루
먹지 않고
운동도 하지
않으면 키가
크지 않을 수
있단다.
아~ 그럼 유전
인자만 믿어서는
안되겠네요.
그렇단다. 반대로
부모님이 키가
작더라도 잘 먹고
운동을 열심히 하면
키가 클 수 있단다.
그래서
선천적으로
물려받은 것도
중요하지만,
후천적으로
본인이 얼마나
노력하느냐
하는 것도
중요하단다.
그럼, 저도
열심히 운동
하고 음식을
골고루
먹어야겠어요!

볼거리

영화 'Vitus'를 보고 영재성을 가진 아이 비투스의 주변 인물이 비투스에게 미친 영향을 구체적으로 논의하고, 이와 같이 일반적인 수준에서 벗어난 아이들의 긍정적 성장·발달을 도울 수 있는 방안에 대해 생각해 보자.

생각할 거리

1. 발달을 좌우하는 요인을 '성숙 대 학습'으로 구분하고, 각각의 경우에 대해 예를 들어 설명해 보자.
2. 피아제의 인지발달이론과 비고츠키의 인지발달이론의 차이점을 설명하고, 학교학습에서 학생들의 인지 발달을 촉진하기 위한 방법을 두 학자의 이론을 바탕으로 논의해 보자.
3. 창의성이 실생활에서 어떤 식으로 이용되는지 예를 들어 설명해 보자.
4. 다음의 웹사이트를 방문해 보고, 효과적인 강화의 방법에 대해 논의해 보자.
   - Positive and Negative Reinforcement(http://www.youtube.com/watch?v=B_9ZZaPDtPk, 1:55)
   - Positive and Negative Punishment(https://www.youtube.com/watch?v=astF0YjP-KY, 2:57)

6 교육과정

엎드려 기어보기도 하고, 걷거나 뛰어보기도 하자!

커리큘럼이란 본래 경마장에서 '말이 뛰어가는 길'을 의미했다. 말이 뛰어가는 길은 정해져 있다. 인간이 가는 길은 조금 달라야 할 것이다. 멀리 돌아갈 수도 있고 가깝게 지름길로 갈 수도 있는 것이다. 그러한 융통성과 창의성은 교육과정을 개발하는 교사의 손에 달려있다. 가끔은 엎드려 기어보게도 하고 때에 따라서는 걷거나 뛰어보게도 할 때 학생들의 잠재력을 계발하는 일은 좀더 수월해질 수 있을 것이다. 그리고 그러한 상황 속에서 학생들이 인생의 의미를 깨닫고 행복해질 수 있다면 그 교육과정 개발은 성공한 것이 아닐까?

교육과정의 기초
교육과정의 개념
교육과정의 유형

교육과정의 개발
학교 교육과정 개발의 의의
학교 교육과정 개발 모형

한국 '2015 개정 교육과정'의 이해
한국 교육과정의 변천
'2015 개정 교육과정'의 배경 및 특징
'2015 개정 교육과정'에 의한 학교급별 교육과정 편성·운영

교육과정의 기초

교육과정은 교육활동을 위한 의도적이고 체계적인 교육계획이다. 그러나 교육과정을 개발하는 관점은 시대적·사회적 요구 및 학생들의 발달 특성에 따라 달라진다. 이러한 이유에서 교육과정은 몇 가지 유형으로 발전되어 왔으며, 각 교육과정 유형은 모두 학교에서의 교육활동에 영향을 미쳤다.

교육과정의 개념

교육과정의 개념은 인간, 지식, 문화, 주변의 환경 등을 보는 관점에 따라 다양하게 정의된다. 교육과정을 의미하는 **커리큘럼**(curriculum)이라는 용어는 보빗(Bobbit, 1918)의 저서 『교육과정(The Curriculum)』에서 사용된 것이 시초라고 본다. 커리큘럼이란 경마장에서 말이 뛰어가는 길(course of race)을 의미했었는데, 이것이 학교교육에 도입되면서 학생이 이수해야 할 교수요목(course of study)을 뜻하게 되었다.

커리큘럼
curriculum의 어원은 라틴어 'currere'로, 이것은 마차 경주를 할 때 말들이 달려야 하는 정해진 길(course)을 뜻하기도 하고, 말들이 정해진 길을 달리면서 갖는 체험의 과정(course)을 의미하기도 한다.

교육과정이 교수요목이라는 생각은 오랫동안 지속되어 왔으며, 이는 점차 수업의 개념까지 포괄함으로써 가르쳐야 할 교수요목을 열거해 놓은 문서에서 교수요목을 가르치는 계획으로서의 문서로 확대되었다. 따라서 교육과정은 학습의 계획 또는 누구에게 언제 무엇을 가르칠 것인가에 대한 계획으로 정의되었다. 나아가 교육과정의 개념은 수업에서 겪는 학생들의 경험까지 포함하여 학교에서 학습자에게 제공되는 모든 학습경험으로 확장되고, 이어서 학습경험의 결과와 평가를 포함함으로써 학교가 학생들을 교육하는 동안 제공하는 모든 경험으로까지 확장되었다.

이러한 교육과정 개념에 대한 발전 과정은 학자들의 정의를 통해 집약된다. 즉, 교육과정이 바람직한 목적이나 목표를 성취하기 위한 전략을 포함하는 활동 계획 또는 문서로 보는 입장, 학습자의 경험을 다루는 것으로 정의하는 입장, 사람을 포함한 모든 과정을 다루기 위한 체제를 실행하기 위한 조직으로 보는 입장, 하나의 연구 분야로 보는 입장, 그리고 교과 혹은 내용으로 정의하는 입장 등이 그것이다(Ornstein & Hunkins, 2004).

일반적으로 학교 교육과정은 교육목적 달성을 위해 의도된 계획이라 할 수 있다. 즉, 학교에서 이루어지는 교육과정은 학생이 경험하는 총체 또는 학교가 제공하는 경험의 총체로, 의도적이고 계획적인 행위인 것이다. 따라서 학교교육에 적용하고자 하는 교육과정은 '교육목표와 내용, 방법, 평가를 체계적으로 조직한 교육계획'으로 정의될 수 있다. 우리나라의 경우, 교육부가 법률에 따라 결정·고시하는 국가 수준의 교육과정 기준, 시·도 교육청에서 지역의 특수성과 교육 중점을 반영한 지역 수준의 교육과정 편성·운영 지침, 그리고 단위학교에서 학교의 실정과 학생의 실태에 맞게 조정한 학교 수준의 '학교 교육과정'을 모두 포함하여 교육과정의 의미를 제시하고 있다(교육과학기술부, 2009: 6).

교육과정의 유형

교육과정의 유형은 시대의 패러다임 변화에 따라 다양한 관점으로 나타나고 있으며, 이러한 관점들은 시대적·사회적 요구와 학생들의 발달 특성, 그리고 학부모와 교사의 요구에 따른 교육과정 개혁의 기본이 되어 왔다.

교과중심 교육과정

교과중심 교육과정(subject-centered curriculum)은 역사적으로 가장 먼저 등장한 교육과정으로, 오랫동안 지속적으로 채택되어져 오고 있다. 따라서 오늘날 각급 학교 교육과정에 폭넓게 활용되고 있다.

교과중심 교육과정은 '지식의 체계'를 중시하며, 교육의 주요 기능이 인류의

교과중심 교육과정

교과중심 교육과정은 배글리(Bagley), 모리슨(Morrison), 홈(Home) 등과 같은 본질주의자들에 의해 유지·발전시키려는 노력이 이루어졌다.

위대한 문화유산을 다음 세대에 전달하는 것이라고 주장한다. 따라서 지식의 습득과 이성의 계발을 목적으로 하고, 각 교과를 체계적으로 학습하는 것을 중요한 교육방법으로 여기며, 교사중심의 설명식 교수법에 초점을 둔다(김종서, 1987: 15-17).

교과중심 교육과정은 교육과정이 간단명료하게 구성되어 이해하기 쉽고, 객관적 평가와 측정이 용이하며, 교육과정에 대한 중앙집권적 통제가 수월할 뿐만 아니라, 교육과정 개정이 용이하다. 그러나 단편적이고 분과적인 교과 조직으로 교과 전체를 통합하기 어렵고, 지식의 체계를 중시함으로써 학생의 요구를 무시할 수 있으며, 교사중심 교수법과 지식 전달에 치중하여 학생의 흥미나 필요가 무시될 수 있다.

경험중심 교육과정

경험중심 교육과정(experience-centered curriculum)은 1930년대 전후로 듀이의 진보주의 교육사조가 팽배해지면서 교과중심 교육과정이 학생들로 하여금 급변하는 사회에 적응하기 어렵게 만들 뿐만 아니라 현실과 거리가 멀다는 비판을 받으면서 등장한 것이다.

경험중심 교육과정

경험중심 교육과정의 사상적 배경은 진보주의 교육사조로, 아동의 사회적·정서적·도덕적 발달을 지적 발달 못지않게 중요시 해야 함을 강조한다.

경험중심 교육과정은 아동·학생의 경험을 중시함으로써 아동·학생 중심의 교육을 강조한다. 따라서 교과활동 못지않게 과외활동을 중시하며, 교재보다 생활을 강조한다. 또한 사회적응을 강조하기 때문에 문제해결력의 함양을 강조하고 지·덕·체의 조화로운 발달을 지향하는 전인교육을 중시한다(김종서, 1987: 18-21).

경험중심 교육과정은 아동·학생의 학습을 촉진시키고, 스스로 해결하는 문제해결력은 물론, 협동심과 책임감 등을 배우는 데 유리하며, 다양한 형태의 학습으로 경험의 폭을 넓힐 수 있다. 그러나 아동·학생의 흥미나 욕구를 강조하다보니 학교의 기능에 비추어 볼 때 교육의 본질을 과소평가하게 됨은 물론, 교육과정의 기본적인 분류가 명확하지 않고, 교직에 대한 소양과 지도요령이 부족한 교사가 이 교육과정에 의거하여 교육활동을 할 경우 실패할 가능성이 크다는 지적을 받는다.

학문중심 교육과정

학문중심 교육과정

학문중심 교육과정의 발달에 결정적 영향을 미친 것은 스프트니크 쇼크(sputnik shock)에 대한 대응방안의 하나로 1960년에 발표된 브루너의 『교육의 과정(The Process of Education)』이다.

나선형 교육과정

나선형 교육과정이란 기본 개념이나 핵심 아이디어를 조직할 때 학습수준을 질적으로 향상시키면서 양적으로 확장시키는 나선형의 형태를 취하는 것을 말한다.

학문중심 교육과정(discipline-centered curriculum)은 20세기 후반 과학과 기술의 발달에 따른 지식의 폭발적 증가와 1957년 구 소련의 인공위성 발사를 계기로 학습의 전이를 쉽게 해 주는 지식의 구조에 대한 중요성이 부각되면서 등장한 것이다.

학문중심 교육과정은 지식의 구조를 강조하고, 아동·학생 스스로 탐구하여 원리를 찾아내는 탐구과정을 중시한다. 또한 각 교과의 핵심 개념과 원리를 아동·학생의 수준에 맞게 점차 심화·확대해 가도록 **나선형 교육과정**(spiral curriculum)으로 조직할 것을 요구한다(김종서, 1987: 25-28).

학문중심 교육과정은 교육내용이 체계적으로 조직되기 때문에 능률적인 교수·학습 활동이 가능할 뿐만 아니라, 기본적이고 핵심적인 개념과 원리를 학습하기 때문에 기억이 쉽고 전이가 용이하며, 스스로 탐구할 것을 강조하기 때문에 학문탐구방법을 익히고 학문하는 즐거움을 갖게 한다. 그러나 지적인 측면을 강조하여 교육과정을 조직·운영하기 때문에 정의적 측면을 소홀히 할 가능성이 높고, 지적 능력이 낮은 아동·학생에게 지식의 구조가 다소 어려워 흥미와 욕구 등이 경시될 우려가 있으며, 지식의 구조를 지나치게 강조하다 보면 학교교육이 현실생활과 관련성이 적어질 수 있다.

인간중심 교육과정

인간중심 교육과정(humanistic curriculum)은 1970년대에 들어서면서 학문중심 교육과정이 교수내용을 강조하여 기술과학적 혁신에 치중한 것을 비판하면서 인본주의 심리학에 근거하여 교육을 설명해야 한다는 움직임에 의해 등장한 것이다.

인간중심 교육과정은 교육목적을 전인적 인간의 육성으로 보고, 아동·학생의 자아실현을 위한 내용으로 조직되어야 한다고 주장한다. 잠재적 교육과정(latent curriculum)을 표면적 교육과정 못지않게 중시하며, 학교환경의 인간화 및 인간주의적 교사를 요구한다.

인간중심 교육과정은 아동·학생의 긍정적 태도와 자기계발 능력을 길러주고, 타인 존중과 배려를 익혀 신뢰로운 인간관계를 형성하는 데 도움을 준다. 그러나 아동·학생의 학습결과를 평가하기보다는 학습방법과 경험을 중시하기 때문에 프로그램의 장기적 효과를 평가하기 어렵고, 개인의 차이에 관심을 두면서도 각 개인에게 적합한 경험이 무엇인지에 대한 대안을 제시하지 못하였다는 지적을 받는다.

교육과정의 개발

교육과정을 개발하고 실행하는 일은 교육의 중앙집권적 또는 지방분권적 체제에 따라 그 주체가 달라진다. 중앙집권적 교육체제에서 교육과정은 중앙에서 개발하고 교사들이 그에 따라 실행하는 형식을 취하며, 지방분권적 교육체제에서 교육과정은 학교에서 개발하고 교사들이 그에 따라 실행하는 형식을 취한다. 우리나라의 경우, 중앙집권적 교육체제에서 벗어나 학교가 중심이 되어 교육과정을 개발하고 실행함으로써 교육의 효과를 높이기 위한 노력을 하고 있다.

학교 교육과정 개발의 의의

교육과정은 그 시대의 패러다임과 개발 주체에 따라 개발의 방향과 내용이 달라진다. 이에 더하여 교육과정 개발 주체와 실행 주체가 달라지면 교육활동 실행에 어려움을 겪게 된다. 보통 국가가 중심이 되어 교육과정을 개발하는 국가 교육과정은 중앙집권적인 교육체제 아래 이루어지기 때문에 현장의 요구를 반영하는 데 한계가 있으며, 교사가 실행하기 때문에 교육과정의 본래 취지가 퇴색될 수 있다.

학교 교육과정은 국가 교육과정의 단점을 보완하기 위한 것으로, 몇 가지 배경에 의해 등장하였다. 첫째로, **국가 교육과정**은 '위에서 아래로(top-down)'의 방식을 취함으로써 현장에서의 활용이 미흡하였고(Lewy, 1991), 교사의 자율성과 전문성이 무시되었을 뿐만 아니라, 학생과 학부모의 요구에 부합하지 못하여 그 적용에 실효성이 부족하였다. 둘째로, 지식을 학습자 외부에 존재하는 객관적 실재로 보던 관점에서 벗어나 학습자 내부의 주관적 실재로 봄으로써 가르칠 내용을 결정하는 교육과정 개발자로서의 교사의 역할과 자율성을 존중하게 되었다. 그리하여 교실에서의 실제적 삶, 교사와 학생 간의 관계, 학생들의 다양한 흥미, 의사소통과 참여에 대한 가치 등 진보주의 철학을 충실히 반영해야 할 필요성이 제기되었다(Skilbeck, 1984). 셋째로, 중앙정부의 문서화된 교육과정은 실행되는 과정에서 교육과정 자체의 본래 의미가 축소되거나 변질되기 마련이나, 학교 교육과정은 학생들이 중심이 되고 교사가 학생들의 학습을 지원·안내하며 역할을 구조화함으로써 학생들의 교육경험의 질을 높인다는 것이다(CERI, 1979).

> **국가 교육과정**
> 국가 교육과정은 중앙집권적인 교육과정 체제라 할 수 있으며, 풍부한 전문 인력과 막대한 비용 및 장시간의 투자로 높은 수준의 교육과정을 개발할 수 있고, 국가와 사회의 변화에 대응하기 쉬우며, 교육과정의 표준화로 학교교육의 질 관리가 용이하다는 장점이 있다. 그러나 교육과정의 획일화·경직화를 가져오기 쉽고, 필요시 즉각적 수정이 어려우며, 학교의 자율성과 교사의 전문성이 저해될 수 있다는 단점이 있다.

따라서 학교 교육과정이 개발되어야 하는 까닭은 첫째로, 교육의 개별화, 다양화, 자율화를 꾀함으로써 교육의 효율성(effectiveness)을 높이기 위해서이고, 둘째로, 지역이나 학교의 특수성, 교육의 실태, 학생·교원·학부모의 요구와 필요를 반영하여 해당 학교의 교육중점을 설정·운영할 때 학교교육의 적합성

(suitability)을 높이기 위해서다. 셋째로, 교사들을 학교 교육과정의 편성·운영 과정에 능동적으로 참여시켜 교사의 자율성(autonomy)과 전문성(professional expertise)을 신장시키기 위해서이고, 넷째로, 획일화된 교육내용과 방법 및 교육환경에서 탈피하여 학생·교원·학교의 실정에 부합하게 함으로써 교육의 다양성을 추구하기 위해서다. 끝으로, 학생들의 다양한 요구와 흥미·적성을 수용하고 교육내용에 대한 학생의 선택권을 확대함으로써 학습자 중심의 교육을 구현하기 위해서다(교육과학기술부, 2008: 16-17).

국가중심 교육과정에서 학교중심 교육과정으로의 변화 요구는 국가중심 교육과정이 가진 단점 또는 문제점을 보완하기 위한 것이다. 특히 국가 교육과정에서는 교육과정 개발자와 실행자 사이에 차이가 있어 교육활동이 비효율적으로 이루어질 수 있는데, 이는 학교 교육과정을 통해 극복될 수 있다.

학교 교육과정 개발 모형

학교 교육과정 개발 모형은 교육과정 개발에 대한 관심을 어디에 두느냐에 따라 다양하게 소개되고 있다. 대부분의 학교 교육과정은 교사들이 주축이 되어 개발되는 것이기 때문에 개발 과정에 초점을 둔다.

외국의 학교 교육과정 개발 모형

지방분권적 교육체제 아래 개발된 학교 교육과정은 대부분 개발자 간의 협력과 숙의 과정을 거친 모형 개발을 강조하며, 특히 융통성을 갖고 수시로 교육과정 개발의 수정·보완이 가능하도록 하는 것을 중시한다.

첫째, 코넬리(Connelly) 모형이다. 코넬리에 의하면 교육과정 개발은 외부개발에서 지역사용자 개발로 이어지는 공간 이동의 차원이다(Lewey, 1991). 따라서 외부개발자들이 교육과정 아이디어를 교육과정 자료로 개발하면 사용자들이 이를 바탕으로 학습상황에 맞게 수정 또는 변형하는 것이라고 본다.

둘째, 실버스타인(Silberstein) 모형이다. 실버스타인은 외부개발자와 지역사용자 사이의 협동적 모델을 제시하였다. 그에 의하면 외부개발자들이 교수자료 제작은 물론, 교사교육이나 워크숍 등을 통해 지역사용자들로 하여금 교육과정 개발 작업에 협동적으로 참여하게 해야 한다(Lewey, 1991).

워커 모형

워커 모형은 타일러 모형이 갖는 직선적·계열적 형태, 즉 '교육목표 설정→학습경험 선정→학습경험 조직→평가'의 형태를 비판하고, 교육과정을 개발할 때 반드시 목표 설정에서 시작되지 않을 수도 있다고 보아 계열의 융통성을 부여한 모형이다.

셋째, **워커(Walker) 모형**이다. 워커는 강령, 숙의, 설계의 세 가지 요소를 제시하고, 이를 근거로 교육과정 개발에서의 계열의 융통성을 주장함으로써 교육과정 개발에 참여하는 사람들의 숙의를 통한 상호작용을 중요시하였다. 그에 의하면 강령 단계에서는 교육과정 개발자들이 자신들의 신념과 가치 체계에서 시작해야 하고, 숙의 단계에서는 교육과정 개발자들 간의 상호작용으로 아이디어에 대해 합의를 이끌어내어야 하며, 설계 단계에서는 구체적인 교육과정 구성요소들을 결정해야 한다(Walker, 1971).

스킬백 모형

스킬백은 타일러가 소홀히 하였던 학습자와 사회의 특성 및 요구분석 과정을 중요시하여 교육과정 계획에서 상황 분석의 단계를 추가하였다.

넷째, **스킬백(Skilbeck) 모형**이다. 스킬백은 교육과정 개발에 영향을 주는 다양한 요인, 즉 상황 분석, 목적 설정, 프로그램 구성, 해석과 실행, 모니터링·피드백·평가·재구성의 과정을 소개하였다(Skilbeck, 1984). 그리고 이들 다섯 단계 가운데 어느 단계에서도 교육과정 개발을 시작할 수 있고 서로 다른 요소들을 동시에 고려할 수 있다고 주장하였다.

한국의 학교 교육과정 개발 모형

우리나라는 중앙집권적 교육체제에서 점차 교육의 분권화가 진전되면서 제6차 교육과정부터 교육과정을 결정하는 주체에 따라 국가 수준 교육과정, 지역 수준 교육과정, 학교 수준 교육과정의 교육과정 차원이 형성되었다. 교육부의 모형을 제시하면 [그림 6-1]과 같다.

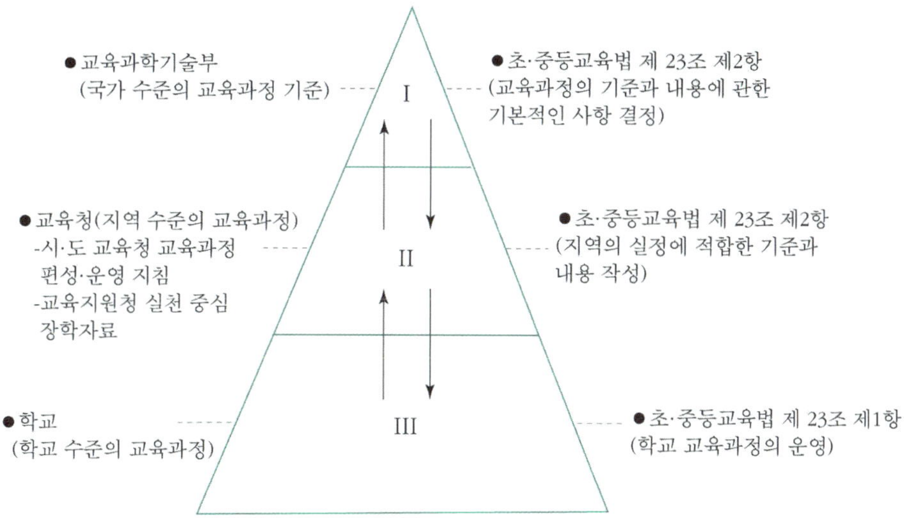

[그림 6-1] 우리나라 교육과정의 수준과 위상

출처: 교육과학기술부(2009). **초등학교 교육과정 해설: 총론**. p.7.

'국가 수준 교육과정'은 초·중등학교의 교육목적과 목표 달성을 위해 초·중등교육법 제23조 제2항에 입각하여 교육과학기술부장관이 결정, 고시하는 교육내용에 관한 전국 공통의 일반적 기준이다. '지역 수준 교육과정'은 국가 수준 교육과정에서 정한 기준을 바탕으로 지역의 특수성과 학교의 실정, 학생의 실태, 학부모 및 지역사회의 요구, 그리고 해당 지역과 학교의 교육여건 등에 맞게 정한 교육과정 편성·운영 지침으로, 국가 기준과 학교 교육과정을 이어주는 교량적 역할을 하며, 장학자료, 교수·학습 자료, 지역 교재 등으로 개발된다. '학교 수준 교육과정'은 교육과정의 최종 실천자인 교사가 교육과정 개발자가 되어 학교의 교육과정을 국가 수준 교육과정과 지역 수준 교육과정을 기초로 학교의 교원·학생 실태, 교육 실태, 교육시설·설비, 자료 등의 교육여건을 파악하여 개발한 교육과정을 말한다(교육과학기술부, 2009: 6-9).

한국 '2015 개정 교육과정'의 이해

'2015 개정 교육과정'은 2015년 9월 25일에 고시된 것으로, '2009 개정 교육과정'을 부분적으로 수정·보완하여 미래사회에서 요구하는 창의 인재를 육성하는 교육으로의 변화를 지향하고 있다. 따라서 전인적 성장이 가능하도록 교육과정을 구성하고, 학교 교육과정 편성·운영에 자율성을 확대하였다.

한국 교육과정의 변천

우리나라 교육과정은 교육에 대한 긴급조치기로부터 시작하여 교수요목기를 거쳐 '2015 개정 교육과정'에 이르기까지 시대적·사회적 요구와 학생들의 발달 특성에 부합하면서 발전해 왔다(교육과학기술부, 2009, 김대현·김석우, 2005; 김두정, 2002).

교육에 대한 **긴급조치기**(1945~1946)는 미군에 의한 직접통치 시기로, 당시 미군은 군정 법령을 통하여 일본의 군국주의적·식민지적 사상과 형태를 불식시키고, 광복을 맞은 한국을 민주화시키는 데 초점을 두었다. 즉, 일본어 중심의 국어가 우리의 말과 글 중심의 국어로 바뀌고, 일본 역사가 우리 국사로 대체됨으로써 일제의 황민화 교육에서 탈피하고 신생 국가로 발전하는 데 필요한 교육내용을 다루도록 하였다.

긴급조치기의 교육과정

긴급조치기에 미군정청 학무국에서는 '일반 명령 제4호'에 따라 '신조선인의 조선인을 위한 교육 방침'을 시달하였는데, 교육 내용과 관련해서 교수 용어를 한국어로 할 것과 조선의 이익에 반하는 교과목은 일체 교수함을 금하는 포괄적 지시를 내렸다.

교수요목기(1946~1954) 역시 미군정기로, 일제의 잔재를 없애고 홍익인간의 교육이념 아래 애국애족교육을 강조하였다. 이 시기의 교육과정은 각급 학교의 교과 편제 및 시간 배당과 함께 작성된 교수요목으로, 현재와 같은 교육과정 체계를 갖추지 못하였다. 교과의 지도 내용을 상세히 표시하고 기초 능력을 기르는 데 주력하였으며, 교과는 분과주의를 선택하여 체계적인 지도와 지력을 기르는 데 중점을 두었다.

제1차 교육과정기(1954~1963)는 정부수립 이후 제정·공포된 교육법에 제시된 교육목적을 달성하기 위한 것으로서의 교육과정으로, 교과중심 교육과정의 모습을 보이면서 현실 생활을 개선·향상시킬 사회개선 의지를 강조하였다. 교과활동과 특별활동의 2대 편제를 이루었으며, 반공교육, 도의교육, 실업교육을 강조하고, 전인교육을 지향하였다.

제2차 교육과정기(1963~1973)는 학생들이 학교의 지도 아래 경험하는 모든 학습의 총화를 의미하는 생활중심 또는 경험중심 교육과정의 모습을 보였다. 따라서 독립자존의 민족적 기풍과 국제 협조의 정신을 함양할 수 있는 구체적 학습경험, 가난을 극복하고 경제적 효율성을 증진시키는 데 필요한 학습활동을 포함함으로써 자주성, 생산성, 유용성, 합리성, 지역성을 강조하였다. 제1차 교육과정기와는 달리 교과활동, 특별활동, 반공·도덕활동의 3대 편제를 이루었다. 초등학교에서는 완전한 한글교육을, 중학교에서는 공통 필수 교과만을 두었으며, 고등학교에서는 공통과목 이외에 인문과정, 자연과정, 직업과정으로 나눈 과정별 선택과정을 마련하였다.

제3차 교육과정기(1973~1981)는 학문중심 교육과정으로, **국민교육헌장**의 이념을 학교교육 전반에 반영함으로써 구체적 목적을 제시하고, 한국적 현실과 국가정책적 의지를 강조하였다. 반공·도덕 영역이 없어지고, 교과활동과 특별활동의 2대 편제를 이루었다. 초등학교에 도덕과가 신설되었고, 중학교는 국사를 하나의 교과로 독립시켰으며, 고등학교는 교과활동을 필수, 필수선택, 과정별 선택 과목으로 구분하였다.

> **국민교육헌장**
> 국민교육헌장은 국민교육의 장기적이고 건전한 방향의 정립과 시민생활의 건전한 윤리 및 가치관 확립을 위해 1968년에 우리나라의 교육이 지향해야 할 이념과 근본 목표를 세우고, 민족중흥의 새 역사를 창조할 것을 밝힌 교육지표다.

제4차 교육과정기(1981~1987)는 어느 한 사조나 이념만을 고수하는 교육과정이 아닌 종합적인 성격을 지녔으며, 그동안 소홀히 해 온 인간중심 교육과정의 성격을 반영하여 개인적·사회적·학문적 적합성을 갖추었다. 교과활동과 특별활동의 2대 편제는 그대로 유지되었다. 초등학교에서는 1, 2학년에서 교과 간 통합을 시도하여 대영역별로 시간 배당을 하였고, 1, 2, 3학년의 국어 시간을 1시간씩 늘렸다. 중학교에서는 교과활동에서 자유선택과목을 신설하여 학생에게 도움이 되는 내용을 선정·운영하도록 하였으며, 고등학교에서는 인문계,

실업계, 기타 계열 고등학교의 교육과정을 통합하여 단일화하였다.

제5차 교육과정기(1987~1992)는 교육과정 및 교과용 도서 중 개선이 필요한 부분만 개정한다는 것을 기본 원칙으로 삼았으며, 중앙집권적 교육과정체제를 지방화하기 위해 교육과정의 지역화를 강조하였다. 역시 교과활동과 특별활동의 2대 편제가 그대로 유지되었다. 초등학교에서는 1, 2학년에 통합교과를 신설하고 1, 2학년의 교과활동 평가 결과를 학생의 활동 상황, 진보의 정도, 특징 등을 문장으로 기술하도록 하였다. 중학교는 과학교육의 강화를 위해 수학 및 과학 교과의 시간을 늘리고, 남녀 공통 교과로 '기술·가정' 교과를 신설하였다. 고등학교는 과목당 기준 단위를 제시하고 그 기준 단위에 맞추어 교과서를 편찬함으로써 학생들의 학습 부담을 줄였으며, 과학 및 예술 계열의 교육과정을 신설하였다.

제6차 교육과정기(1992~1997)는 국가 수준, 지역 수준, 학교 수준의 교육과정을 명백하게 구별하고 교육부, 시·도 교육청, 학교로 이어지는 교육과정 편성·운영 체제를 강조하였다. 그리하여 교육과정 결정의 분권화, 교육과정 구조의 다양화, 교육과정 내용의 적정화, 교육과정 운영의 효율화를 꾀하고자 하였다. 교육과정의 편제는 교과활동, 특별활동, 학교 재량시간으로 이루어졌다. 초등학교는 기본 생활습관과 예절교육을 강화하고, 저학년의 통합교과를 재조정하였으며, 고학년의 수업시간을 감축하고, 산수를 수학으로 명칭을 변경하였다. 중학교에서는 국사를 사회에 통합시켜 사회과에서 지리, 국사, 세계사, 공민 등을 가르치도록 하였고, 선택교과제를 도입하였다. 고등학교에서는 일반 교양 교육을 보통 교과로, 직업교육 및 전문교육을 전문 교과로 하여 모든 고등학교가 필요한 교과를 적절하게 선택할 수 있게 하였다.

제7차 교육과정기(1997~2007)는 국민공통 기본교육과정과 선택중심 교육과정의 설정, 수준별 교육과정의 도입, 재량활동의 신설 및 확대, 교육과정 편성·운영의 자율성 확대, 교육과정 평가의 질 관리 강화 등 획기적인 변화 및 개선을 도모하였다. 교육과정 편제는 교과활동, 재량활동, 특별활동으로 이루어졌다. 초등학교는 수준별 교육과정을 수학은 단계형으로, 국어, 사회,

제7차 교육과정

제7차 교육과정은 1997년 12월 30일 교육부고시 제1997-15호로 발표된 것으로, 국가 수준의 공통성과 지역, 학교, 개인 수준의 다양성을 동시에 추구하는 교육과정이다.

과학, 영어는 심화·보충형으로 하였고, 자연을 과학으로, 영어를 외국어로 명칭을 바꾸었으며, 재량활동 및 직접적인 체험활동을 강화하였다. 중학교는 수준별 교육과정을 수학과 영어는 단계형으로, 국어, 사회, 과학은 심화·보충형으로 편성하였고, 외국어 교육을 강화하기 위해 제2외국어 과목을 신설하도록 하였다. 고등학교는 수준별 교육과정을 수학과 영어는 단계형으로, 국어, 사회, 과학은 심화·보충형으로 편성하였고, 교과군 단위 개념을 도입하여 단위 학교의 자율적 교육과정 편성·운영 능력을 높였다.

2007 개정 교육과정기(2007~2009)는 '교육과정 수시개정 체제'에 따라 전면적 교육과정 개정 방식의 비효율성을 없애고 교육과정의 안정성을 확보하고자 제7차 교육과정의 기본 철학과 체제를 유지하면서 제기된 문제점을 개선하였다. 즉, 과학·역사 교육 강화 등과 같은 국가·사회적 요구를 반영할 필요성이 제기되었고, 단계별 수준별 교육과정이 재이수 및 월반 등의 불허로 현실성이 미흡했으며, 선택중심 교육과정에서도 선택의 편중 현상이 나타나고 일반 신대과목은 대학수학능력시험에 반영되지 않아 현실적으로 운영되지 않는 폐단이 드러났다. 따라서 국가·사회적 요구를 보다 적극적으로 반영하고 단위학교별 교육과정 편성·운영의 자율성을 실질적으로 확대하기 위해 고등학교 선택중심 교육과정을 개선하고, 교과별 교육내용의 적정화를 도모하고자 하였으며, 주5일 수업제의 월 2회 실시에 따라 수업시수 일부를 조정하였다. 편제는 국민공통 기본교육과정과 선택중심 교육과정으로 구성하고, 국민공통 기본교육과정은 교과, 재량활동, 특별활동으로 편성하였다.

2009 개정 교육과정기(2009~2016) 역시 부분 개정을 통해 초·중등교육이 추구해야 할 교육비전을 유지하면서 초·중등학교 교육과정의 미래 적합성을 제고하기 위해 노력하였으며, 배려와 나눔을 실천하는 창의적 인재를 기를 수 있도록 교육과정을 구성하였다. 초등학교 1학년부터 중학교 3학년까지의 공통 교육과정과 고등학교 1학년부터 3학년까지의 선택 교육과정으로 편성하였으며, 기존의 재량활동과 특별활동을 통합하여 '창의적 체험활동'을 신설하였다. 또한 교육과정 편성·운영의 경직성을 탈피하고 학년 간 상호 연계와 협력을

통한 학교 교육과정 편성·운영의 유연성을 부여하기 위하여 학년군을 설정하였으며, 공통 교육과정의 교과는 교육목적상의 근접성, 학문 탐구 대상 또는 방법상의 인접성, 생활양식에서의 연관성 등을 고려하여 **교과군**으로 재분류하였다. 특히 주5일수업을 실시함과 동시에 학기당 이수 교과목 수 축소를 통한 학습부담의 적정화를 꾀하고, 의미있는 학습활동이 전개될 수 있도록 집중이수를 확대하였다. 선택 교육과정에서는 학생들의 기초영역 학습 강화와 진로 및 적성 등을 감안한 적정 학습이 가능하도록 4개의 교과 영역으로 구분하고, 필수이수단위를 제시하였다. 아울러 학교 교육과정 평가, 교과 평가의 개선, 국가 수준의 학업성취도 평가 실시 등을 통해 교육과정의 질 관리 체제를 강화하였다(교육부, 2009: 21-26).

교과군

교과군 접근은 기존 교과의 운영방안에서 벗어나 학기당 이수 교과수를 줄이는 방안이 될 수 있으며, 연속수업(block time)을 통해 집중학습이 가능하게 하고, 토론과 발표, 실험과 같은 탐구중심 수업을 내실화할 수 있다는 장점이 있다.

'2015 개정 교육과정'의 배경 및 특징

'2015 개정 교육과정'은 '2009년 개정 교육과정'에 시대적·사회적 요구를 적극 반영하여 부분 개정한 것이다. 즉, 사회 변화에 따른 교육 패러다임 전환의 필요성, 창의·융합형 인재에 대한 국가·사회적 요구의 증대, 그리고 문·이과의 이분화된 교육에 대한 개선의 요구 확대에 따른 것이다.

그러나 교육과정이 시대적 요청 및 사회의 변화에 따라 개정된다 하더라도 이는 우리나라 교육기본법 제2조에서 제시하고 있는 교육이념을 실현하고자 하는 데는 변함이 없는 바, 우리나라의 교육이념을 살펴보면 다음과 같다.

> 교육은 홍익인간의 이념 아래 모든 국민으로 하여금 인격을 도야하고 자주적 생활능력과 민주시민으로서 필요한 자질을 갖추게 함으로써 인간다운 삶을 영위하게 하고 민주국가의 발전과 인류공영의 이상을 실현하는 데에 이바지하게 함을 목적으로 한다.

이상의 교육이념을 바탕으로 '2015 개정 교육과정'에서 추구하는 인간상은 '자주적인 사람, 창의적인 사람, 교양있는 사람, 더불어 사는 사람'이다. 구체적인 내용은 다음과 같다(교육부, 2015b: 1).

가. 전인적 성장을 바탕으로 자아정체성을 확립하고, 자신의 진로와 삶을 개척하는 자주적인 사람
나. 기초 능력의 바탕 위에 다양한 발상과 도전으로 새로운 것을 창출하는 창의적인 사람
다. 문화적 소양과 다원적 가치에 대한 이해를 바탕으로 인류 문화를 향유하고 발전시키는 교양있는 사람
라. 공동체 의식을 가지고 세계와 소통하는 민주 시민으로서 배려와 나눔을 실천하는 더불어 사는 사람

이상의 인간상은 '2009 개정 교육과정'에서 제시한 '**자주인, 창의인, 문화인, 세계인**'을 수정·보완한 것으로, 좀더 구체적이고 명확하게 진술하고 있다. '2015 개정 교육과정'에서는 교육과정이 추구하는 인간상을 구현하기 위해 학교교육에서 중점적으로 기르고자 하는 핵심 역량을 여섯 가지로 제시하고 있는데, 그 내용은 다음과 같다(교육부, 2015b: 2).

가. 자아정체성과 자신감을 가지고 자신의 삶과 진로에 필요한 기초 능력 및 자질을 갖추어 자기주도적으로 살아갈 수 있는 자기관리 역량
나. 문제를 합리적으로 해결하기 위하여 다양한 영역의 지식과 정보를 처리하고 활용할 수 있는 지식정보처리 역량
다. 폭넓은 기초 지식을 바탕으로 다양한 전문 분야의 지식, 기술, 경험을 융합적으로 활용하여 새로운 것을 창출하는 창의적 사고 역량
라. 인간에 대한 공감적 이해와 문화적 감수성을 바탕으로 삶의 의미와 가치를 발견하고 향유하는 심미적 감성 역량
마. 다양한 상황에서 자신의 생각과 감정을 효과적으로 표현하고 다른 사람의 의견을 경청하며 존중하는 의사소통 역량
바. 지역·국가·세계 공동체의 구성원에게 요구되는 가치와 태도를 가지고

자주인, 창의인, 문화인, 세계인

'2009 개정 교육과정'이 추구하는 인간상은 전인적 성장의 기반 위에 개성의 발달과 진로를 개척하는 사람, 기초 능력의 바탕 위에 새로운 발상과 도전으로 창의성을 발휘하는 사람, 문화적 소양과 다원적 가치에 대한 이해를 바탕으로 품격 있는 삶을 영위하는 사람, 세계와 소통하는 시민으로서 배려와 나눔의 정신으로 공동체 발전에 참여하는 사람이다.

공동체 발전에 적극적으로 참여하는 공동체 역량

이처럼 '2015 개정 교육과정'은 인간상의 제시에만 그치지 않고 교육과정이 지향하는 인간상을 실현하기 위해 구체적인 역량을 제안하였다는 점에서 이전의 교육과정과 큰 차이가 있다. 이상의 6대 역량을 함양하여 바른 인성을 갖춘 창의융합형 인재를 양성하기 위해 이 교육과정이 중점을 둔 사항은 다음과 같다(교육부, 2015b: 3).

가. 인문·사회·과학기술 기초 소양을 균형있게 함양하고, 학생의 적성과 진로에 따른 선택학습을 강화한다.
나. 교과의 핵심 개념을 중심으로 학습 내용을 구조화하고 학습량을 적정화하여 학습의 질을 개선한다.
다. 교과 특성에 맞는 다양한 학생 참여형 수업을 활성화하여 자기주도적 학습 능력을 기르고 학습의 즐거움을 경험하도록 한다.
라. 학습의 과정을 중시하는 평가를 강화하여 학생이 자신의 학습을 성찰하도록 하고, 평가 결과를 활용하여 교수·학습의 질을 개선한다.
마. 교과의 교육 목표, 교육 내용, 교수·학습 및 평가의 일관성을 강화한다.
바. 특성화 고등학교와 산업수요 맞춤형 고등학교에서는 국가직무능력표준을 활용하여 산업사회가 필요로 하는 기초 역량과 직무 능력을 함양한다.

이상에서 보는 바와 같이 '2015 개정 교육과정'은 추구하는 인간상을 명확히 하고 이를 실현하기 위해 필요로 하는 역량을 제시하였으며, 이들 역량을 이 교육과정에 의한 교육을 통해 달성하고자 한다는 점이 두드러진다. 따라서 학생들은 학교에서 배운 내용을 바탕으로 건강한 사회구성원이 되는 데 한층 다가갈 수 있는 교육을 받을 수 있을 것이다.

‘2015 개정 교육과정’에 의한 학교급별 교육과정 편성 · 운영

‘2015 개정 교육과정’의 개발 방향은 ‘2009 개정 교육과정’의 현장 적용 과정에서 제기된 문제점을 개선하고, 국가 · 사회적 요구를 반영함으로써 교육 환경 변화에 적극적으로 대응하며, 미래사회가 요구하는 핵심역량을 갖춘 ‘창의 융합형 인재’를 양성할 수 있도록 초 · 중등 교육과정을 개선하는 데 초점을 두었다.

초등학교 교육과정 편성과 운영

초등학교 교육은 학생의 일상생활과 학습에 필요한 기본 습관 및 기초 능력을 기르고 바른 인성을 함양하는 데에 중점을 둔다. 구체적인 목표는 다음과 같다(교육부, 2015b: 4).

1) 자신의 소중함을 알고 건강한 생활 습관을 기르며, 풍부한 학습 경험을 통해 자신의 꿈을 키운다.
2) 학습과 생활에서 문제를 발견하고 해결하는 기초 능력을 기르고, 이를 새롭게 경험할 수 있는 상상력을 키운다.
3) 다양한 문화 활동을 즐기고 자연과 생활 속에서 아름다움과 행복을 느낄 수 있는 심성을 기른다.
4) 규칙과 질서를 지키고 협동정신을 바탕으로 서로 돕고 배려하는 태도를 기른다.

이상의 목표는 ‘2015 개정 교육과정’이 지향하는 네 가지 인간상을 실현하기 위한 것이다. 초등학교 편제는 교과(군)와 창의적 체험활동으로 이루어진다. 교과(군)는 국어, 사회/도덕, 수학, 과학/실과, 체육, 예술(음악/미술), 영어로 구성하며, 1, 2학년의 교과는 국어, 수학, 바른 생활, 슬기로운 생활, 즐거운 생활로 정하였다. 창의적 체험활동은 자율 활동, 동아리 활동, 봉사 활동, 진로 활동으로 구분하였다.

이러한 편제에 따른 시간 배당 기준은 〈표 6-1〉과 같다.

〈표 6-1〉 초등학교 단위 배당 기준

<table>
<tr><th colspan="2">구분 \ 학년</th><th>1~2학년</th><th>3~4학년</th><th>5~6학년</th></tr>
<tr><td rowspan="8">교과(군)</td><td>국어</td><td rowspan="7">국어 448
수학 256
바른 생활 128
슬기로운 생활 192
즐거운 생활 384</td><td>408</td><td>408</td></tr>
<tr><td>사회/도덕</td><td>272</td><td>272</td></tr>
<tr><td>수학</td><td>272</td><td>272</td></tr>
<tr><td>과학/실과</td><td>204</td><td>340</td></tr>
<tr><td>체육</td><td>204</td><td>204</td></tr>
<tr><td>예술(음악/미술)</td><td>272</td><td>272</td></tr>
<tr><td>영어</td><td>136</td><td>204</td></tr>
<tr><td>소계</td><td>1,408</td><td>1,768</td><td>1,972</td></tr>
<tr><td colspan="2">창의적 체험활동</td><td>336
안전한 생활(64)</td><td>204</td><td>204</td></tr>
<tr><td colspan="2">학년군별 총 수업 시간 수</td><td>1,744</td><td>1,972</td><td>2,176</td></tr>
</table>

① 이 표에서 1시간 수업은 40분을 원칙으로 하되, 기후 및 계절, 학생의 발달 정도, 학습 내용의 성격, 학교 실정 등을 고려하여 탄력적으로 편성·운영할 수 있다.
② 학년군 및 교과(군)별 시간 배당은 연간 34주를 기준으로 한 2년간의 기준 수업 시수를 나타낸 것이다.
③ 학년군별 총 수업 시간 수는 최소 수업 시수를 나타낸 것이다.
④ 실과의 수업 시간은 5~6학년 과학/실과의 수업 시수에만 포함된 것이다.

출처: 교육부(2015b). 초·중등학교 교육과정 총론. p.9.

〈표 6-1〉에서 보는 바와 같이 '2015 개정 교육과정'이 '2009 개정 교육과정'과 다른 점은 1,2학년의 창의적 체험활동 시간에 '안전한 생활'을 64시간 추가하여 편성·운영하도록 한 것이다.

이상의 교육과정을 편성·운영하기 위해 몇 가지 중점 사항을 제시하였는데, 이것은 '2009 개정 교육과정'과 크게 다를 바 없다. 첫째로, 학교가 모든 교육활동을 통해 학생의 기본 생활 습관, 기초 학습 능력, 바른 인성을 함양할 수 있도록 하였고, 둘째로, 학교의 특성, 학생·교사·학부모의 요구 및 필요에 따라 교과(군)별 20% 범위 내에서 시수를 증감하여 편성·운영할 수 있도록 하였다. 단, 체육, 예술(음악/미술) 교과는 기준 수업 시수를 감축하여 편성·운영할 수 없도록 하였다. 셋째로, 교육의 효과를 높이기 위해 학교는 필요한 경우 학년별, 학기별로 교과 집중 이수를 실시할 수 있도록 하였고, 넷째로, 전입 학생이 특정 교과를 이수하지 못할 경우, 교육청과 학교에서는 보충 학습 과정 등을 통해 학습 결손이 발생하지 않도록 하였으며, 다섯째로, 창의적 체험활동의 영역을 학생들의 발달 수준, 학교의 여건 등을 고려하여 학년(군)별로 선택적으로 편성·운영하도록 하였다. 여섯째로, 1학년 학생들의 입학 초기 적응 교육을 위해 창의적 체험활동 시간을 활용하여 입학 초기 적응 프로그램 등을 편성·운영할 수 있도록 하였으며, 끝으로, 정보통신활용 교육, 보건 교육, 한자 교육 등은 관련 교과(군)와 창의적 체험활동 시간을 활용하여 체계적인 지도가 이루어질 수 있도록 하였다(교육부, 2015b: 10).

이들 내용 가운데 체육, 예술(음악/미술) 교과에 대해 기준 수업 시수를 감축하여 편성·운영할 수 없도록 한 점은 정의적 발달 측면에서 볼 때 의미있는 사항이라 할 수 있다.

중학교 교육과정 편성과 운영

중학교 교육은 초등학교 교육의 성과를 바탕으로, 학생의 일상생활과 학습에 필요한 기본 능력을 기르고 바른 인성 및 민주 시민의 자질을 함양하는 데에 중점을 둔다. 구체적인 목표는 다음과 같다(교육부, 2015b: 5).

1) 심신의 조화로운 발달을 바탕으로 자아존중감을 기르고, 다양한 지식과 경험을 통해 적극적으로 삶의 방향과 진로를 탐색한다.
2) 학습과 생활에 필요한 기본 능력 및 문제 해결력을 바탕으로, 도전정신과 창의적 사고력을 기른다.
3) 자신을 둘러싼 세계에서 경험한 내용을 토대로 우리나라와 세계의 다양한 문화를 이해하고 공감하는 태도를 기른다.
4) 공동체 의식을 바탕으로 타인을 존중하고 서로 소통하는 민주 시민의 자질과 태도를 기른다.

이상의 목표 역시 '2015 개정 교육과정'이 지향하는 네 가지 인간상을 실현하기 위한 것으로, 초등학교 목표에 비해 확대·심화된 모습을 보인다. 중학교 편제는 초등학교와 마찬가지로 교과(군)와 창의적 체험활동으로 구분된다. 교과(군)는 국어, 사회(역사 포함)/도덕, 수학, 과학/기술·가정/정보, 체육, 예술(음악/미술), 영어, 선택으로 구성하며, 선택 교과는 한문, 환경, 생활 외국어(독일어, 프랑스어, 스페인어, 중국어, 일본어, 러시아어, 아랍어, 베트남어), 보건, 진로와 직업 등의 과목으로 정하였다. 창의적 체험활동은 초등학교와 마찬가지로 자율 활동, 동아리 활동, 봉사 활동, 진로 활동으로 구분하였다.

이러한 편제에 따른 구체적인 시간 배당 기준은 〈표 6-2〉와 같다.

〈표 6-2〉 중학교 단위 배당 기준

구분		1~3학년
교과(군)	국어	442
	사회(역사 포함)/도덕	510
	수학	374
	과학/기술·가정/정보	680
	체육	272
	예술(음악/미술)	272
	영어	340
	선택	170
	소계	3,060
창의적 체험활동		306
총 수업 시간 수		3,366

① 이 표에서 1시간 수업은 45분을 원칙으로 하되, 기후 및 계절, 학생의 발달 정도, 학습 내용의 성격, 학교 실정 등을 고려하여 탄력적으로 편성·운영할 수 있다.
② 학년군 및 교과(군)별 시간 배당은 연간 34주를 기준으로 한 3년간의 기준 수업 시수를 나타낸 것이다.
③ 총 수업 시간 수는 3년간의 최소 수업 시수를 나타낸 것이다.
④ 정보 과목은 34시간을 기준으로 편성·운영한다.

출처: 교육부(2015b). 초·중등학교 교육과정 총론. p.11.

〈표 6-2〉에서 보는 바와 같이 '2015 개정 교육과정'이 '2009 개정 교육과정'과 다른 점은 선택 교과였던 '정보' 교과가 교과(군)로 이동하여 과학/기술·가정이 과학/기술·가정/정보로 확대되었고, 생활 외국어에 베트남어가 추가되었다는 것이다. 또한 과학/기술·가정 교과(군)에 '정보' 교과가 추가되어 646시간에서 680시간으로 증가한 반면, 선택 시간이 204시간에서 170시간으로 줄었다는 점을 들 수 있다.

이상의 교육과정을 편성·운영하기 위해 몇 가지 중점 사항을 제시하였는데, 이것 역시 초등학교 교육과정 편성·운영 중점 사항과 마찬가지로 '2009 개정 교육과정'과 크게 다를 바 없다. 첫째로, 학교는 학교의 특성, 학생·교사·학부모의 요구 및 필요에 따라 자율적으로 교과(군)별 20% 범위 내에서 시수를 증감하여 편성·운영할 수 있도록 하였다. 단, 체육, 예술(음악/미술) 교과는 기준 수업 시수를 감축하여 편성·운영할 수 없도록 하였다. 둘째로, 학습 부담을 적정화하고 의미있는 학습 활동이 이루어질 수 있도록 학기당 이수 교과목 수를 8개 이내로 편성하도록 하였으며, 셋째로, 전입 학생이 특정 교과목을 이수하지 못할 경우, 교육청과 학교에서는 보충 학습 과정 등을 통해 학습 결손이 발생하지 않도록 하였다. 넷째로, 학교는 필요한 경우 새로운 선택 과목을 개설할 수 있으며, 이 경우 2개 이상의 과목을 개설함으로써 학생의 선택권이 보장되도록 하였다. 다섯째로, 학교는 창의적 체험활동의 영역을 학생들의 발달 수준, 학교의 여건 등을 고려하여 자율적으로 편성·운영하도록 하며, 학교스포츠클럽 활동 및 자유학기에 이루어지는 다양한 활동과 연계하여 운영할 수 있도록 하였다. 여섯째로, 학생들이 자신의 적성과 미래에 대해 탐색하고, 학습의 즐거움을 경험하여 스스로 공부하는 자기주도적 학습 능력과 태도를 기를 수 있도록 자유학기를 운영하도록 하였으며, 끝으로, 학생들의 심신을 건강하게 발달시키고 정서를 함양하기 위해 '학교스포츠클럽 활동'을 편성·운영하도록 하였다(교육부, 2015b: 12-14).

이들 내용 가운데 초등학교와 마찬가지로 체육, 예술(음악/미술) 교과의 기준 수업 시수를 감축하여 편성·운영할 수 없도록 한 점은 정의적 발달 측면에서 볼 때 의미있는 사항이다. 또 자유학기제를 통한 자기주도학습 능력 함양은 물론, 진로 탐색 및 설계를 지원하고자 한 점, 학교스포츠클럽 활동을 창의적 체험활동의 동아리활동으로 편성함으로써 학생들의 정서를 함양하고자 한 점은 기대되는 제안이다.

고등학교 교육과정 편성과 운영

고등학교 교육은 중학교 교육의 성과를 바탕으로, 학생의 적성과 소질에 맞게 진로를 개척하며 세계와 소통하는 민주 시민으로서의 자질을 함양하는 데에 중점을 둔다. 구체적인 목표는 다음과 같다(교육부, 2015b: 6).

1) 성숙한 자아의식과 바른 품성을 갖추고, 자신의 진로에 맞는 지식과 기능을 익히며 평생학습의 기본 능력을 기른다.
2) 다양한 분야의 지식과 경험을 융합하여 창의적으로 문제를 해결하고, 새로운 상황에 능동적으로 대처하는 능력을 기른다.
3) 인문·사회·과학기술 소양과 다양한 문화에 대한 이해를 바탕으로 새로운 문화 창출에 기여할 수 있는 자질과 태도를 기른다.
4) 국가 공동체에 대한 책임감을 바탕으로 배려와 나눔을 실천하며 세계와 소통하는 민주 시민으로서의 자질과 태도를 기른다.

이상의 목표는 '2015 개정 교육과정'이 지향하는 네 가지 인간상을 실현하기 위한 것으로, 초등학교 및 중학교 목표에 비해 좀더 확대·심화된 모습을 보인다. 고등학교 편제는 초등학교 및 중학교와 마찬가지로 교과(군)와 창의적 체험활동으로 편성하며, 교과는 보통 교과와 전문 교과로 나눈다. 보통 교과 영역은 기초, 탐구, 체육·예술, 생활·교양으로 구성하며, 교과(군)는 국어, 수학, 영어, 한국사, 사회(역사/도덕 포함), 과학, 체육, 예술(음악/미술), 기술·가정/제2외국어/한문/교양으로 정함으로써 '2009 개정 교육과정'에 없었던 '한국사'를 포함시켰다. 보통 교과는 **공통 과목**과 선택 과목으로 구분하고 선택 과목은 일반 선택 과목과 진로 선택 과목으로 구분하였으며, 전문교과는 **전문교과 Ⅰ**과 **전문교과 Ⅱ**로 구분하였다. 창의적 체험활동은 초등학교 및 중학교와 마찬가지로 자율 활동, 동아리 활동, 봉사 활동, 진로 활동으로 구분하였다.

이러한 편제에 따른 구체적인 시간 배당 기준은 〈표 6-3〉과 같다.

공통 과목

공통 과목은 국어, 수학, 영어, 한국사, 통합사회, 통합과학(과학탐구실험 포함)으로 하였다.

전문교과 Ⅰ

전문교과 Ⅰ은 과학, 체육, 예술, 외국어, 국제 계열에 관한 과목으로 하였다.

전문교과 Ⅱ

전문교과 Ⅱ는 국가직무능력표준에 따라 경영·금융, 보건·복지, 디자인·문화콘텐츠, 미용·관광·레저, 음식 조리, 건설, 기계, 재료, 화학 공업, 섬유·의류, 전기·전자, 정보·통신, 식품 가공, 인쇄·출판·공예, 환경·안전, 농림·수산해양, 선박 운항 등에 관한 과목으로 하며, 이들 과목은 전문 공통 과목, 기초 과목, 실무 과목으로 구분하였다.

〈표 6-3〉 고등학교(일반 고등학교 및 특수 목적 고등학교) 단위 배당 기준

<table>
<tr><th>구분</th><th>교과
영역</th><th>교과(군)</th><th>공통 과목(단위)</th><th>필수 이수
단위</th><th>자율 편성
단위</th></tr>
<tr><td rowspan="11">교
과
(군)</td><td rowspan="4">기초</td><td>국어</td><td>국어(8)</td><td>10</td><td rowspan="10">학생의
적성과
진로를
고려하여
편성</td></tr>
<tr><td>수학</td><td>수학(8)</td><td>10</td></tr>
<tr><td>영어</td><td>영어(8)</td><td>10</td></tr>
<tr><td>한국사</td><td>한국사(6)</td><td>6</td></tr>
<tr><td rowspan="2">탐구</td><td>사회
(역사/도덕 포함)</td><td>통합사회(8)</td><td>10</td></tr>
<tr><td>과학</td><td>통합과학(8)
과학탐구실험(2)</td><td>12</td></tr>
<tr><td rowspan="2">체육
·
예술</td><td>체육</td><td></td><td>10</td></tr>
<tr><td>예술
(음악/미술)</td><td></td><td>10</td></tr>
<tr><td>생활
·
교양</td><td>기술·가정/제2외국어
/한문/교양</td><td></td><td>16</td></tr>
<tr><td colspan="2">소계</td><td colspan="2">94</td><td>86</td></tr>
<tr><td colspan="3">창의적 체험활동</td><td colspan="3">24(408시간)</td></tr>
<tr><td colspan="3">총 이수 단위</td><td colspan="3">204</td></tr>
</table>

① 1단위는 50분을 기준으로 하여 17회를 이수하는 수업량이다.
② 1시간의 수업은 50분을 원칙으로 하되, 기후 및 계절, 학생의 발달 정도, 학습 내용의 성격, 학교 실정 등을 고려하여 탄력적으로 편성·운영할 수 있다.
③ 공통 과목은 2단위 범위 내에서 감하여 편성·운영할 수 있다. 단, 한국사는 6단위 이상 이수하되 2개 학기 이상 편성하도록 한다.
④ 과학탐구실험은 이수 단위 증감 없이 편성·운영하는 것을 원칙으로 하되, 과학 계열, 체육 계열, 예술 계열 고등학교의 경우 학교 실정에 따라 탄력적으로 운영할 수 있다.
⑤ 필수 이수 단위의 단위 수는 해당 교과(군)의 '최소 이수 단위'로 공통 과목 단위 수를 포함한다. 특수 목적 고등학교와 자율형 사립 고등학교의 경우 예술 교과(군)는 5단위 이상, 생활·교양 영역은 12단위 이상 이수할 것을 권장한다.
⑥ 기초 교과 영역 이수 단위 총합은 교과 총 이수 단위의 50%를 초과하지 않도록 한다.
⑦ 창의적 체험활동의 단위는 최소 이수 단위이며 ( )안의 숫자는 이수 단위를 이수 시간 수로 환산한 것이다.
⑧ 총 이수 단위 수는 고등학교 3년간 이수해야 할 '최소 이수 단위'를 의미한다.

출처: 교육부(2015b). 초·중등학교 교육과정 총론. p.16.

〈표 6-3〉에서 보는 바와 같이 '2015 개정 교육과정'이 '2009 개정 교육과정'과 다른 점은 한국사 교과를 6단위 독립·신설하고, 과학을 통합과학과 과학탐구실험으로 구분하였다는 것이다. 또 자율편성단위를 64단위에서 86단위로 증가시킴으로써 학생의 적성과 진로를 고려하여 편성한 점 등을 들 수 있다.

이상의 교육과정을 편성·운영하기 위해 몇 가지 중점 사항을 제시하였는데, 이것 역시 '2009 개정 교육과정'과 크게 다를 바 없다. 첫째로, 학교는 학습부담을 적정화하고 의미있는 학습 활동이 이루어질 수 있도록 학기당 이수과목 수를 8개 이내로 편성·운영할 수 있도록 하였다. 둘째로, 학교는 필요에 따라 교육과정에 제시되어 있는 과목 이외의 새로운 과목을 개설할 수 있고, 일정 규모 이상의 학생이 교육과정에 제시된 선택 과목의 개설을 요청할 경우 해당 과목을 개설하도록 하였으며, 학교에서 개설하지 않은 선택 과목 이수를 희망하는 학생이 있을 경우 그 과목을 개설한 다른 학교에서의 이수를 인정하도록 하였다. 셋째로, 학교 및 학생의 필요에 따라 지역사회의 학습장에서 이루어진 학습을 이수 과목으로 인정할 수 있도록 하였으며, 넷째로, 학교는 필요에 따라 대학과목 선이수제의 과목을 개설할 수 있고, 국제적으로 공인된 교육과정이나 과목을 개설할 수 있다. 다섯째로, 학교는 필요에 따라 교과의 총 이수단위를 증배 운영할 수 있으며, 여섯째로, 창의적 체험활동의 영역을 학생들의 발달 수준, 학교의 여건 등을 고려하여 자율적으로 편성·운영하고, 학생의 진로와 연계하여 다양한 활동이 이루어지도록 하였으며, 끝으로, 학생이 자신의 진로에 적합한 과목을 체계적으로 이수할 수 있도록 진로지도와 연계하여 선택과목 이수에 대한 정보를 적극적으로 안내하도록 하였다(교육부, 2015b: 24-25).

이들 내용 가운데 학생들의 진로교육에 특히 역점을 둠으로써 학생들의 진로를 지원하고자 한 점, 지역사회의 학습장에서 이루어진 학습을 이수 과목으로 인정하도록 한 점 등은 매우 탄력적인 교육과정의 모습이라 할 수 있다.

교육과정 개발의 의미

김선생님, 다음 학년도 교육과정은 어떻게 개발해야 하죠?
그러잖아도 이번 겨울방학에는 교육과정을 개발해야 해서 어디 여행도 못 갈 것 같아요.
근데 교육과정이 너무 자주 바뀌는 것 같아요. 어떻게 생각하세요?
호호. 교육과정은 시대의 패러다임이 바뀌고 아이들의 발달 특성 등이 달라지면 그에 따른 교육활동을 제공하기 위해 바뀌어야 한답니다.
하지만 교육과정을 국가에서 개발해 주는 것이 더 편한 것 같아요.
그렇겠네요. 국가 교육과정으로 개발되면 교사인 우리들은 꼭두각시 역할을 하는 것 같은 생각이 드네요.
그래도 교육과정은 교육활동을 실행하는 사람이 개발해야 교육활동을 하는 우리들이 훨씬 수월하지 않을까요?
바로 그거예요. 그래서 우리가 교육과정 개발에 대한 권한을 갖는 것은 큰 의미가 있지요.

아, 그래서 우리나라 교육과정이 수준에 따라 그 역할이 제시되어 있는 거군요.
맞아요. 제일 먼저 국가 수준에서 교육과정 개발의 기본 지침을 개발하면 그에 따라 교육과정을 개발하는 거죠.
그럼 국가에서 제시한 기본 지침은 누가 적용하는 겁니까?
그것은 시·도교육청과 지역교육청에서 지역사회의 요구와 상황에 맞추어 교육과정을 개발할 때 적용하게 되지요.
아, 그러면 지역교육청에서 만든 장학자료 같은 것을 참고로 학교에서 교육과정을 개발하는 거군요.
맞아요. 그래서 교육과정을 개발하는 것이 나름대로 체계를 갖게 되지요.
학교 교육과정은 우리나라 교육 체제가 분권화 되면서 도입된 건가요?
맞습니다. 바로 그것을 '학교 교육과정'이라고 하는 겁니다.

볼거리

영화 '책상서랍 속의 동화(Not One Less)'를 보고, 초등학교를 졸업한 어린 소녀가 한 달간 담임선생님 역할을 대신하는 동안 아이들이 어린 소녀로부터 무엇을 배웠을지 잠재적 교육과정의 입장에서 생각해 보자.

생각할 거리

1. '경험중심 교육과정'에 의해 학교 교육과정을 운영할 때 발생할 수 있는 문제점을 사례를 들어 제시하고, 이를 해결하는 방법에 대해 논의해 보자.
2. 현재 시행되고 있는 우리나라 학교 교육과정에 대한 교사의 개발 권한 정도를 진단해 보고, 학교 교육과정이 본래의 목적을 달성하기 위해 어떻게 해야 하는지 생각해 보자.
3. 학교 교육과정 개발 모형을 한 가지 설명하고, 장점과 단점에 대해 논의해 보자.
4. 다음의 웹사이트를 방문해 보고, 잠재적 교육과정의 영향력에 대해 사례를 들어 논의해 보자.
   - What is Curriculum?(https://www.youtube.com/watch?v=2IGTjrYOUYE, 5:12)
   - Hidden Curriculum(http://www.youtube.com/watch?v=quzGekDaP88, 3:08)

7 생활지도와 상담

누가 내 얘기 좀 들어줄래?

부모님께 드리는 편지

그 녀석들이 제 몸에 칼등을 새기려고 했을 때 실패하자 오른쪽 팔에 불을 붙이려고 했어요.
그리고 할머니 칠순잔치 사진을 보고 우리 가족을 욕했어요.
그 녀석들은 그냥 짜증난다며, 제 영어자습서를 찢고, 수학책을 가져갔어요.
전 엄마한테 무지하게 혼났어요. 저로서는 억울했지만 엄마를 원망하지는 않았어요.
엄마가 저를 혼내고 계셨지만, 속으로는 저를 걱정하시더라구요.
저는 그냥 부모님한테나 선생님, 경찰 등에게 도움을 구하려 했지만, 걔들의 보복이 너무 두려웠어요.
저는 먼저 가서 100년이든 1000년이든 저희 가족을 기다릴게요.
그리고 제가 없다고 해서 슬퍼하거나 저처럼 죽지 마세요.
저희 가족들이 슬프다면 저도 분명히 슬플 거예요.
부디 제가 없어도 행복하길 빌게요.
p.s 부모님께 한 번도 진지하게 사랑한다는 말 못 전했지만 지금 전할게요…
엄마, 아빠 사랑해요!!

14살의 어린 중학생이 남긴 유서를 보고 어떤 생각이 드는가? 우리나라가 OECD 국가 중 자살률 1위인 나라, 청소년 흡연율 1위인 나라, 학교폭력이 자살 원인 7위인 나라, 그래서 학교폭력신고 전화번호가 '117'인 것을 여러분들은 알고 있는가?

생활지도의 기초

생활지도의 의의

학생 이해 방법

내담자와의 대화 기법

생활지도를 위한 교사의 태도

상담의 접근방법 및 기법

인지적 접근에 의한 상담

행동적 접근에 의한 상담

정의적 접근에 의한 상담

상담을 통한 부적응 행동 지도

ADHD 행동 지도

학교폭력 예방 지도

생활지도의 기초

생활지도는 모든 사람들로 하여금 자신을 이해하는 것에서부터 시작하여 자신을 둘러싼 세계를 이해하도록 돕는 활동이다. 따라서 교사는 학생들이 자기정체성을 찾고 자기실현을 할 수 있도록 도와야 한다. 이를 위해 교사는 학생을 이해하고 상담자로서의 역할을 다해야 할 것이다.

생활지도의 의의

생활지도는 현대인 누구에게나 필요한 것이다. 생활지도는 긍정적 삶을 영위하고 자기실현을 하도록 도와주기 때문이다. 특히 학생 생활지도는 학생들이 자기정체성을 찾고 풍요로운 삶을 살아가도록 돕는 활동이기에 더욱 그러하다.

생활지도의 필요성

생활지도는 인간의 긍정적 발달을 돕는 것으로, 특히 청소년기 학생들의 생활지도는 그들의 발달과 행동 특성 및 발달과업에 초점을 맞출 필요가 있다. 학생들이 발달 특성에 부합하는 발달과업을 수행할 때 그들의 건강한 발달이 이루어질 수 있을 것이기 때문이다.

현대사회에서 청소년들의 생활지도는 몇 가지 측면에서 그 필요성이 더욱 강조되고 있다. 첫째는 청소년들 사이에서 점점 심각해지는 여러 가지 문제 때문이다. 청소년들은 학업 및 진로 스트레스 등으로 비행, 폭력, 부정적 정서 등을 갖게 되는데, 이는 곧 **자살**로 이어지는 결과를 낳기도 한다. 이러한 문제를 예방하고 해결하기 위해 생활지도는 매우 중요하다. 둘째는 청소년들의 두드러진 발달 특성을 고려할 때 자기정체감을 갖도록 돕기 위해서다. 청소년들은

자살
보건사회연구원의 2013년 연구보고서에 의하면, OECD 회원국의 인구 10만명 당 아동·청소년 자살률은 감소 추세이지만, 우리나라는 2000년 6.4명에서 2010년 9.4명으로 늘어났다고 보고하고 있다. 세계보건기구(WHO)와 국제자살예방협회(IASP)는 세계 여러 국가와 자살문제 예방과 대책을 마련하고 이에 대한 공동의 노력과 정보를 공유하기 위해 2003년에 매년 9월 10일을 '세계자살예방의 날'로 제정했다.

인지적·정의적 발달이 미숙한 상태로, 다양한 경험에 의해 긍정적 또는 부정적으로 발달하기 때문에 생활지도는 이 시기에 매우 중요하다. 셋째는 급속도로 변화하는 지식정보화 시대 및 다문화사회에서 겪게 되는 여러 가지 문제사태에 대처하는 능력을 길러줄 필요가 있기 때문이다. 즉, 사회구성원으로서 또는 리더로서의 역할을 다하면서 현명한 문제해결력을 갖도록 하기 위한 것이다. 넷째는 청소년들로 하여금 적성과 능력에 맞는 진로를 탐색하도록 돕기 위해 필요하다. 현대사회에서 직업세계는 매우 다양하고 복잡하기 때문에 학생들의 능력과 적성에 부합하면서 그들이 원하는 직업세계로 안내해 줄 필요가 있다. 끝으로, 청소년들의 인성 발달을 위해 생활지도는 필요하다. 오늘날 학교폭력이 극심해지고 집단따돌림 등이 유행처럼 번져 자살까지 이르게 하는 현상은 인성교육의 부재로 치부되고 있는데, 청소년들의 이러한 문제는 생활지도를 통해 그들의 긍정적 인성을 발달시킴으로써 해결될 수 있을 것이기 때문이다.

결국 생활지도는 자신과 자신을 둘러싼 세계를 이해하도록 돕고, 개인 내적 욕구와 사회적 기대가 복합적으로 작용하면서 요구되는 다양한 능력을 함양시켜 변화하는 사회에 적응하고 자기실현을 할 수 있도록 도우며, 공존의 의미를 깨달아 타인을 존중하고 수용하면서 더불어 살아가도록 돕는 활동이라 할 수 있다.

따라서 생활지도는 모든 학생을 대상으로 하여 지속적으로 이루어져야 한다. 문제가 발생한 이후에 선도 또는 처벌하는 것이 아닌, 예방의 차원에서 이루어져야 하며, 개인의 발달 특성과 능력을 고려하여 잠재적 성장을 가져올 수 있도록 해야 한다.

생활지도의 영역과 활동

생활지도의 영역은 크게 진로지도, 교육지도, 성격지도, 건강지도, 사회성지도, 여가지도 등의 영역으로 나뉜다.

진로지도(vocational guidance)는 생활지도가 직업교육운동에서 시작되었기 때문에 중요한 생활지도 영역으로 간주된다. 특히 오늘날 직업세계가 매우 복잡해졌을 뿐만 아니라 청소년들의 진로 선택이 점차 빨라지고 있어 진로지도는 매우 중요한 생활지도 영역이 되었다. 교육지도(educational guidance)는 청소년들로 하여금 의욕을 갖고 학습에 몰입하도록 돕는 활동이다. 학생들의 학업 성취는 자존감을 높이고 동기를 유발시킴으로써 정서적 안정을 가져오기 때문에 이 역시 중요한 영역이다. 성격지도(character guidance)는 학생들의 조화로운 성격 발달은 물론, 인간관계를 원만하게 형성하도록 돕는 영역이다. 건강지도(health guidance)는 청소년들로 하여금 신체적·정신적으로 건강한 생활을 하도록 도움으로써 모든 생활의 기본을 다지는 영역이다. 사회성지도(sociality guidance)는 친구들 또는 타인과 더불어 살아가면서 공동생활을 원만하게 하고 사회구성원으로서의 역할을 다하도록 지도하는 영역이다. 여가지도(leisure guidance)는 현대사회에서 늘어나는 여가 시간에 자신의 시간을 건전하고 알차게 활용할 수 있도록 지도하는 영역이다.

진로지도

생활지도의 아버지로 불리우는 미국의 파슨스 (T. Parsons)는 『직업의 선택(Choosing a vocation)』이라는 저서에서 직업을 선택하는 것은 배우자를 선택하는 것만큼 중요하다고 기술하였다.

이러한 생활지도의 각 영역은 보통 학생조사활동, 진로정보제공활동, 상담활동, 정치활동, 추수지도활동 등을 통해 이루어진다.

학생조사활동(student inventory service)은 학생의 기본적 사항을 알고 이에 근거하여 생활지도를 하는 것이고, 진로정보제공활동(career information service)은 학생들로 하여금 자신의 적성과 진로에 맞춰 직업을 선택하도록 돕는 활동이다. 상담활동(counseling service)은 생활지도 활동방법 가운데 가장 핵심적인 역할을 하는 것으로, 대부분의 생활지도는 상담에 의해 이루어진다고 해도 과언이 아니다. 정치활동(placement service)은 학생의 특기와 적성 등에 맞춰 적재적소에 배치하는 활동이며, 추수지도활동(follow-up service)은 학생이 진로 또는 학습을 선택한 이후 지도하는 활동이다.

학생 이해 방법

생활지도를 할 때는 학생들의 객관적 자료에 근거한 이해가 선행되어야 한다. 이들 자료는 학습지도를 비롯하여 다양한 영역의 생활지도를 위한 기초 자료로 활용된다. 학생들을 이해하는 방법에는 각종 심리검사 및 교실상황에서 이루어지는 관찰과 면담 등이 있다.

각종 심리검사에 의한 학생 이해

인간이 지닌 능력이나 특성은 보통 타당도(validity)와 신뢰도(reliability)를 거쳐 개발된 표준화검사 도구에 의해 측정하는 것이 일반적이다. 각종 심리검사는 표준화검사 도구로, 이를 통해 학생들의 전반적 특성은 물론, 개인 간 또는 개인 내 비교로 학생들의 행동을 예언함으로써 그들의 성장·발달을 돕는 기초 자료로 사용한다.

생활지도에서 심리검사가 중요한 까닭은 과학적 근거의 원리에 기초한 생활지도를 해야 하기 때문이다. 즉, 생활지도를 할 때는 학생의 전반적 상태를 객관적으로 파악한 후 생활지도를 해야 하는데, 학생을 파악할 수 있는 객관적 자료는 바로 표준화검사 도구인 심리검사에 의해 얻을 수 있기 때문이다. 심리검사의 종류에는 성격검사, 지능검사, 적성검사 등이 있다.

성격검사에는 인벤토리형 검사도구로 **K-CBCL**(Korean Child Behavior Checklist), KPI-C(Korean Personality Inventory for Children), KPRC(Korean Personality Rating Scale for Children), **MBTI 검사**, MMPI 다면적 인성검사 등이 있고, **투사법** 검사도구로 성인용 주제통각검사(TAT: Thematic Apperception Test), 아동용 주제통각검사(CAT: Children Apperception Test), 로르샤하 잉크반점검사(RIT: Rorschach Inkblot Test), 그림욕구좌절검

K-CBCL

K-CBCL은 아동의 문제행동과 사회적 능력을 평가하기 위해 만든 것으로, 사회능력척도와 문제행동증후군척도로 구성되어 있다. 사회능력척도는 사회성척도와 학업수행척도로 구성되어 있으며, 문제증후군척도는 119개의 문제행동에 관한 항목으로 구성되어 있다.

MBTI 검사도구

MBTI 검사도구는 대표적인 성격검사 도구로, 심리학자 융(C. G. Jung)의 심리유형론을 근거로 하여 브릭스(K. C. Briggs)와 마이어스(I. B. Myers)에 의해 개발된 것이며, 검사결과는 16가지 유형의 성격으로 표현된다.

투사법

투사법은 성격의 무의식적 동기나 갈등 등에 관해 많은 정보를 제공해 주기 때문에 성격을 전체적으로 이해할 때 유용하나, 검사 자체의 표준화가 어려워 검사의 실시, 채점, 해석 등에 있어 검사자의 전문성을 필요로 한다.

사(PFT: Picture Frustration Test), 문장완성검사(SCT: Sentence Completion Test) 등이 있다.

지능검사는 학생들의 학업성취를 예언해 주는 척도가 되는 것으로, KEDI-WISC(Korean Educational Development Institute-Wechsler Intelligence Scale for Children), K-WISC-IV(Korean-Wechsler Intelligence Scale-IV), 한국판 K-ABC(Kaufman Assessment Battery for Children) 등이 있다. 학생들의 종합적인 정신능력을 측정하기 위해서는 일반지능검사를 많이 실시하는데, 경우에 따라서는 각각의 지능검사 요인을 독립적으로 측정하기도 한다.

적성검사는 특정한 과제나 상황에 대한 수행 정도를 예언하기 위한 것으로, 활용 범위가 다양하다. 우리나라에서는 종합적성검사를 사용하여 개인의 적성을 종합적으로 측정하는데, KAT-M 적성검사(중학생용), KAT-A 적성검사(고등학생용), 진로성숙도검사, GATB 적성검사 등이 있다.

검사를 실시할 때는 검사의 목적에 따른 검사도구를 선택해야 하고, 사용방법에 따라 실시해야 하며, 검사자로서의 태도를 갖추어야 한다. 검사결과의 분석은 전문가에게 의뢰하는 것이 안전하고 정확한데, 검사결과로 학생의 전체를 평가해서는 안 되며, 검사결과가 다른 사람에게 공개되어서도 안 된다.

관찰 및 면담에 의한 학생 이해

각종 심리검사는 학생의 객관적 상황을 이해하는 데 도움이 되지만, 다양한 학교상황에서 일어나는 학생의 돌발적 행동을 알기에는 한계가 있다. 이러한 한계를 극복할 수 있는 학생 이해 방법이 바로 관찰과 면담이다. 관찰과 면담은 현장에서 생동감 있는 자료를 직접 얻을 수 있다는 장점이 있다.

관찰(observation)은 학생과 같은 공간에서 함께 활동하며 학생의 행동을 관찰하는 참여관찰과 학생과 같은 공간에 있지만 활동에 함께 참여하지 않는 비참여관찰이 있다. 또 어떠한 통제도 하지 않고 자연스러운 상황에서 학생의 행동을 관찰하는 자연적 관찰과 통제된 상황에서 학생의 행동을 관찰하는 통제적 관찰이 있다. 그리고 관찰할 내용을 계획적으로 구조화하여 학생의 행동을 관찰하는 구조적 관찰과 아무런 준비 없이 상황에 따라 관찰하는 비구조적 관찰이 있다. 이들 관찰방법은 관찰하고자 하는 목적이나 상황에 맞게 선택하여 사용하면 된다.

관찰 자료는 관찰하고자 하는 목적에 따라 다양한 방식으로 관찰일지를 작성하며, 이들 자료는 비슷한 내용끼리 영역화하여 주제를 생성한 후, 주제별로 관련되는 자료들을 추출하여 정리하면 된다. 문제는 관찰을 할 때 연구자의 주관적 표집과 분석이 이루어져 객관성이 떨어질 수 있다는 것이다. 따라서 관찰을 할 때는 관찰의 계획과 목적을 분명히 하고, 객관적인 관찰을 하도록 주의해야 한다.

면담(interview)은 학생과의 대화를 통해 여러 가지 상황을 알아보는 것으로, 보통 관찰을 통해 얻은 자료를 심화시키거나 관찰에서 얻지 못한 것들을 탐색하고자 할 때 사용되는 방법이다. 면담은 사전에 면담할 내용을 미리 정하여 면담하는 구조적 면담(structured interview)과 면담 계획은 있으나 면담 내용을 정하지 않고 자유롭게 실시하는 비구조적 면담(unstructured interview)이 있다. 요즘에는 두 유형의 면담이 가진 장점을 취하여 면담할 내용을 미리 정하되 면담 과정에서 면담 내용을 확대시키는 준구조적 면담(semi-structured interview)을 많이 사용한다.

면담을 할 때는 녹음과 기록을 함께 하며, 면담 자료 역시 관찰 자료 정리 방법과 마찬가지로 비슷한 내용끼리 영역화하여 주제를 생성한 후, 주제별로 관련되는 내용 또는 인용자료들을 추출하여 정리하면 된다. 면담은 관찰과 마찬가지로 면담자의 주관성을 배제하기 어렵고, 시간과 비용이 많이 든다는 단점이 있다. 따라서 면담을 할 때는 면담의 목적을 분명히 하고 이에 따라 질문내용을 정하는 것이 좋으며, 면담자의 신뢰로운 태도로 학생의 솔직한 대답을 이끌어낼 수 있어야 한다.

내담자와의 대화 기법

생활지도의 활동방법 가운데 가장 핵심적 역할을 하는 것은 상담이다. 상담은 주로 대화에 의해 이루어지는데, 이때 상담자가 내담자의 이야기를 듣는 방식과 되돌려주는 방식은 상담의 목표 달성에 매우 중요한 요인이다. 다음은 상담을 할 때 자주 사용되는 대화 기법으로, 상담을 효율적으로 이끌어가는 데 중요한 역할을 한다(김명수 외, 2010: 238-241).

첫째, 명료화다. 이 기법은 내담자의 이야기가 애매모호할 때 그 내용을 분명히 하기 위해 사용한다. 예를 들면, "지금 네가 한 말이 무슨 뜻이지?" 또는 "지금 네가 한 말을 다시 이야기해 주겠니?" 등과 같이 묻는 것이다. 명료화는 상담자로 하여금 내담자의 상황을 정확히 이해하게 하는 데 도움을 주며, 내담자로 하여금 자신의 이야기를 상담자가 관심있게 들어준다고 생각하게 하여 상담자에 대한 신뢰감을 갖게 하는 역할을 한다.

둘째, 구체화다. 이 기법은 내담자의 이야기가 불확실하거나 애매모호한 부분이 있을 때 그 내용을 구체적으로 확인하기 위해 사용한다. 예를 들면, "네가 한 말에 대해 예를 들어 주겠니?" 또는 "네가 왜 그렇게 생각하는지 자세히 설명해 줄래?" 등과 같이 묻는 것이다. 구체화는 상담자가 상담을 진행할 때 내담자의 상황을 좀더 정확히 이해하는 데 도움을 준다.

셋째, 되돌려주기다. 이 기법은 내담자가 표현한 내용 또는 정서를 상담자가 공감하고 있다는 것을 드러낼 때 사용하는 것이다. 여기서 내담자가 말한 내용을 되돌려주는 것을 '재진술'이라 하고, 내담자의 정서를 되돌려 주는 것을 '반영'이라 한다. 예를 들면, 내담자가 짝이 자꾸 괴롭혀 공부하기 힘들다는 말을 할 때 "짝이 자꾸 괴롭혀서 공부하는 데 어려움이 많다는 말이구나."와 같이 표현하는 것은 재진술이며, 짝이 자꾸 괴롭히면서 미안한 마음을 갖지 않는 것이 어이없다고 표현할 때 "짝에 대해 실망이 큰 것 같구나."와 같이 표현하는 것은 반영이다. 되돌려주기는 내담자로 하여금 상담자를 신뢰하게 하는 좋은 기법이다.

넷째, 직면이다. 이 기법은 내담자의 모순된 이야기와 행동을 지적하는 것으로, '맞닥뜨리기'라고도 한다. 예를 들면, "전 제 짝이 좋아요."라고 말하면서 입을 삐죽거릴 때 "넌 말로는 짝이 좋다고 하는데, 표정을 보니 반드시 그런 것 같지는 않구나."라고 말하는 것이다. 이 기법은 내담자로 하여금 자신이 감추거나 왜곡하는 것을 알게 함으로써 자신의 상황을 정확히 인식하게 한다. 그러나 이 기법은 내담자의 자존심을 다치게 할 수 있기 때문에 신중하게 접근해야 한다.

다섯째, 장단 맞추기다. 이 기법은 내담자의 이야기에 관심을 갖고 반응하는 것이다. 예를 들면, 내담자가 한 이야기에 대해 "어머나, 세상에! " 또는 "그래서 어떻게 되었는데?" 등과 같이 표현하는 것이다. 이 기법은 상담자가 내담자의 이야기에 집중하고 있음을 보여주기 때문에 내담자로 하여금 상담자에게 친근감과 신뢰감을 갖게 하며, 따라서 상담의 흐름을 부드럽게 하여 상담의 효율성을 높여 준다.

자기개방

아무런 생각 없이 자신을 나타내 보이는 자기개방이나 잦은 자기개방은 내담자를 혼란시키고 부정적인 상담 효과를 가져 올 수 있다. 따라서 적시에 적절한 수위의 자기개방을 할 수 있어야 한다.

여섯째, **자기개방**이다. 이 기법은 내담자가 겪은 일과 유사한 경험을 이야기하는 것이다. 예를 들면, 내담자가 친구랑 다툰 이야기를 할 때 "선생님도 예전에 친구랑 다투고 무척 속상했었는데, 먼저 화해하고 나서 더 친해진 경험이 있단다." 등과 같이 표현하는 것이다. 이 기법은 내담자의 갈등이 혼자만 겪는 것이 아니라는 생각을 갖게 하여 문제를 효과적으로 해결하도록 돕는다. 다만, 이 기법을 사용할 때 상담자는 적절한 수준에서 자기개방을 해야 한다.

일곱째, 요약이다. 요약은 내담자가 반복해서 하는 이야기나 주제들을 간추려서 드러내는 것이다. 즉, 내담자가 이야기하는 여러 가지 주제들을 찾아 종합하고, 이를 다시 내담자에게 되돌려주는 것을 말한다. 이 기법은 내담자가 표현한 내용을 간단하게 드러냄으로써 대화를 통해 얻은 내용을 확인하는 데 도움이 된다. 예를 들면, 상담을 마치고 "오늘은 동생과 싸운 후 사과하는 방법에 대해 이야기를 했다. 그렇지?" 등과 같이 표현함으로써 본 회기의 상담 내용을 간추려 정리하는 것이다.

여덟째, 해석이다. 해석이란 내담자의 이야기에 대해 상담자가 판단하여 반응하는 것이다. 이 기법은 내담자로 하여금 상담자의 객관적 통찰을 인식하게 하여 내담자 자신도 그렇게 인식하도록 한다. 예를 들면, 동생이 자꾸 학용품을 망가뜨린다고 할 때 "동생이 학용품 사용법을 잘 몰라서 그러는 거 아닐까? 네가 학용품 사용법을 가르쳐 주면 어떨까?" 등과 같이 표현하는 것이다. 해석을 할 때는 상담자와 내담자 사이의 신뢰로운 관계가 형성되어야 하며, 일관되고 긍정적인 해석이 이루어져야 한다.

끝으로, I-message와 Do-message를 들 수 있다. I-message는 나를 주어로 하는 대화로, 내담자의 기분을 배려하는 기법이다. 예를 들면, 친구랑 다툰 내담자에게 "야, 넌 또 친구랑 싸웠니?"라고 하는 You-message보다는 "선생님은 네가 친구랑 싸우고 난 후 기분이 나빠질까 봐 걱정이 되는구나."라고 하는 I-message로 표현하는 것이 훨씬 우호적이다. 또 Do-message는 내담자의 행동에 초점을 두어 이야기하는 기법이다. 예를 들면, 지각한 학생에게 "야, 지각대장!"이라고 하여 문제행동을 인격에 덮어씌우는 Be-message보다는 "오늘 좀 늦었구나."라고 표현하는 Do-message가 상대방의 인격을 존중하는 것이 된다.

이 외에도 상담을 위한 대화 기법으로는 침묵, 저항 다루기, 정보 제공, **질문** 등 다양하다. 상대방을 배려하고 존중하는 대화 기법은 상담을 부드럽게 진행시키는 데 효과적이다. 따라서 대화를 잘할 수 있다면 이것만으로도 상담은 절반 이상 성공했다고 보아도 좋다. 긍정적이고 부드러운 대화를 통한 상담이 이루어질 때 내담자는 상담자에 대해 신뢰감을 갖고 상담에 적극 참여할 것이기 때문이다.

질문
확실한 정보를 얻고 싶거나 내담자의 반응을 제한할 필요가 있을 때는 '예, 아니오' 등의 대답을 유도하는 폐쇄적 질문이 좋으며, 다양한 반응을 얻고자 할 때는 개방적 질문이 좋다.

생활지도를 위한 교사의 태도

생활지도에 임하는 교사는 상담자로서의 역할을 하게 된다. 즉, 생활지도를 할 때 상담자로서의 교사는 학생을 가르치는 교수자의 입장에서 벗어나 학생의 심리와 행동을 이해하는 상담자로서의 역할을 다해야 한다. 따라서 상담자로서의 교사는 다음과 같은 태도를 지녀야 할 것이다.

첫째, 상담자로서의 교사는 학생을 인격체로 존중해야 한다. 내담자를 인격체로 존중하지 않고 문제를 가진 학생으로 여길 때 상담은 이루어질 수 없다. 상담은 문제를 가진 학생을 선도하거나 치료하는 것이 아니기 때문이다.

둘째, 상담자로서의 교사는 자신을 사랑하고 타인을 배려해야 한다. 자신을 사랑하지 않는 상담자는 타인을 사랑할 수 없으며, 타인을 사랑하지 않는 상담자는 타인의 상황을 이해할 수 없다. 즉, 타인의 존재가 소중하다는 것을 알지 못하기 때문에 타인의 상황을 배려하지 못하며 타인의 상황에 공감하지도 못하는 것이다.

셋째, 상담자로서의 교사는 일반적인 행동으로 여겨지지 않는 행동을 하는 학생의 행동을 극히 자연스러운 현상으로 받아들일 수 있어야 한다. 남과 다르다는 것이 이상한 것으로 치부되는 세상에서 '다름'을 극히 자연스러운 것으로 생각하여 내담자의 문제상황을 누구나 겪을 수 있는 것으로 받아들일 때 상담은 긍정적으로 이루어질 수 있다.

넷째, 상담자로서의 교사는 로저스(K. Rogers)가 제안한 바와 같이 내담자에 대해 진실성을 갖추어야 하며, 내담자의 상황을 긍정적으로 수용하고 공감적 이해를 할 수 있어야 한다. 즉, 상담자로서의 교사는 일관성 있게 진실된 마음으로 내담자를 대해야 하며, 내담자의 상황을 무조건적·긍정적으로 수용하고 공감할 수 있어야 한다.

끝으로, 상담자로서의 교사는 상담자로서의 역량을 높이기 위해 부단히 연찬해야 한다. 그리하여 상담자로서의 인성과 전문성을 높여 상담의 실수를 줄이고, 내담자의 다양한 상황에 대처할 수 있는 능력을 키워야 할 것이다.

상담의 접근방법 및 기법

상담을 할 때는 가장 먼저 어떤 관점에서 상담을 진행해 나갈 것인지에 대한 접근방식을 선택해야 한다. 그러나 실제로 상담은 내담자의 문제상황에 따라 인지전략, 행동전략, 정서개입전략 등의 어느 하나를 선택하기 보다는 이들 전략을 복합적으로 활용하는 경우가 많다. 따라서 상담과정에서도 다양한 상담기법을 적용하게 된다.

인지적 접근에 의한 상담

인지적 접근에 의한 상담은 인간의 인지적 전략을 통한 사고와 행동의 변화를 목적으로 한다. 따라서 내담자의 문제상황을 해결하고자 할 때 인지적 영역, 즉 내담자가 인지한 정보나 생각 또는 가치관 등을 중심으로 상담을 이끌어 간다. 인지적 접근에 의한 대표적인 상담으로는 엘리스의 합리적·정서적·행동적 상담과 백의 인지치료, 즉 자동화된 사고의 교정을 들 수 있다.

Ellis의 REBT

엘리스(H. H. Ellis, 1913~2007)의 합리적·정서적·행동적 상담(REBT: Rational Emotive Behavioral Therapy)에서는 인간이 합리적이거나 비합리적인 사고와 신념을 모두 가지고 있다고 보고, 비합리적 사고와 신념 때문에 비합리적인 행동을 한다고 주장한다. 따라서 비합리적 사고와 신념을 합리적 사고와 신념으로 바꾸어 주면 합리적 행동을 할 것이라고 가정한다.

엘리스에 의하면 비합리적 사고와 신념은 '나에 대한 당위성(I must)', '너에 대한 당위성(You must)', 그리고 '상황이나 조건에 대한 당위성(Condition must)' 때문에 생긴다. 그는 임상실험을 토대로 비합리적 생각과 이에 대비되는 합리적 생각을 정리하였는데, 예를 들면 다음과 같다(박경애, 2002).

비합리적 생각 1 : 나는 항상 고통 없이 편안해야 한다(자신에 대한 당위성).
합리적 생각 1 : 고통 없이 얻을 수 있는 것은 아무 것도 없다. 그러므로 내가 비록 이것을 좋아하지 않아도 나는 이런 불편을 참아내고 견딜 수 있다.

비합리적 생각 2 : 사람은 다른 사람에게 의지해야 하고, 의지할 만한 강한 누군가가 있어야 한다(타인에 대한 당위성)
합리적 생각 2 : 다른 사람들과 친밀하게 지내는 것을 즐기지만, 내 생활을 도와줄 사람을 원하지는 않는다. 나는 내 자신을 믿고 의지할 수 있다.

비합리적 생각 3 : 세상은 반드시 공평해야 하며, 정의는 반드시 승리해야 한다(조건에 대한 당위성).
합리적 생각 3 : 세상에는 불공평한 경우가 자주 있다. 불공평한 경우에 불만을 갖는 것보다는 이를 시정하도록 노력하는 편이 낫다.

비합리적 사고와 신념을 가진 사람은 사고의 내용이나 방식이 논리적으로 일치하지 않는 경우가 많다. 따라서 자신만의 사고의 세계에 갇혀서 고정관념과 편견을 떨쳐 버리지 못하기 때문에 대인관계는 물론, 자신의 사고와 행동 결과에 대해 상처를 받고 좌절하게 된다.

이처럼 비합리적 사고와 신념은 비합리적 행동을 가져오기 때문에 비합리적 사고와 신념을 합리적 사고와 신념으로 바꾸어 주면 합리적 행동을 한다고 보는 것이 엘리스의 합리적·정서적·행동적 상담이다. 이 상담에서 비합리적 사고와 신념을 합리적 사고와 신념으로 바꾸기 위해서는 '논박'이 중요한 역할을 한다. 즉, 이 이론에서는 인간의 정서적 혼란을 야기하는 사건을 A(activating event), 어떤 상황에서 개인이 갖게 되는 사고나 태도인 신념체계를 B(belief system), 선행사건에 직면했을 때 합리적·비합리적 사고와 태도로 상황을 해석하여 느끼는 정서적 결과를 C(consequence), 상담자가 내담자의 비합리적 사고와 신념에 대해 검토해 보도록 하는 논박을 D(dispute), 그리고 내담자의 비합리적 사고와 신념을 합리적 사고와 신념으로 대치했을 때 갖게 되는 긍정적 결과를 E(effect)로 설명하면서 논박을 통한 사고와 행동의 합리적 결과를 이끌어 낸다.

그밖에 REBT에서 사용하는 상담기법으로는 인지적 기법으로 인지적 과제 수행, 유추기법 등이, 정서적 기법으로 합리적 정서 상상, 역할 연기, 유머 사용 등이, 그리고 행동적 기법으로 행동적 과제 부과 등이 있다(양명숙 외, 2013: 335-338).

BECK의 인지행동치료

우울증의 인지적 속성을 규명하고 우울증 치료기법을 개발한 백(A. Beck)도 엘리스가 밝힌 비합리적 사고 또는 신념과 유사한 개념들을 밝히고, 이를 '자동화된 사고', 또는 '인지적 왜곡'으로 명명하였다. 자동화된 사고는 어떤 사건이나 상황에 부딪혔을 때 자동적으로 떠오르는 생각으로, 역기능적 인지도식으로부터 발생하기 때문에 인지적 오류를 범하게 된다. 이는 개인에게 부정적 영향을 미치기 때문에 역기능적 사고라고도 한다. 백(Beck & Emery, 1979)이 밝힌 자동화된 사고의 특성을 바탕으로 예시를 들어 보면 〈표 7-1〉과 같다.

〈표 7-1〉 자동화된 사고의 특성과 예시

종류	특성	예시
흑백논리	양극단적인 양자택일적 사고를 하기 때문에 그 결과 이분법적 사고로 표출됨	"이것 아니면 저것" "1등 아니면 가치가 없다."
재앙화	어떤 상황이나 사건에 대해 지나치게 부정적이고 비관적으로 생각함	"이번 시험에서 5등 안에 들지 못하면 나의 인생은 비참해질 것이다."
터널 시야	잘못되었거나 부정적인 측면에만 주의를 기울임	"다른 과목은 모두 A학점 받았는데, C학점이 하나 있어서 이번 학기는 망했다."
긍정적 측면의 무시	자신의 장점이나 성취에 대해 과소평가함	"내가 장학금을 받은 것은 운이 좋아서 받은 거야."
감정적 추론	자신의 감정과 느낌을 바탕으로 여러 가지 상황을 판단함	"오늘은 비가 내리니깐 마음이 꿀꿀한 것이 공부가 잘 안 될 것 같다."
낙인찍기	한 가지 행동이나 부분적인 특성을 가지고 전체를 판단함	"난 원래 그런 사람이야."
의미의 과장과 축소	어떤 사건이나 경험의 의미를 지나치게 과장하거나 축소함	"선생님이 나를 혼내는 건 나를 싫어하기 때문이고, 어쩌다 칭찬받은 건 내가 운이 좋았기 때문이야."
과잉 일반화	한두 번의 경험이나 우연한 사건을 바탕으로 일반적인 결론을 내려 다른 상황에 적용함	"내 차 유리창에 새가 실례를 한 것을 보니 오늘은 엄청 재수가 없을 것 같군."
독심술	정확한 증거 없이 상대방의 마음을 판단함	"저 사람이 나를 자꾸 쳐다보는 것은 내가 머리가 없기 때문이야."
내탓/네탓	어떤 일이 잘못된 책임을 일방적으로 자기 탓이나 남의 탓으로 돌림	"우리 그룹이 진 것은 너 때문이야."
당위적 사고	자신이 생각하는 기준을 세워 놓고 '반드시 ~해야 한다'고 생각함	"의사는 반드시 병을 고쳐야 해."
비논리적 사고	논리적으로 관련이 없는 사실들을 연결시켜 생각함	"내가 공부를 못 하는 것은 얼굴이 못생겼기 때문이야."
반추	지나가버린 과거의 사건을 떠올리면서 후회 또는 자책함	"내가 그 때 그러지만 않았더라도 여자 친구랑 그렇게 헤어지지 않았을 텐데…"
인지적 회피	자신의 문제나 결함을 무시한 채 문제를 해결하지 않고 피함	"난 사람 만나면 불안하니깐 그냥 혼자 지내는 게 좋아."

자동화된 사고와 신념을 교정하기 위해서는 이상과 같은 사고로부터 탈피할 수 있어야 하며, 그렇게 할 때 긍정적 사고와 행동이 가능하다. 자동화된 사고를 교정하기 위해 자주 사용되는 기법에는 다음과 같은 것들이 있다.

첫째, 자동화된 사고를 기록하여 점검한다. 즉, 자동화된 사고를 할 때의 상황과 사건을 기록한 후, 자신에게 피해가 되는 점을 추출·평가함으로써 자신의 사고방식을 수정하는 것이다.

둘째, 탈재앙화를 시도한다. 어떤 상황에 대해 비관적인 생각이 들 때 자신에게 영향이 있든 없든 별로 중요하지 않다고 생각하는 것이다. 예를 들면, "내가 상대방에게 그렇게 보이면 어때? 그것이 뭐 그렇게 큰 문제인가?" 등과 같이 스스로에게 물음으로써 자신의 지나친 부정적 사고를 수정하는 것이다.

셋째, 전환기법을 사용한다. 즉, 자동화된 사고를 할 때 다른 상황에 관심을 갖는 것이다. 예를 들면, 불안할 때마다 악력을 키우는 도구를 만진다든가, 퍼즐게임을 통해 완성된 모양을 만든다든가, 음악을 들으면서 정서적 안정감을 느낀다든가, 영화를 보면서 등장인물이 되어 카타르시스를 느끼는 일 등을 들 수 있다.

넷째, 재귀인을 시도한다. 즉, 자신에게 닥친 문제상황에 대한 원인을 새롭게 규정하여 인지적 왜곡으로부터 벗어나는 방법이다. 재귀인을 통해 자신이 가졌던 부담에서 벗어나 긍정적인 해결의 실마리를 찾을 수 있다.

끝으로, 대처카드를 만들어 수시로 읽는다. 즉, 카드의 앞면에 자동화된 사고를 적고 뒷면에 이에 대한 대처 반응이나 자기지시문을 적은 후, 자동화된 사고를 할 때마다 이 카드를 꺼내 읽으면서 자신의 왜곡된 사고를 교정하는 것이다.

행동적 접근에 의한 상담

행동적 접근에 의한 상담은 인간의 행동을 바람직한 방향으로 변화시키는 것을 목적으로 한다. 따라서 인간의 행동을 변화시키기 위한 절차와 기법을 학습심리학의 원리에 기초하여 적용시킨다. 행동적 접근에 의한 대표적인 상담으로는 행동수정과 현실치료를 들 수 있다.

행동수정

행동수정(Behavioral Modification)에서는 행동이 환경에 의해 결정된다고 보는데, 특히 현재 일어나고 있는 행동과 환경을 중시한다. 그리고 모든 행동은 후천적인 노력과 경험, 즉 학습에 의해 가능하다고 본다(한국초등상담학회 편, 2014: 286). 따라서 행동수정은 인간의 행동을 변화시키기 위한 절차와 기법으로 파블로프의 고전적 조건화이론, 스키너의 조작적 조건화이론, 반두라의 사회학습이론 등에 기초한다.

행동수정에서 주로 사용하는 기법에는 다음과 같은 것들이 있다(한국행동요법학회 편, 2002).

첫째, 강화(reinforcement)다. 이 기법은 학교상황에서 자주 사용되는 것이다. 강화는 바람직한 행동의 빈도나 강도를 증가시키기 위해 자극을 제시하는 정적 강화(positive reinforcement)와 어떤 반응이나 행동에 대해 주어지던 자극을 제거하여 바람직한 행동의 빈도나 강도를 증가시키는 부적 강화(negative reinforcement)로 나누어 볼 수 있다. 또 바람직한 행동을 할 때마다 주어지는 계속강화와 간헐적으로 주어지는 **간헐강화**가 있다(양명희, 2015: 296-297). 계속강화는 현실적으로 불가능할 뿐만 아니라, 간격이나 비율을 일정하게 또는 변동적으로 강화해 주는 간헐강화에 비해 비효과적이다. 강화 가운데 내면화가 가장 잘 이루어지는 것은 자신이 스스로 강화해 주는 자기강화로, 이것은 강화의 궁극적 목적이기도 하다. 강화인자로는 사탕, 스티커, 칭찬, 웃음, 메달, 상장 등을 사용할 수 있는데, 물질적 강화보다는 사회적 강화가 바람직하다. 강화를 사용할 때는 무엇을 강화할 것인지 분명히 해야 하고, 바람직한 행동에 대해서만 강화해야 하며, 지속적이고 유동적으로 하되 강화받는 이유를 분명히 하고 즉시 실행해야 한다.

간헐강화

간헐강화에는 비율강화와 간격강화, 그리고 지속시간 강화가 있다. 이들 강화는 다시 고정 또는 변동으로 구분하는데, 고정비율강화와 변동비율강화, 고정간격강화와 변동간격강화, 그리고 고정 지속시간 강화와 변동 지속시간 강화가 그것이다.

둘째, 타임아웃(TO: Time-Out)이다. 이 기법은 문제행동을 하거나 학습을 방해하는 행동을 할 때 활동에서 격리시킴으로써 학생이 얻을 수 있는 강화물을 얻지 못하게 하는 것이다. 격리시킬 수 있는 타임아웃룸(Time-Out Room)이 있으면 좋은데, 그렇지 못할 경우에는 타임아웃리본(Time-Out Ribbon) 등을 사용할 수 있다. 리본 대신 알록달록한 빨대를 잘라 팔찌나 목걸이 등을 만들어 누구나 착용하게 한 후, 문제행동을 하거나 학습을 방해할 때 이것을 빼앗음으로써 활동에 참여하지 못하게 하는 방법도 있다.

셋째, 과잉교정(overcorrection)이다. 이 기법은 바람직하지 못한 행동을 했을 때 과제를 추가하여 수행하도록 함으로써 바람직한 행동을 하게 하는 것이다. 예를 들면, 낙서를 한 학생에게 주위의 다른 낙서까지 모두 지우게 하거나, 숙제를 해 오지 않은 학생에게 더 많은 숙제를 내주어 이를 수행하게 하는 것이다.

넷째, 홍수법(flooding)이다. 이 기법은 불안 증세가 심한 학생에게 강력한 불안 상황을 제공하여 불안을 극복하게 하는 방법이다. 예를 들면, 대인기피증이 있는 학생에게 여러 사람 앞에서 말하게 하거나, 고소공포증이 있는 학생에게 옥상에 서서 산을 바라보게 하는 것 등을 들 수 있다.

다섯째, 자기주장훈련(self-assertiveness training)이다. 이 기법은 자신의 대인관계 스타일을 알고 문제상황에서 주장적 대인관계를 형성하도록 돕는 것이다. 대인관계 스타일은 보통 공격적 스타일("나는 우월하고 옳아. 너는 열등하고 잘못됐어."), 수동적 스타일("나는 약하고 열등해. 너는 힘이 있고 옳아."), 주장적 스타일("당신과 나는 다른 점이 있을 수 있다. 그러나 우리는 동등하게 서로를 표현할 수 있다.")로 구분되는데, 주장훈련을 통해 주장적 스타일의 대인관계를 형성하도록 도울 수 있다. 다음의 예를 보면 주장적 스타일의 대화가 이루어짐을 알 수 있다.

남편 : 나, 오늘 회식이 있어서 많이 늦을 거예요.
아내 : 오늘 친정 식구들이 온다고 했는데 어떡하죠?

남편 : 그렇군. 그럼 내가 식사만 하고 얼른 오리다.
아내 : 네. 그게 좋겠어요.

여섯째, 자기교시법(self-instruction)이다. 루리아(A. Luria) 등은 언어가 행동을 지배한다고 보고, 비합리적 사고와 신념 때문에 생기는 비행은 자기진술, 즉 자기교시에 의해 수정될 수 있다고 주장하였다. 자기교시를 위해서는 자기교시문을 작성해야 하는데, 문제의 정의, 주의집중과 반응지도, 자기강화, 자기평가와 오류수정 등을 나타내는 문구를 포함시켜야 한다. 준비물을 잘 챙기지 않는 학생을 위한 자기교시문을 예로 들면 다음과 같다.

> 자, 이제부터 내가 해야 할 것이 무엇인가?**(문제의 정의)** 나는 알림장을 하나하나 주의깊게 살펴보아야 해. 번호 순서대로 체크해 가면서 말이야.**(주의집중과 반응지도)** 자! 1번도 챙기고. 좋아. 그 다음은 2번! 좋아. 나는 아주 잘 하고 있어.**(자기강화)** 꼼꼼히 챙겨야 한다는 것을 잊어서는 안 돼. 이제는 책가방에 차곡차곡 넣어야지. 아니야. 미술준비물은 종류가 많으니까 따로 보조가방에 넣어야지. 좋았어! 약간 부족한 느낌은 있지만, 이 정도면 나 혼자서 사용하기에는 괜찮을 것 같다.**(자기평가와 오류수정)** 다했다.

자기교시문을 완성한 후에는 교사가 작은 소리로 혼잣말을 하며 과제를 수행하는 모범을 보이고, 학생이 이를 관찰하게 한다. 이후, 교사가 한 문장씩 읽고 학생이 따라 읽으면서 과제를 수행하게 하며, 나중에는 학생이 혼자 전체 문장을 작은 소리로 읽으면서 과제를 수행하는 연습을 반복하게 한다.

현실치료

현실치료(Reality Therapy)는 글래서(W. Glasser, 1925~2013)가 제안한 상담 전략으로, 이 치료에 의하면 인간은 기본적인 욕구를 충족하기 위해 행동을 선택하며, 그렇기 때문에 개인은 주체적 존재다. 따라서 현실치료는 개인으로 하여금 스스로의 삶에 책임을 지고 만족스러운 방법으로 자신의 욕구를 충족시키는 것을 목적으로 한다. 여기서 욕구를 충족시키기 위해서는 책임감을 갖고 수행해야 하고(responsibility), 현실 파악과 수용능력이 있어야 하며(reality), 옳고 그름을 판단할 수 있는 도덕적 판단능력(right or wrong)을 가져야 한다고 강조한다(Glasser, 2000).

현실치료의 보급에 기여한 우볼딩(Wubbolding, 2011)은 WDEP, 즉 내가 원하는 것이 무엇인가(Want), 그런데 나는 지금 무엇을 하고 있는가(Doing), 그래서 나의 행동 결과에 어떤 평가를 내릴 수 있는가(Evaluation), 그렇다면 어떤 계획을 세워야 하는가(Planning) 등의 절차를 제안하였다. 이때 내담자와 친밀한 관계를 형성하고, 숙련된 질문이나 적절한 유머 그리고 논쟁 등을 사용하면 훨씬 효과적이다.

정의적 접근에 의한 상담

정의적 접근에 의한 상담은 인간 행동의 문제가 억압되거나 왜곡된 정서에서 출발한다고 본다. 따라서 불안이나 증오심과 같은 부정적 정서를 긍정적 정서로 바꾸는 데 초점을 둔다. 정의적 접근에 의한 대표적인 상담으로는 프로이드의 정신분석적 상담, 로저스의 인간중심 상담을 들 수 있다.

정신분석 상담

프로이드(S. Freud, 1856~1939)의 정신분석적 접근에 의한 상담에서는 인간을 결정론적이고 비합리적인 존재로 본다. 즉, 프로이드에 의하면 어릴 때의 경험이 성인이 되어서의 행동에 크게 영향을 미치며, 이러한 행동은 인간이 지닌 본능적인 성적 에너지(libido)에 의해 동기화된다.

정신분석 상담의 목표는 내담자의 무의식적 동기를 의식화시켜 의식적으로 행동할 수 있게 도와주는 것이다. 이 상담을 활용할 때는 내담자가 가지고 있거나 자주 사용하는 **방어기제**를 알아차리면 도움이 된다. 이 상담에서 사용되

방어기제
프로이드에 의하면 인간은 불안으로부터 자기를 보호하기 위한 전략을 사용하는데, 이것이 바로 방어기제다. 방어기제에는 억압, 억제, 합리화, 동일시, 퇴행, 승화, 보상, 반동형성, 투사, 치환 등이 있다.

는 기법에는 다음과 같은 것들이 있다(Arlow, 1989; Corey 저, 조현준 외 역, 2010).

첫째, 자유연상(free association)이다. 이 기법은 내담자로 하여금 자신의 생각이나 감정 등을 떠오르는 대로 모두 이야기하게 하는 것이다. 내담자가 과거를 회상하고 부정적 상황에서 느꼈던 감정들을 발산하게 되면 부적응 행동이나 문제행동의 원인을 파악하는 데 도움이 된다.

둘째, 꿈의 분석(dream analysis)이다. 이 기법은 내담자의 꿈의 내용을 의식적 경험과 결부시킴으로써 그 의미를 해석하고 갈등을 해결하는 것이다. 이 기법은 내담자의 내면 세계를 이해하고 문제상황에 대한 통찰을 갖게 함으로써 내담자의 갈등과 억압을 규명하는 데 도움이 된다.

셋째, 저항의 분석이다. 이 기법은 내담자가 자신의 갈등을 의식화하는 것을 꺼려 억압된 행동을 할 때 이를 처리할 수 있도록 저항의 이유들을 각성할 수 있게 도와주는 것이다.

넷째, 전이의 분석이다. 전이는 과거 중요 인물에 의해 경험했던 감정, 욕망, 기대 등을 현재 상황에서 충족하거나 과거에 불안을 야기했던 갈등 또는 대인관계를 현재 상황에서 반복하는 것으로, 전이의 분석은 내담자가 겪는 이러한 내적 갈등의 근원을 의식하게 함으로써 이를 해소하게 하는 것이다. 이 기법은 내담자로 하여금 과거의 영향으로부터 벗어나 정서적으로 안정된 생활을 하도록 하는 데 도움을 준다.

인본주의 상담

로저스(K. Rogers, 1902~1987)의 인본주의 상담은 인간의 잠재 능력을 신뢰하고 인간의 성장 동기를 강조하는 인본주의 심리학에 근거한다. 따라서 인간은 건설적이고 합리적이며 선한 존재로, 적절한 도움이 제공되면 자신의 잠재력을 충분히 발달시킬 수 있다고 본다.

인본주의 상담의 목표는 내담자가 충분히 기능하는 인간(fully functioning person)으로 성장하도록 돕는 것이다. 즉, 내담자의 자기실현을 도와 내담자로 하여금 사회구성원으로서 완전한 기능을 하는 사람이 되게 하는 것이다(Rogers, 1951). 이 상담에서 사용되는 기법에는 다음과 같은 것들이 있다.

첫째, 진실성(congruence)은 상담자의 진실하고 일관된 태도를 말한다. 상담자의 이러한 태도는 내담자와의 관계를 친숙하게 하여 내담자가 상담자에 대해 신뢰를 갖게 함으로써 상담에 적극적으로 임하게 하는 원동력이 된다.

둘째, 무조건적 긍정적 배려(unconditioned positive regard)는 상담자가 내담자의 이야기를 판단하거나 평가하지 않고 있는 그대로 수용하고 존중하는 태도다. 이러한 상담자의 태도 앞에서 내담자는 솔직하게 되고 상담자를 신뢰하게 되어 자연스러운 상담이 이루어질 수 있다.

셋째, 정확한 공감적 이해(accurate empathic understanding)는 상담자가 내담자의 이야기를 통해 내담자가 가진 생각이나 느낌 등을 내담자의 입장에서 들어주는 것이다. 이렇게 할 때 내담자는 자신의 문제가 심각한 것이 아니라는 생각을 하게 되고, 나아가 문제상황을 긍정적으로 해결하려는 의욕을 갖게 된다.

상담을 통한 부적응 행동 지도

학교현장에서 일어나는 대표적인 부적응 행동으로는 ADHD, 학교폭력 등을 들 수 있다. 이들 행동은 학생들의 학업을 방해하고 부정적 정서를 가져올 뿐만 아니라, 가해자와 피해자 사이에 먹이사슬과 같은 구조를 형성하면서 자살로까지 이어지는 상황을 발생시켜 심각한 사회적 문제가 되고 있다.

ADHD 행동 지도

주의력결핍 및 과잉행동장애(ADHD: Attention Deficit/Hyperactivity Disorder)는

사실상 초등학교 입학 이전에 많이 드러나는 것이지만, 학교생활 부적응에 의해 나타나는 경우가 많아지면서(김명수 외, 2010: 251) 오늘날 청소년들 사이에서 자주 볼 수 있는 부적응행동 중의 하나다.

ADHD 증상을 가진 학생들은 몇 가지 두드러진 행동 특성을 보인다. 첫째로, 주의력결핍행동이 나타난다. 즉, 주의가 산만하여 학습이나 과제 수행에 집중하지 못하고 실수를 자주 할 뿐만 아니라, 정리정돈을 하지 못해 물건을 자주 잃어버린다. 둘째로, 과잉행동을 자주 보인다. 즉, 수업시간에 자주 돌아다니고, 주변 학생들을 괴롭히며, 혼자 중얼거리기도 한다. 셋째, 충동적 행동을 보인다. 즉, 차례를 기다리지 못하고, 버릇없이 말하거나 끼어들며, 사소한 일에도 화를 내거나 싸우려는 태도를 보여 친구들과 좋은 관계를 형성하지 못한다. 따라서 이러한 증상을 보이는 학생들은 낮은 자존감과 부정적 정서를 수반함으로써 심리적 갈등을 겪게 되며, 학습부진 현상을 보이는 경우가 대부분이다(Dupaul & Stoner 저, 김동일 역, 2007).

ADHD 증상은 매우 다양한 원인에 의해 발생하는데, 유전적인 요인, 뇌손상 등의 결함, 주의력 유지 결함, 과잉행동의 제지 부족, 충동성의 억제 미흡, 그리고 가정에서의 부모-자녀 관계, 부모의 사회경제적 지위, 교사와의 관계, 사회 문제 등을 들 수 있다.

ADHD 증상을 보이는 학생들은 보통 약물치료를 중점적으로 하나, 다음과 같은 지속적인 관심과 지도가 이루어져야 한다.

첫째, 가정에서 부모의 관심과 긍정적 양육 태도가 필요하다. 가정에서 부모가 권위적이고 강제적인 양육 태도를 가질 때 ADHD 증상은 더 악화된다. 따라서 가족들 모두 이 증상에 대해 이해하고, 관심과 사랑을 가져야 한다.

둘째, 학교에서 교사의 배려와 적정 수준의 과제 제시 및 긍정적 피드백이 이루어져야 한다. 즉, ADHD 증상에 대한 인식을 새롭게 하고, 적정 수준의 수행 과제를 제시하며, 수행 결과에 대해 격려해 주어야 한다. 가장 중요한 것은 인내심을 갖고 꾸준히 지도해야 한다는 것이다.

셋째, 일반 학생들로 하여금 ADHD 증상을 이해하도록 하여 이러한 증상을 가진 친구를 돕고 원만한 인간관계를 맺도록 해야 한다. 또래들 간의 긍정적 인간관계만큼 학교생활을 즐겁게 하는 것은 없으며, 또래들의 도움이 이 증상을 가진 학생의 치료에 도움을 줄 수 있기 때문이다.

ADHD 증상을 보이는 학생들에게는 약물치료와 함께 다양한 상담기법, 즉 각종 강화, 모델링, 타임아웃, 자기교시법 등을 사용하면 훨씬 효과적이다. 아울러 또래들과 잘 어울릴 수 있도록 사회성 증진을 위한 프로그램을 병행하면 치료 효과를 높일 수 있다.

학교폭력 예방 지도

우리나라에서 정의하고 있는 학교폭력은 "학교 내외에서 학생을 대상으로 발생한 상해, 폭행, 감금, 협박, 약취·유인, 명예훼손·모욕, 공갈, 강요·강제적인 심부름 및 성폭력, 따돌림, 사이버 따돌림, 정보통신망을 이용한 음란·폭력 정보 등에 의하여 신체 또는 재산상의 피해를 수반하는 행위"(학교폭력 예방 및 대책에 관한 법률 제2조 제1항)다. 학교폭력의 이러한 개념에 부합하기 위해서는 고의성(intentional), 반복성(repeated), 힘의 불균형(imbalance) 중 하나 이상의 요건이 성립되어야 한다(Coloroso, 2003).

학교폭력은 신체적 유형과 심리적 유형으로 구분되는데(Rigby, 1996), 보통 신체폭력, 언어폭력, 금품갈취, 강요, 따돌림, 성폭행, 사이버 및 매체 폭력, 폭력서클 등으로 나타난다(한국초등상담교육학회 편, 2013: 55).

오늘날은 학교폭력의 유형이 사이버로 급속하게 옮겨가고 있는데, 대표적인 사례는 다음의 내용을 보면 알 수 있다.

신종 학교폭력, '데이터 셔틀'

10대 청소년들 간에 '데이터 셔틀' 현상이 나타나고 있다. 올 초 한 통신사가 데이터를 타인 간에도 주고받을 수 있는 서비스를 시작하면서부터다. 29일 동아일보는 신종 학교 폭력으로 '와이파이 셔틀'에 이어 '데이터 셔틀'이 성행하고 있다고 보도했다.

'셔틀'이란 학교 폭력 가해 학생이 피해 학생에게 주기적으로 심부름을 시키는 것을 뜻한다. 빵을 사오라고 시키는 '빵 셔틀'과 숙제를 대신 시키는 '숙제 셔틀', 가방을 들어주는 '가방 셔틀' 등에 이어 최근에는 '핫스팟' 기능을 켜 놓는 '와이파이 셔틀'이 등장하기도 했었다.

데이터 셔틀은 가해 학생이 피해 학생에게 '데이터 상납'을 요구하는 신종 학교 폭력이다. SK텔레콤이 지난 2월 데이터를 타인 간에도 주고받을 수 있는 서비스를 시작한 이후 이를 일부 학생들이 학교 폭력 수단으로 악용하고 있는 것이다.

SK텔레콤은 학교 폭력에 악용될 것을 우려해 만 18세 이하 청소년 이용자들에 한해서는 데이터를 받는 것만 가능하도록 설정했다. 하지만 부모님의 명의로 가입된 스마트폰을 사용하는 경우에는 막을 방법이 없다. SK텔레콤 관계자는 "내부 대책을 강구하고 있지만 부모 명의의 휴대전화를 쓰는 경우나 직접 부모님 휴대전화로 데이터를 보내는 경우까지 막는 데는 한계가 있다."고 말했다.(아시아경제, 2013. 10. 29일자)

학교폭력에 영향을 미치는 요인으로는 개인 내적 요인과 외적 요인으로 나누어 볼 수 있다.

개인 내적 요인은 개인의 신체적·인지적·정의적 특성에 따라 달라진다. 또래에 비해 체격이 작고 힘이 약한 학생들이 학교폭력의 피해자인 경우가 많으며, 반대의 학생들이 학교폭력의 가해자인 경우가 일반적이다(Voss & Mulligan, 2000; Olweus, 1993). 또한 과제를 제대로 수행하지 못하고 또래들과 원만한 인간관계를 형성하지 못한 학생들이 충동성과 공격성을 발휘하기 쉬우며, 자존감이 낮아 폭력으로 이어질 가능성이 높다. 무엇보다도 학업 성적과 진로 문제 등으로 이어져 스트레스를 유발시키며, 이로 인해 다시 폭력을 행사하는 경우가 늘고 있다는 점에 주목해야 할 것이다.

개인 외적 요인으로는 가정 요인이 크게 작용한다. 즉, 가정이 빈곤할수록, 부모가 권위적이고 공격적일수록, 부모-자녀 관계가 원만하지 못하고 불화가 잦을수록 자녀의 폭력행동 가능성이 높다(Bower, Smith, & Binney, 1992;

Catalano & Hawkins, 1996). 다음으로, 학교 요인을 들 수 있다. 학교구성원들의 학교폭력에 대한 인식이 적을수록, 학교분위기가 부정적일수록, 학교 규모가 크고 학급당 학생 수가 많을수록 폭력 발생 비율이 높다(Olweus, 1993; Welsh, 2000). 그밖에 대중매체, 유해환경, 경쟁적 사회분위기, 그리고 어른들의 방관적 태도 등이 학생들의 폭력행동을 가중시키는 원인으로 지적되고 있다.

학교폭력을 예방하고 지도하기 위해서는 가해학생과 피해학생에 대한 개별상담이 이루어져야 하는데, 가장 먼저 가해학생과 피해학생의 상황을 면밀히 검토하고 그 원인을 분석해야 한다. 가해학생의 경우, 폭력적 행위가 자신과 타인에게 미치는 영향을 알게 하고 욕구 불만을 해소할 수 있는 적절한 대안을 제시해 주어야 한다. 피해학생의 경우, 그 원인을 찾고 자존감을 높일 수 있는 방안을 제시해 주어야 하는데, 무엇보다도 피해학생이 또 다른 가해학생이 되지 않도록 해야 한다. 특히 폭력이 피해자를 자살로까지 이끌 수 있다는 점을 인지적 접근에 의한 상담으로 해결하는 것이 좋으며, 그밖에 자존감 증진 기법, 공감 훈련, 대인관계 능력 및 의사소통기술 훈련, 감정 조절 등의 기법을 사용하되, 가정 및 지역사회와 연계가 이루어지는 것이 효과적이다.

선생님, 안녕하세요?
그래. 좋은 아침이네. 오늘도 즐거운 하루 보내자!
야~내 팔찌 봐라!
내 것이 더 이쁘다!
와~ 오늘 우리 선생님이 우리들한테 전부 선물을 주셨네.
자~즐거운 만들기 시간입니다. 분단별로 협력해서 즐거운 우리 집을 만들어 보세요.
네!
모두들 열심히 협력해서 잘 만들었어요. 그래서 다음 시간은 분단별로 즐거운 게임 시간을 갖도록 하겠습니다.
와~신난다!

야~이겼다!
내가 먼저다!
다시 해!
아!
아깝다.
내가 먼저
블록 쌓기를
할 테니깐
다들 기다려.
탁
팔찌 이리
주거라! 넌
지금부터 블록
쌓기를 하지
않는다.
...
여럿이 놀이를
할때는 규칙을
지켜야지.
네.
이렇게 활동을
방해하거나 규칙을
지키지 않았을 때
활동에서 제외시키는
것을 'Time-Out'이라고
합니다.

볼거리

영화 '카드로 만든 집'을 보고, 영화에서 나타난 행동수정 기법을 학급 학생 또는 주변 학생들에게 적용할 수 있는 상황을 찾아 상담 계획을 세우고 실제 모의상담을 해 보자.

생각할 거리

1. '정리정돈을 못하는 학생'을 대상으로 자기교시법에 의한 상담을 하려고 할 때 자기교시문을 만들어 보자.
2. 친한 친구가 언어폭력이 심할 때 친구로서 할 수 있는 방안에 대해 생각해 보자.
3. 상담자로서의 교사가 지녀야 할 태도를 로저스의 이론에 비추어 논의해 보자.
4. 다음의 웹사이트를 방문해 보고, ADHD 증상을 보이는 학생들에 대한 교사의 지도방법에 대해 논의해 보자.
   - What is ADHD?(https://www.youtube.com/watch?v=Pdc8_ayq Dtg, 4:04)
   - What's it like to have ADHD?(https://www.youtube.com/watch?v=Hl7Ro1PUJmE, 2:15)

8 교수·학습

수업의 미학

수업은 '예술(art)'이다. 누구나 할 수 있는 것이 아니다. 수업을 잘 하려면 수업의 흐름마다 열정과 전문성 그리고 노하우가 따라주어야 한다. 수업의 도입 부문에서는 동기를 유발시키고, 수업내용이 실생활에서 어떻게 적용될 수 있는지 안내한다. 특히 수업 시작 후 4~5분 동안에 심혈을 기울이면 그 수업은 거의 성공적으로 이루어질 수 있다. 수업의 가장 많은 부분을 차지하는 전개 부분에서는 열정과 다양한 교수법으로 학생들이 몰입하도록 한다. 흥미로운 질문으로 호기심을 유발하고, 팁(tip)을 주어 성취감을 느끼게 한다. 마무리 단계에서는 학생들이 "어, 수업이 벌써 끝났네."라는 아쉬움을 가질 수 있도록 여운을 남긴다. 그리고 끝나는 시각을 꼭 지킨다. 아이들은 늦게 끝내는 것을 싫어하기 때문이다.

교수 및 학습의 의미

교수와 수업 및 학습의 개념

교수와 학습의 관계

교수이론과 학습이론

교수이론

학습이론

학습에 영향을 미치는 요인

수업과 수업활동

수업계획의 의의

교수·학습의 과정 및 활동

교수·학습의 형태

교수 및 학습의 의미

학교교육에서 교수활동과 학습활동은 대부분 거의 동시에 맞물려 일어난다. 따라서 교사의 교수활동은 학생들의 학습활동을 활성화하고 그들의 학습효과를 극대화하기 위한 노력이다. 이러한 교수·학습 활동은 보통 주어진 수업 시간에 교재 내용을 통해 이루어진다.

교수와 수업 및 학습의 개념

교실상황에서 이루어지는 교수활동과 학습활동 그리고 수업은 교육을 가능하게 하는 하나의 과정(process)이라 할 수 있다. 이들 개념은 학습자의 발달을 추구하는 활동이라는 점에서 공통점을 지닌다.

교수와 수업은 거의 비슷한 의미를 갖고 혼동해서 쓰이는데, 학자에 따라 서로 다른 입장에서 차이를 보인다. 보통은 'teaching'을 교사의 수업활동을 의미하는 것으로 사용하고, 'instruction'을 수업 전후의 모든 활동으로 보아 'teaching'보다 넓은 의미로 사용한다. 즉, 코리(Corey, 1971)에 의하면 교수란 "특정한 조건하에서 특정한 행동을 습득·배제하거나 특수한 상황에 대해 반응 또는 학습이 일어날 수 있도록 개인의 환경을 계획적으로 관리하는 전 과정"이다. 또 가네(Gagné, 1985)에 의하면 교수란 "학습자의 내적 학습과정을 지원하기 위해 의도적으로 설계된 외적 사상의 집합"이다. 따라서 교수란 교사-학생의 상호작용이 일어나는 수업뿐만 아니라, 학습자의 학습을 지원하는 일련의 활동, 즉 설계, 개발, 실행, 관리, 평가를 포함하는 광범위한 의미를 지닌다. 반면, 수업은 교수활동에 포함되는 개념으로, 교사의 수업행위와 실행에 중점을 두는 활동으로 보면 될 것이다.

이러한 교수활동은 학생들의 학습활동을 지원하면서 학생들의 인지적 발달

학습

학습에 관한 연구는 동물을 대상으로 하는 경우가 많으며, 따라서 많은 학습이론은 동물을 실험 대상으로 하여 얻어진 결과를 인간의 학습에 적용시켜 보려는 노력을 하였다. 예를 들면, 고전적 조건화이론, 시행착오이론, 조작적 조건화이론, 통찰설 등이다.

을 유도한다. **학습**(learning)은 가네(Gagné, 1985)가 정의한 바와 같이 '인간의 행동 경향성이나 잠재능력에 변화가 일어나는 것'이다. 즉, 개인이 다양한 상황이나 문제를 해결해 나가는 과정 또는 주변 환경과의 상호작용을 통해 변화를 꾀하는 과정이다. 따라서 학습은 연습이나 경험의 결과로 발생하는 비교적 영속적인 행동상의 변화이며(Morgan, King, & Robinson, 1979: 112), 개체가 주어진 상황에서 경험을 반복함으로써 그 상황에 대한 개체의 행동과 행동 잠재력이 변화하는 것이다(Bower & Hilgard, 1981: 11). 또한 학습은 유전에 의해 유도되지 않은, 살아있는 유기체의 통찰, 행동, 지각 또는 동기의 변화다(Bigge, 1964). 따라서 학습은 대부분 교수활동의 도움을 받아 통찰력과 영속적 행동 변화를 가져오는 것으로, 개체의 생득적 반응 경향이나 성숙 등에 의해 설명될 수 없다.

학습은 크게 두 가지 관점에서 논의할 수 있는데, 하나는 행동주의적 관점에서 행동의 변화로 보는 것이고, 다른 하나는 인지주의적 관점에서 통찰, 지각 또는 동기의 변화로 보는 것이다. 어떤 관점에서 보든지 학습은 학습의 결과에 따른 변화가 오랜 기간 행동으로 나타나야 하며, 학습의 수단 또는 방법은 경험과 훈련이다(변영계, 2002: 22).

교수와 학습의 관계

교수와 학습의 관계는 교육활동의 성패를 좌우한다. 전통적인 교육관이 지배하던 시대에는 학생들의 학습활동보다는 교사의 교수활동에 많은 관심을 가졌다. 그러나 20세기에 진보주의 교육사조가 팽배하면서 학생들의 학습활동이 중요시되었다. 그러다가 1957년 구 소련의 인공위성 발사를 계기로 교수활동에 대한 관심이 증가하면서 오늘날에는 교사의 교수활동과 학생들의 학습활동을 모두 중요시 여긴다. 교수와 학습은 불가분의 관계에 있고, 이를 실행하는 교사와 학생 모두 교육의 주체임을 인식하게 된 것이다.

그러나 교수(수업)와 학습 사이에는 엄연한 구분이 있다(변영계, 2002: 27-28). 우선, 교수는 의도적인 작용으로 일정한 목표 아래 이루어지는 활동이며, 이에 따라 교수활동의 주체인 교사가 계획적인 교육활동을 하고자 할 때 사용되는 개념이다. 반면에, 학습은 의도적인 상황에서 교사의 교수활동에 의해 이루어질 수도 있지만, 아무런 의도가 없는 상황에서도 이루어질 수 있다. 따라서 목표가 없이도 이루어질 수 있는 활동이다. 다음으로, 수업은 독립변수이고, 학습은 종속변수다. 즉, 수업은 작용하는 변수이고, 학습은 작용이나 처치에 의해 나타나는 결과다. 따라서 하나의 교수활동은 다양한 학습활동을 가져온다. 즉, 교사가 가르치는 것은 학생들의 상황에 따라 다양하게 받아들여짐으로써 다양한 결과를 나타낸다. 끝으로, 교수는 처방적(prescript)이고 학습은 기술적(descript)이다. 즉, 교수는 학생들을 학습의 목표에 접근시킬 뿐만 아니라 학습의 문제점을 찾아내어 이를 해결한다는 점에서 처방적이고, 학습은 학생활동의 변화된 모습을 있는 그대로 기술하기 때문에 기술적이라는 것이다.

교수활동과 학습활동은 모두 학습내용인 교재가 있어야 가능한데, 이 세 가지가 일치할 때 좋은 수업으로 본다. 그러나 교수활동과 학습활동 그리고 교재는 다양하게 관련되면서 여러 가지 교수·학습 상황을 만들어 낸다. 이러한 다양한 상황은 [그림 8-1]과 같이 나타낼 수 있다(김인식·최호성·최병홍, 2002: 42; 이형행, 2004: 246).

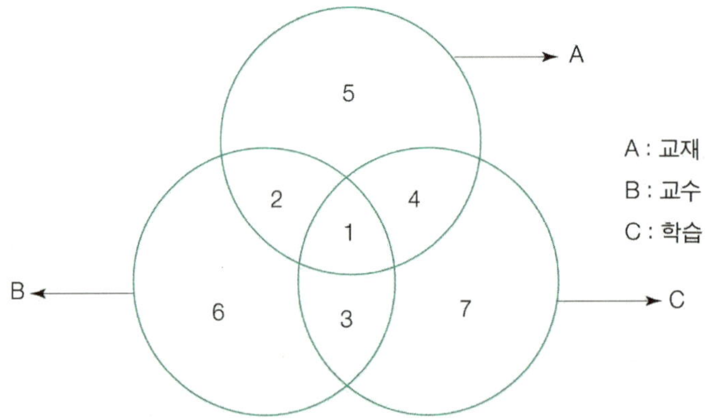

[그림 8-1] **교재, 교수, 학습의 관계**

출처: 이형행(2004). **교육학개론**. 서울: 양서원. p.246.

(1)은 교사가 교재 내용을 가르치고 학습이 일어난 경우 (2)는 교재 내용을 가르쳤지만 학습이 일어나지 않은 경우 (3)은 교재에 없는 내용을 가르쳤는데 학습이 일어난 경우 (4)는 교재 내용을 가르친 적이 없는데 학습이 일어난 경우 (5)는 교재 내용을 가르친 적이 없고 학습도 일어나지 않은 경우 (6)은 교재에 없는 내용을 가르쳤는데 학습이 일어나지 않은 경우 (7)은 교재에 없는 내용을 교사가 가르치지 않았지만 학습이 일어난 경우다.

이처럼 교수활동은 교재 내용을 가르치거나 교재 내용 이외의 것을 가르칠 수 있으며, 학습활동 역시 교수활동에 의해 일어나거나 일어나지 않을 수 있다. 교재 내용 역시 교수활동에 사용되거나 사용되지 않을 수 있으며, 학습활동 내용에 포함되거나 포함되지 않을 수 있다. 가장 이상적인 형태는 (1)의 경우라 할 수 있는데, 교재와 교수활동 없이도 학습자 스스로 학습하는 (7)의 경우에도 주목해야 할 것이다.

교수이론과 학습이론

교수이론은 교사가 학생들의 학습활동에 영향을 주는 방식을 다루며, 학습이론은 학생들의 학습 효율성을 높이기 위한 방법을 다룬다. 학생들의 학습효과를 높이기 위해 교수자는 교수이론을 바탕으로 교수법 노하우를 개발함과 동시에 학생들이 어떤 방식으로 학습에 임하는지 알아야 할 것이다.

교수이론

교수이론은 학생들에게 지식이나 기능을 효과적으로 학습시키는 방법에 대한 원리와 법칙을 제시해 준다. 따라서 교수이론은 교수·학습과정의 계획과 전개 및 평가와 관련하여 전반적인 지침 또는 척도를 제공해 준다.

브루너의 교수이론

브루너(J. S. Bruner)는 교수이론 형성을 위한 일반적 원리에 대한 자신의 관점을 바탕으로 교수이론이 갖추어야 하는 네 가지 특성을 제안하였다(Bruner 저, 이홍우 역, 1973).

첫째, 학생들의 **학습 경향성**을 파악해야 한다. 개인이 학습 또는 문제를 해결하고자 하는 욕구는 개인의 내적 요인과 외적 요인에 의해 크게 영향을 받는다. 교수이론에서는 학습 경향성을 촉진시키기 위해 이러한 요인들을 어떻게 이용할 것인지에 관심을 갖는다. 브루너에 의하면 학습과 문제해결을 위해서는 학습을 방해하는 요인을 찾아 학습을 증진시키는 교수·학습 방법을 탐색해야 한다. 또 개인의 다양한 차이, 학습자료 및 학습자의 학습방법, 교수자와의 관계 등에 따라 상이한 지적 활동이 이루어지기 때문에 이러한 점에 유의해야 한다고 보았다.

학습 경향성

학습 경향성이란 학습하려고 하거나 문제를 해결하려고 하는 경향 또는 욕구를 말한다.

둘째, 학생들이 지식을 쉽게 받아들일 수 있도록 지식의 체계를 세워 구조화해야 한다. 교과의 기본적인 내용과 원리를 알면 이해하기 쉽고 내용의 재구성 및 전이 효과가 높아 학습의 효과를 높일 수 있기 때문이다.

셋째, 학습자료의 계열성을 높여야 한다. 학습의 계열은 학생들의 발달 특성, 경험, 학습자료의 성격 등에 따라 달라져야 할 뿐만 아니라, 귀납적 방법을 적용하여 지식의 구조를 개념적으로 파악하고 이를 여러 상황에 적용할 수 있도록 해야 한다.

넷째, 교수·학습 과정에서 상벌과 강화의 특성 및 적용방법을 명시해야 한다. 성취나 실패에 따른 보상은 외재적으로 주어지기 보다는 내재적으로 주어져 학생들로 하여금 성공적인 행동을 계속 시도하도록 격려하고, 실패한 결과에 대해서는 다음 과제의 성취를 향한 원동력이 되도록 해야 한다. 이때 교사는 내재적·외재적 상벌의 균형을 꾀해야 한다.

브루너의 교수이론은 완성된 하나의 교수이론 모형을 제안하지 않았지만, 그가 제안한 교수이론을 형성하는 원리는 교수활동의 효과를 제고하는 데 도움이 될 수 있다. 아울러 교수이론이 학습이론과 모순되어서는 안 된다고 지적하면서 교수 개선을 위해 크게 공헌한 점은 높이 평가받고 있다.

캐롤의 학교학습모형

캐롤의 학교학습모형에서는 개인차 변인으로 학습자의 적성, 학습자의 수업 이해력, 학습자의 지구력을, 수업 변인으로 수업의 질, 학습의 기회 등을 제시하였다.

학습자의 적성

캐롤은 학생 개개인이 학습과제를 해결하는 데 사용하는 시간의 차이를 적성으로 보았다.

블룸의 완전학습을 위한 교수전략

블룸(B. S. Bloom)은 대부분의 학생들이 교사가 가르친 내용을 학습할 수 있다고 보았으며, 이를 위한 교수방법으로 완전학습을 제안하였다. 그는 **캐롤(J. B. Carroll)의 학교학습모형**에서 제시된 다섯 가지 변인을 완전학습을 위한 교수전략의 변인으로 그대로 적용하였다(Bloom 저, 임의도 외 역, 1966).

첫째, **학습자의 적성**이다. 캐롤에 의하면 적성은 학습과제와 관련되는 것으로, 이미 가지고 있는 경험에 따라 사용 시간이 달라진다. 블룸에 의하면 학생들은 학습과제의 종류에 따라 각기 다른 적성을 가지고 있지만, 적성검사 결과를 통해 학습과제의 학습에 대한 예언이 가능하다. 또 학습장애 학생을 제외한

95%의 학생들은 충분한 학습 시간을 가졌을 때 완전학습을 기대할 수 있다고 주장하였다. 아울러 교수전략에 의해 완전학습에 소요되는 시간을 줄일 수 있는데, 학습자의 경험에 따라 적성 수준을 높여주고 학습 조건을 개선함으로써 가능하다고 보았다.

둘째, 학습자의 수업 이해력이다. 캐롤에 의하면 학생의 수업 이해력은 학생의 학업성취 수준을 결정하는 중요한 역할을 하는 것으로, 일반지능과 언어능력이 중요한 변인으로 작용한다. 블룸은 수업을 이해하는 데 가장 중요한 요인으로 언어능력을 지적하였다. 그는 언어능력과 성적 간의 상관계수가 높음을 지적하면서 수업 이해력을 높이기 위해서는 훈련보다 수업에 사용되는 언어 수준을 학생들의 언어 수준에 맞추는 일이라고 주장하였다. 따라서 개인교수 또는 소집단 지도가 효과적이며, 설명 및 수준별 각종 자료를 통한 학습 등을 제안하였다.

셋째, 학습자의 지구력이다. 캐롤이 지적한 바와 같이 학생이 노력을 기울이면 학습효과를 높일 수 있는데, 이것은 학습동기나 흥미와 관련된다. 블룸이 제안한 완전학습을 위해서는 수업방법과 학습자료를 적절히 조작할 필요가 있다. 즉, 학생들이 학습에 전념하도록 하기 위해서는 학생들의 능력과 흥미에 부합하여 성취를 가져오는 수업방법과 학습자료를 사용해야 한다는 것이다.

넷째, 수업의 질이다. 캐롤은 학생 개개인의 입장에 따라 수업의 질이 고려되어야 한다고 보았다. 그러나 블룸은 학생 개개인에게 부합하는 학습자료, 교사-학생 간 상호교류, 적절한 언어 사용 등이 수업의 질을 좌우한다고 보았다.

다섯째, 학습의 기회다. 캐롤은 학습을 위해 실제로 주어지는 시간에 따라 과제의 성취 수준이 달라지므로 학습속도에 따라 필요한 만큼의 시간이 주어져야 한다고 보았다. 그러나 블룸은 학습에 할당된 시간을 어떻게 활용하느냐에 따라 학습속도나 학업성취에 큰 영향을 미친다고 보았다. 즉, 학생이 학습시간을 보다 효율적으로 활용하면 학습에 소요되는 시간을 줄일 수 있으며, 이를 위해 수업방법을 개선하고 다양한 학습자료를 제공해야 한다고 지적하였다.

끝으로, 형성평가의 활용이다. 블룸에 의하면 수업 중 또는 한 단원을 마쳤을 때 형성평가를 실시하면 학생들의 문제점을 발견하고 오류를 수정해 줄 수 있어 완전학습을 보다 효과적으로 할 수 있다.

블룸의 완전학습을 위한 교수전략은 학생들의 학업성취를 극대화하기 위한 조건과 방안을 제시한 것으로, 캐롤이 제안한 학교학습모형에 비해 매우 구체적이다. 따라서 블룸의 교수전략은 학생들의 학습부진 현상을 극복하고 학업성취를 높이는 데 기여할 수 있을 것이다.

가네의 교수이론

가네(Gagné, 1985)는 학습결과를 다섯 개의 영역으로 나누어 제시하고 각 영역에서의 가장 적합한 학습방법을 안내하고 있다. 즉, 학습성과 영역을 크게 언어정보(verbal information), 지적 기능(intellectual skills), 인지전략(cognitive strategy), 태도(attitude), 운동기능(motor skills)의 다섯 개로 나누고, 언어정보를 축어적 학습, 사실학습, 요지학습의 세 개 하위 영역으로, 지적 기능을 대상이나 위치 또는 대상의 속성 간의 감각적 변별, 구체적 개념, 정의된 개념, 원리, 고차원리 등 다섯 개 하위 영역으로 나눔으로써 총 열한 개 영역을 제시한 후, 각 영역에서의 교수활동을 구체적으로 안내하고 있다(변영계, 2002; 99-102).

가네는 이들 영역을 학습하는 데 가장 적합한 내적 조건과 외적 조건을 제시하였다. 내적 조건이란 학습자가 이전에 습득한 능력들을 회상하거나 재획득하는 것이며, 외적 조건이란 학습자의 내적 인지과정을 활성화 및 지원해 줄 수 있는 다양한 방법들이다.

가네는 열한 개의 학습성과 영역에서 표준능력동사와 행위동사 그리고 목표 진술의 예를 제시함으로써 학습의 조건을 분명히 하였다. 그가 말하는 수업목표는 학습자가 수업 후에 얻게 되는 새로운 능력이다. 가네에 의하면 목표는 학습자의 검사 행동을 기술하되 명료하게 진술해야 하고, 목표달성을 측정하기 위해 설계된 검사가 목표와 일치해야 한다. 아울러 목표를 진술할 때 상황,

학습될 능력, 대상, 행위동사, 도구나 제약조건 및 특정 조건 등이 포함되어야 한다는 것이다.

또한 가네는 선수학습 요소의 확인 및 처방과 학습위계(learning hierarchy)의 중요성을 강조하고 있다(변영계, 2007: 107-109). 효과적인 학습을 위해서는 후속학습에 필요한 선수학습이 필수적으로 습득되어야 한다고 보았기 때문이다. 그리하여 그는 최상부에 최종 목표를 위치시키고, 그 목표를 도달하는 데 필요한 출발점 행동목표를 최하부에 위치시킴으로써 위계적 관계를 중시하였다.

아울러 가네는 학교수업에서 교수·학습 과정안을 작성하는 데 중요한 참고가 되는 수업사상(instructional events)의 개념을 제안하였다. 즉, 한 차시 수업의 성과를 극대화하기 위한 운영원리를 말한다. 그는 도입부, 전개부, 정리부로 나누고 이를 다시 **아홉 개 사상**들로 세분화하여 설명하였다(강이철, 2009: 116-120). 가네가 제안한 수업사상은 오늘날 수업전문성이 요구되는 학교현장에서 교수·학습 과정안을 작성하는 중요한 자료가 되고 있다.

아홉 개 사상

가네가 제안한 아홉 개 사상은 수업의 도입부는 주의집중, 목표 제시, 선행학습 상기로, 전개부는 학습자료 제시, 학습안내 및 지도, 연습, 피드백 제공으로, 정리부는 형성평가, 파지 및 전이의 향상으로 구분된다.

학습이론

학습이론은 유기체의 학습이 어떻게 이루어지는지 설명함으로써 학생들로 하여금 학습의 효과를 높이도록 학습과정의 효율적 방안을 제안한다. 따라서 학습이론은 교사가 학생들을 어떻게 가르쳐야 하는지를 다루는 교수이론의 기초가 된다.

행동주의 학습이론

행동주의 학습이론은 학습을 자극(stimulus)과 반응(response)의 결합으로 보기 때문에 반응을 유발시키는 외적 변인에 관심을 갖는다. 행동주의 학습이론에는 고전적 조건화이론, 시행착오이론, 조작적 조건화이론 등이 있다.

파블로프의 고전적 조건화이론

파블로프(I. P. Pavlov, 1849~1936)의 고전적 조건화이론은 개의 타액 분비에 대한 실험을 통해 자극과 반응과의 관계를 설명한 것이다. 나아가 조건화를 통한 행동변화를 입증하였다.

파블로프는 음식을 보여주면 타액을 분비하는 배고픈 개를 대상으로 음식을 종소리와 결합시킨 반복 훈련을 통해 종소리만으로도 타액을 분비하는지 관찰하였다. 이때 음식은 무조건자극이고 타액 분비는 무조건반응이며, 벨소리의 자극과 타액 분비 사이의 새로운 결합을 조건화라고 한다. 조건화를 일으키는 자극을 조건자극이라 하고, 이에 대한 반응을 조건반응이라 한다.

조건형성

조건형성이 이루어지는 과정에서는 소거, 제지 또는 금지, 자발적 회복, 일반화와 분화, 변별 등의 현상을 보이기도 한다.

파블로프는 **조건형성**이 이루어지기 위한 몇 가지 요건을 제시했다. 첫째, 일관성의 원리로, 조건자극(벨소리)을 일관성 있게 사용해야 조건형성이 가능해진다는 것이다. 둘째, 강도의 원리로, 처음 주어지는 자극보다 다음에 주어지는 자극의 정도가 같거나 더 강해야 조건형성이 가능하다는 것이다. 셋째, 시간의 원리로, 무조건자극(음식)이 주어짐과 동시에 조건자극(벨소리)이 주어지면 결합이 더 쉽게 이루어질 수 있다는 것이다. 넷째, 계속성의 원리로, 반복 횟수가 많을수록 조건형성이 더 잘 된다는 것이다(김동일 외, 2004: 219; 이현림·김영숙, 2006: 221-222).

고전적 조건화이론은 학습자의 능동적 행위를 가져오게 하지는 않는다. 그러나 조건형성에 필요한 원리는 초기의 학습상황에서 학습자의 행동변화를 유도하는 데 활용될 수 있을 것이다.

손다이크의 시행착오이론

손다이크(E. L. Thorndike, 1874~1949)의 시행착오이론도 자극에 대한 반응의 관계에 근거하며, 새로운 행동이 시행착오를 반복하다가 우연히 성공하였을 때 이것을 반복함으로써 학습효과를 가져온다고 본다.

손다이크는 문제상자(problem box) 속에 배고픈 고양이를 넣고 잠근 후, 상자 밖에 음식물을 놓아 둔 상태에서 고양이의 행동을 관찰하였다. 즉, 고양이가 상자 문을 열기 위해 이리 뛰고 저리 뛰고 물어뜯고 할퀴는 갖가지 행동을 하다가 우연히 발판을 밟아 문을 여는데 성공하게 되며, 이후 불필요한 행동을 하지 않고 상자 밖으로 나온다는 것을 관찰하였다. 이러한 실험을 통해 손다이크는 시행착오를 되풀이하면서 자극과 반응이 결합하는 것을 학습으로 설명하고 있다.

손다이크는 시행착오적 학습을 쉽게 하기 위해 활용할 수 있는 몇 가지 학습법칙을 제안하였다. 첫째, 연습의 법칙으로, 꾸준히 반복하면 목표에 도달할 수 있을 뿐만 아니라 자극과 반응의 결합이 잘 이루어져 보다 나은 강화가 이루어진다는 것이다. 둘째, 효과의 법칙으로, 어떤 일을 계획하고 실천해서 얻은 결과가 만족스러우면 하고자 하는 의욕이 더 생긴다는 것이다. 셋째, 준비성의 법칙으로, 사전에 충분한 준비가 갖추어진 학습활동은 만족스럽게 이루어진다는 것이다(김동일 외, 2004: 225-226; 이현림·김영숙, 2006: 217-218).

시행착오설은 맹목적인 실행을 통해 결과를 얻게 됨으로써 시행착오가 있어서는 안 되는 학습의 과정에 적용하기에는 부적합하다. 그러나 이 이론에서 제안한 학습법칙은 학교현장에서 학습의 효과를 높이는 방법으로 활용될 수 있다.

스키너의 조작적 조건화이론

스키너(B. F. Skinner, 1904~1990)는 행동을 두 가지로 구분하였는데, 하나는 알려진 자극에 의해 유발된 행동인 반응행동이고, 다른 하나는 알려진 자극과 상관없는 반응인 조작행동이다. 그에 의하면 유기체는 대부분의 경우 외적 자극을 받지 않고도 자발적이고 의식적으로 일어나게 하는 조작적 행동의 결과에 의해 학습이 이루어진다.

스키너는 스키너 상자(Skinner box)를 제작하여 쥐를 대상으로 실험을 하였는데, 상자 안에서 굶주린 쥐는 우연히 지렛대(조건자극)를 누르면(조건반응) 먹이(보상)가 나온다는 것을 학습한다는 것이다. 여기서 조건반응인 누르는 행위는 먹이를 얻기 위한 도구가 되었다는 점에서 조작적 조건화 또는 도구적 조건화라고 부른다(이현림·김영숙, 2006: 223). 즉, 쥐가 자극에 대해 능동적으로 반응하여 그 결과로 보상을 얻으면서 새로운 행동을 학습하게 된다는 것이다. 따라서 강화에 의한 욕구 충족이 이루어져 지속적인 학습이 가능해진다고 본다.

조작적 조건화이론은 학습자가 학습결과에 대한 보상을 얻게 되면 능동적으로 행동하게 된다는 것을 입증하였다. 이것은 학습상황에서 학생의 학습결과에 대한 피드백과 강화가 이루어져야 함을 시사한다.

반두라의 사회학습이론

반두라(A. Bandura, 1925~)는 조건 형성과 인지이론을 통합함으로써 사회적 학습이론을 주장하였다. 따라서 학습자의 직접 경험보다 타인의 행동을 관찰하고 모방함으로써 행동 변화가 이루어진다는 점을 강조하였다.

반두라에 의하면 관찰자는 타인의 행동이나 모델의 행동 결과에 따르는 보상과 벌을 관찰함으로써 학습한다. 아울러 사회학습은 자기통제의 과정을 거쳐 자신의 행동을 조절하게 한다는 점을 지적하였으며, 관찰학습을 통해 개인, 환경, 행동 등이 상호작용하게 되고 이것은 다음 학습에 영향을 미친다고 보았다.

반두라(Bandura, 1986)는 학습에 있어서의 인지과정을 중시하면서 관찰학습의 과정을 주의집중, 파지(기억), 재생, 동기화의 4단계로 구분하였다(변영계, 2002: 183-185). 첫째, 주의집중(attention) 단계에서는 감각 능력, 과거의 강화, 모델의 특성, 관찰자와 모델의 유사성 등이 관찰자의 주의에 영향을 미친다는 것이다. 둘째, 파지(retention) 단계에서는 모델에 대한 주의집중을 마친 관찰자가 모델의 행동을 시각적으로 상상하거나 언어적 형태의 상징적 부호로 저장하는데, 이때 시연을 하면 학습의 효과를 높일 수 있다고 보았다. 셋째, 재생(motor reproduction) 단계에서 관찰자는 자신이 기억한 모델의 행동을 실행을 통해 재생하는데, 이때 반복 연습과 함께 모델의 행동과 자신의 행동을 비교하면서 수정하는 일이 필요하다고 보았다. 끝으로, 동기화(motivational processes)

단계에서 관찰자는 모델처럼 자신도 강화를 받을 수 있을 것이라는 기대를 갖고 자신이 관찰한 행동을 능숙하게 수행한다는 것이다.

반두라의 관찰학습은 인지적 과정을 통해 학습하는 방법을 체계적으로 설명하였다. 그러나 오늘날 미디어의 발달로 폭력적·공격적 행동이 사회문제화된 학교폭력 등은 이러한 모방학습의 영향이 적지 않다는 비판을 받기도 한다.

인지주의 학습이론

인지주의 학습이론은 유기체의 내적 변인, 즉 자극과 반응을 조절하는 과정에 중점을 둠으로써 자극, 기억, 사고 등에 관심을 가지며, 학습을 형태심리학(Gestalt psychology)의 입장에서 설명한다. 인지주의 학습이론에는 통찰설, 장설, 기호형태설 등이 있다.

쾰러의 통찰설

쾰러(W. Köhler, 1887~1967)의 통찰설은 침팬지 실험을 통해 설명된다(이현림·김영숙, 2006: 230-231). 즉, 우리 속에 긴 막대 두 개와 침팬지를 넣고 우리 밖에 먹이를 놓은 실험장치를 꾸민 후, 침팬지가 막대를 이용하여 먹이를 당겨 먹는 것을 관찰한 실험이다. 이 실험에서는 침팬지가 하나의 막대를 다른 막대에 연결하여 바나나를 당겨 먹는 것에 대해 침팬지가 막대를 꽂아 연결해야 한다는 것을 통찰함으로써 과제를 해결하는 행동방식을 학습하였다고 본다.

통찰학습은 문제 해결이 어느 순간 이루어지는 것으로, 통찰에 의해 획득된 것을 바탕으로 했을 때 과제 수행은 오류가 적을 뿐만 아니라, 비교적 오랜 기간 유지되고 그 원리가 다른 문제에도 쉽게 적용된다는 것이 특징이다.

레빈의 장이론

레빈(K. Lewin, 1890~1947)에 의하면 인간은 심리적 환경으로 둘러싸인 생활공간 속에 있고, 그 곳에서 지각적 운동영역과 내적인 개인영역으로 분화된다. 따라서 학습을 생활공간이 분화하면서 장의 인지구조가 변화하는 것으로 보았는데, 이것이 그의 장이론(field theory)이다. 이러한 관점에서 그가 제시한 장의 함수, 즉 행동의 방정식은 B=f(P·E)이다. 여기서 B=Behavior(행동), f=fuction(함수), P=Person(개인), 그리고 E=Environment(환경)이다(Lewin, 1942).

레빈의 장이론은 학습이 자극과 반응의 관계가 아닌, 인지대상인 지각의 장과 개인영역의 관계로 보았다. 따라서 학습의 인지적 구조를 새롭게 설명하고 있으며, 이로써 학습이 일어나는 물리적 환경의 중요성을 제시했다고 할 수 있다.

톨먼의 기호형태설

톨먼(E. C. Tolman, 1886~1959)의 기호형태설(sign-gestalt theory)은 장치 안의 쥐가 검은 창문이 아닌, 흰 창문을 통과해 그 안의 먹이에 이르도록 하는 판별상자 실험을 통해 설명된다. 즉, 쥐가 흰 창문을 검은 창문이라는 환경 속에서 판별하고, 그 안에 있는 먹이에 대한 기대를 대뇌중추에 인지함으로써 먹이라는 기호로서의 의미를 판별하게 된다고 보았다. 이로써 그는 기호-유의미(sign-signification) 관계 또는 기호-형태-기대(sign-gestalt-expectation) 관계를 주장하였다(이현림·김영숙, 2006: 233-234; Tolman, 1932).

따라서 톨먼의 기호형태설은 단순한 자극-반응의 관계가 아닌, 중추신경 속에 전체 환경에 대한 인지구조가 형성되는 것으로 보아 인지적 측면을 강조하였다. 이로써 학습은 문제해결을 위한 기호를 습득할 때 이루어진다는 것을 알 수 있다.

학습에 영향을 미치는 요인

학습은 인간의 내적 요인과 외적 요인에 의해 이루어지는 것으로, 한번 이루어진 학습은 어느 정도 영속성을 지닌다. 여기서 학습을 하게 하거나 하지

않게 하는 데 영향을 미치는 요인이 있는데, 동기, 전이, 기억과 망각, 연습 등이 그것이다.

첫째, 동기(motive)는 학습자의 학업성취를 좌우하는 중요한 요인으로, 주어지는 보상의 유형에 따라 내재적 동기(intrinsic motivation)와 외재적 동기(extrinsic motivation)로 나눈다. 내재적 동기는 욕구, 흥미, 호기심, 즐거움 등과 같은 내부적 요인에 의해 유발되는 것이며, 외재적 동기는 보상이나 처벌 등과 같은 외적이고 환경적 요인에 의해 유발되는 것이다(김동일 외, 2004: 319). 내재적으로 동기화된 사람은 외부의 어떤 보상이 없어도 자발적으로 학습활동에 몰입하지만, 외재적으로 동기화되면 학습활동 자체보다는 자신에게 주어질 보상에만 관심을 갖고 그 보상을 위해 학습하는 경우가 많다. 그러나 과목이나 내용의 난이도에 따라서는 외재적 동기도 필요한 경우가 있기 때문에 상황에 적절한 동기 유발이 필요하다.

행동주의적 관점에서 동기와 동기화 과정을 설명할 때는 외적 보상(reward)이나 유인가(incentive) 등의 개념을 사용한다. 인지주의적 관점에서는 인간의 동기가 외적 요인에 의해 좌우된다고 보는 행동주의 입장에 반대하여 내재적 동기를 강조한다. 인지주의를 대표하는 동기이론에는 바이너(B. Weiner)의 귀인이론, 반두라의 자아효능감이론 등이 있다. 인본주의적 관점에서는 동기의 내재적 근원을 자아실현을 위한 개인의 욕구로 설명함으로써 유능감, 자존감, 자율성, 자기실현 등을 강조한다. 이 관점의 대표적 학자인 메슬로우(A. H. Maslow, 1908~1970)는 [그림 8-2]에서 보는 바와 같이 7단계 욕구 위계(hierarchy of needs)를 제시하였다. 아래의 4단계 욕구에 대해서는 일단 만족되면 그것에 대한 동기가 감소한다는 결핍의 욕구로, 상위의 3단계 욕구에 대해서는 충족되면 충족될수록 더 높은 성취를 위해 욕구가 증가한다는 성장의 욕구로 구분하였다.

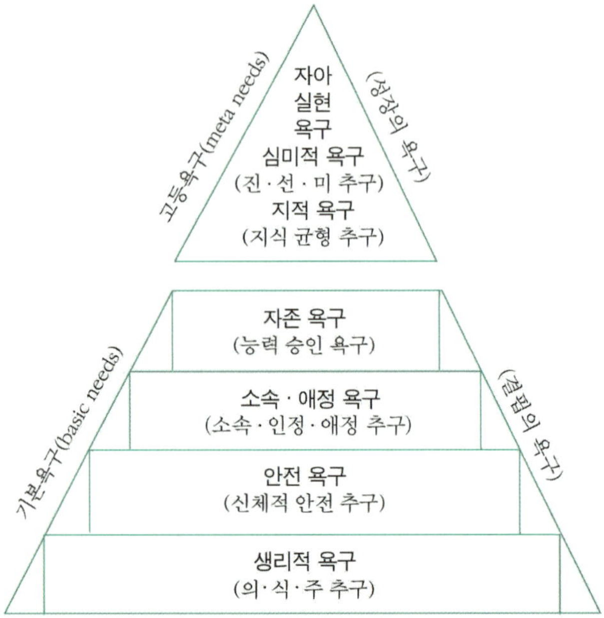

[그림 8-2] Maslow의 욕구 단계

출처: Maslow, A.H.(1954). *Motivation and personality*. NY: Harper & Row.

둘째, 학습이 효율적으로 이루어지기 위해서는 이미 학습된 결과가 다른 학습이나 상황에 도움이 되고 적용되어야 하는데, 이처럼 이전의 학습이 이후의 학습에 영향을 미치는 것을 전이(transfer)라고 한다. 전이에는 이전의 학습이 이후의 학습에 긍정적 영향을 주는 적극적 전이(positive transfer)와 이전의 학습이 이후의 학습에 부정적 영향을 미치는 소극적 전이(negative transfer)가 있다. 전이는 학습방법과 요령을 알수록, 선행학습이 충분히 이루어질수록, 학습자의 지능이 높을수록, 학습자료가 비슷할수록, 어떤 자극에 대한 반응이 같거나 유사할수록, 그리고 선행학습과 후행학습 사이의 시간 간격이 짧을수록 잘 일어난다.

셋째, 동기와 전이 못지않게 학습에 영향을 미치는 요인으로 기억과 망각이 있다. 기억(memory)이란 정보를 중추신경에 기명(memorizing)하고 이를 파지(retention)했다가 어떤 자극에 의해 머릿속에서 표상으로 재생(recall)되어 재인(recognition)되는 과정을 말한다. 이러한 과정을 정보처리이론에서는 기억의 습득(aquisition) 또는 부호화(encoding), 보유(retention), 인출(retrieval)의 세 단계로 구분하기도 한다. 정보처리이론에 의하면 기억이 가장 먼저 감각등록기에 아주 짧은 시간 기록되고, 선택적 주의(selective attention), 주의의 분배(divided attention), 부호화(encoding) 등을 거쳐 **단기기억**(short-term memory)에 비교적 짧은 시간 저장되며, 이 가운데 암송, 반복학습 등을 통해 기억된 정보는 무한정 저장이 가능하고 영원히 지속되는 장기기억(long-term memory)으로 보내진다(이현림·김영숙, 2006: 206-207; 변영계, 2002: 124-126). 망각은 간직한 학습내용이 재생 또는 재인되지 않는 것을 말한다. 그러나 어느 정도 시간이 흐른 뒤에 다시 기억이 되거나 다시 학습할 때 좀더 빠르게 효과적으로 학습되는 경우가 있기 때문에 망각이란 것이 반드시 기억이 사라진 것으로 보기는 어렵다.

단기기억

단기기억이란 시각, 청각, 촉각, 미각 등의 감각 경로를 통해 유입된 정보가 의식화됨으로써 20~30초 동안 흔적으로 남게 되는 것을 말한다.

끝으로, 학습에 영향을 미치는 요인으로 연습을 들 수 있다. 연습 방법에는 전습법과 분습법이 있다. 전습법은 학습내용을 처음부터 끝까지 한꺼번에 학습하는 것으로, 망각이 적고 학습에 필요한 반복이 적으며 시간과 노력이 적게 드는 장점이 있다. 분습법은 전체의 학습내용을 몇 개의 단위로 나누어 학습하는 것으로, 학습과제의 내용이 복잡하고 곤란도가 큰 경우 또는 동기유발이 낮고 많은 노력과 시간이 투입되어야 할 경우에 유용하다. 이들 방법은 학습과제의 양이나 수준 또는 개인의 선수학습이나 능력에 따라 선택하는 것이 좋다.

수업과 수업활동

수업은 학교교육에서 가장 핵심적인 활동이다. 따라서 교수이론을 통해 수업의 과정을 보다 체계적으로 계획하고 이를 실행에 옮길 수 있어야 한다. 준비된 수업은 학생들에게 동기를 유발시켜 주어 학습의 효과를 높이고, 궁극적으로 수업목표를 달성하는 데 기여할 수 있을 것이기 때문이다.

수업계획의 의의

수업계획은 학생들로 하여금 학습목표에 도달할 수 있도록 하기 위한 준비작업이자 교사로서의 수업전문성을 높이기 위한 기초적인 작업이다. 따라서 수업을 계획할 때는 몇 가지 사항에 유의해야 한다. 즉, 수업목표나 내용에 적합한 수업방법이 무엇인지 분석하여 선택하며, 학습자들을 분석하고 이들에게 맞는 수업방법을 계획해야 할 뿐만 아니라, 수업자의 자질, 능력, 선호하는 수업방법 등을 고려해야 한다. 아울러 수업에 관련된 제 여건들, 즉 허용된 수업시간의 양, 학습활동을 위한 공간과 장소, 교수·학습 자료, 시설, 예산, 안전, 이동의 문제, 부모의 동참이나 허락 등 다양한 요소들을 고려해야 한다(변영계·김영환·손미, 2000).

그러나 수업이 이루어지기 위해 사전에 필요한 작업은 그렇게 쉽지만은 않다. 따라서 현장 교사들은 수업을 하기 전에 시대적·사회적 상황, 학생들의 발달 특성과 요구, 학부모들의 요구 수준 등을 분석해야 한다. 아울러 학습목표를 구체화하여 이를 달성하기 위해 내용들을 어떤 방법으로 가르칠 것인지 구조화해야 한다. 수업계획을 통해 구조화된 수업은 수업전문성을 높여 학생들의 학업성취를 높일 수 있기 때문이다.

교수·학습의 과정 및 활동

수업계획의 수준

학교에서 이루어지는 실제 수업계획은 보통 장기계획과 단기계획으로 구분된다. 장기계획은 연간계획, 월간계획, 단원계획 등을 말하며, 단기계획은 주별계획, 일별 계획, 차시별 계획을 말한다.

장기계획은 보통 국가의 교육이념과 시대적 상황 그리고 교육과정을 바탕으로 각 학교별로 추구하는 인재상을 양성하기 위한 비전과 교육목적, 방침 등에 근거하여 수립한 설계안이다. 따라서 장기계획은 학교의 모든 활동을 포함하는 것으로, 학습과 생활지도, 각종 행사, 평가 등과 관련된 제반 내용을 다룬다.

단기계획은 장기계획을 바탕으로 한다. 주별 계획안은 일주일을 단위로 하여 주별 상황에 맞게 구체적인 지도계획을 세우는 것이고, 일별 계획안은 하루의 구체적인 지도계획을 세우는 것이며, 차시 계획안은 매 시간 지도하기 위한 학습계획을 세우는 것이다. 차시계획안에는 공개 시범수업 등을 위해 작성하는 세안과 단위 수업을 위해 간략하게 작성하는 약안이 있다.

교수·학습의 과정

글레이저(R. Glaser)는 교수·학습 과정을 네 개의 구성요소를 가진 하나의 체제(system)로 보았다. 즉, [그림 8-3]에서 보는 바와 같이 수업목표 진술 단계, 출발점 행동 확인 단계, 수업절차 단계, 그리고 성취도 평가 단계로 이루어진다(Glaser, 1962).

[그림 8-3] 글레이지의 수업모형

출처: Glaser, R. (1962). Psychology and instructional technology. In R. Glaser (Ed.), *Training research and education*. Pitts: Univ. of Pitts.

첫째, 수업목표 진술 단계다. 이 단계는 단위 시간의 교수·학습을 마쳤을 때 학생들이 성취하기를 바라는 기대를 진술하는 것이다. 보통 수업목표는 명확하고 구체적으로 진술해야 하는데, 이를 위해서는 **행동적 용어**를 사용한다. 이러한 서술 방식은 교사와 학생들에게 수업의 방향을 안내하여 학생들의 학업 성취를 높이는 데 도움이 된다.

둘째, 출발점 행동 확인 단계다. 출발점 행동이란 학습자가 새로운 학습을 시작하기 이전에 이미 획득되어져 있는 행동을 말한다. 이 단계에서는 본시학습

행동적 용어

행동적 용어란 '만들 수 있다', '계산할 수 있다' 등과 같이 구체적인 행동으로 진술하는 것을 말한다. 그러나 정의적 영역의 목표를 진술할 때는 행동적 용어로 진술할 수 없기 때문에 포괄적 용어로 진술한다.

을 위한 준비가 되어 있는지 확인하기 위해 선수학습을 진단하고, 부족한 학생의 경우 개별지도를 통해 보충할 기회를 주어 일반 학생들과 동일한 출발점을 가질 수 있도록 한다. 선수학습이 잘 되어 있지 않은 경우에는 본시학습에서 학습곤란을 겪어 학습지체 현상이 일어날 수 있기 때문이다.

셋째, 수업절차 단계다. 이 단계는 가장 핵심적인 교수·학습 활동이 일어나는 단계로, 수업목표를 달성하기 위한 교수·학습 계획과 전개가 이루어진다. 교수·학습 계획에서는 수업을 전개하기 위한 각 단계에서의 구체적인 활동내용, 그룹조직, 각종 기자재 활용 등을 계획 또는 준비하게 된다. 교수·학습 전개에서는 도입, 전개, 정리 단계에서의 구체적인 활동이 이루어진다. 즉, 동기유발과 수업목표를 제시하는 도입단계로부터 가장 많은 비중을 차지하는 전개활동을 거쳐 형성평가 및 차시예고가 이루어지는 정리단계에까지 이르는 수업을 말한다.

넷째, 성취도 평가 단계다. 이 단계에서는 학생의 성취도를 평가하는 총합평가가 이루어진다. 총합평가는 학습자의 수업목표 달성을 알아보거나 교수·학습 계획 또는 교수·학습 활동의 효과를 알아보기 위해 이루어진다. 즉, 학습자 수준을 확인하고 수업목표에 도달하지 못한 학생을 지도하는 자료로 활용하며, 차시 교수·학습 계획을 수립하고 활동하는 데 참고한다.

글레이저의 수업모형은 수업목표 설정에서부터 평가에 이르기까지 일련의 교수·학습 과정을 잘 나타내고 있다. 따라서 이후의 교수설계모형의 기본 모형이 되고 있으며, 학교 현장에서의 교수·학습 과정안 작성에 도움을 주고 있다.

수업 단계 및 활동

수업계획은 보통 교수·학습 과정안으로 불린다. 교수·학습 과정안은 도입-전개-정리의 과정을 거치며, 이에 따라 수업이 진행된다.

첫째, 도입단계다. 이 단계는 학습자에게 전시학습을 상기시키고, 본시학습에 대한 의욕을 갖도록 동기를 유발시키며, 학습목표를 확인하는 단계다. 학습자에게 전시학습을 상기시키는 일은 수업내용의 점진적 흐름을 알게 하여 본시

학습내용을 쉽게 이해하도록 돕기 위한 것이다. 본 수업이 이전 수업과 관련됨을 알 때 학생들은 지식의 구조를 이해하게 되어 수업내용을 잘 받아들이게 되고, 본시 학습에 대한 의욕과 성취에 대해 기대를 갖게 된다. 본시학습을 위한 동기 유발은 학생들의 학습에 대한 몰입과 학습효과를 높이기 위한 수단이다. 이를 위해서는 각종 미디어 자료, 경험담, 사례 등을 통해 본시 수업이 실생활과 관련됨을 알려주는 것이 좋다. 학습목표를 확인하는 일은 학생들이 수업을 하는 동안 자신들이 성취해야 할 것을 알게 함으로써 학습효과를 높이기 위한 것이다. 학습목표는 학습을 마친 후 학습자가 성취하기를 바라는 바에 대해 명확하고 구체적으로 제시해야 한다.

둘째, 전개단계다. 이 단계는 본시 수업이 본격적으로 이루어지는 단계로, 수업목표를 달성하기 위한 학습내용과 활동방법이 제시된다. 학습내용은 몇 개의 하위 주제로 나누어 제시하는 것이 좋으며, 쉬운 내용에서 점차 어려운 내용으로 학습힐 수 있게 한다. 이때 하위 주제별로 학습내용을 구조화하고, 이와 관련된 다양한 사례 등을 선정해야 한다. 아울러 학습효과를 높이기 위해 학습내용에 적합한 학습자료를 제시하며, 학생들이 학습활동에 적극적으로 참여하도록 그룹활동, 토론, 협력활동 등 다양한 교수법을 계획하는 것이 좋다.

셋째, 정리단계다. 이 단계에서는 학습내용을 요약하고 정리하며, 적용 또는 일반화를 할 수 있도록 안내한다. 정리단계가 제대로 이루어지지 않으면 학습내용의 마무리가 이루어지지 않아 학습효과를 높이는 데 실패할 수 있다. 따라서 이 단계에서는 반드시 요약을 통해 내용을 종합·정리해야 하며, 형성평가를 통해 피드백을 해 줄 필요가 있다. 또한 학생들이 학습한 내용을 실제 생활에 적용할 수 있도록 학습내용과 관련된 다양한 문제사태를 제공하여 문제해결의 기회를 제공해야 한다. 아울러 다음 시간에 학습할 내용을 안내하여 본시 학습과의 관련성을 알게 하고, 다음 시간의 학습내용에 대한 동기를 유발시켜야 한다. 정리단계는 자칫 수업을 흐리게 할 수 있으므로, 소요 시간을 반드시 설정하고 무엇을 어떻게 실행할 것인지 계획해야 한다.

교수·학습 과정안 예시

학교현장에서 이루어지고 있는 교수·학습 과정안을 제시하면 〈표 8-1〉과 같다.

〈표 8-1〉 초등학교 교수·학습 지도안 예시

교 과	슬기로운생활	수업 일시	2015. 04. 07(화). 2교시	학년반	1학년 4반	지도 교사	김○○
단 원	5. 자연과 함께해요			차 시	3/6	장 소	1-4교실
주 제	동물과 식물의 특징 표현하기			학습형태	전체-모둠-개별		
학습 목표	동물과 식물의 특징을 다양한 방법으로 표현할 수 있다.						

흐름	학습 과정	교수·학습 활동	시간	자료 및 유의점
도입	학습 동기 유발	◎ 학습분위기 조성 -'귀여운 꼬마' 노래 부르기 ◎ 숨겨진 그림 알아맞히기 -동물과 식물의 일부분 화면에 보여주기 -생각나는 동물과 식물의 이름 알아내기	5′	-노래동영상 -ppt자료
	학습 문제 확인	◎ 학습문제 제시 동식물의 특징을 다양한 방법으로 표현해 봅시다.		
	학습 안내	◎ 학습활동 순서 안내 -활동1, 활동2, 활동3 안내하기		
전개	활동1	◎ 활동1) 나는 무엇일까요? : 다섯 고개 놀이(전체) -비밀상자 2개에 식물과 동물 한 가지를 각각 미리 넣어두고, 어떤 동식물일지 질문하고 정답 알아맞히기	10′	-비밀상자(2)
	활동2	◎ 활동2) 몸으로 설명해 보아요! : 스피드게임(모둠) -TV 화면에 제시되는 동식물을 소리 흉내내기, 모양 흉내내기, 설명하기 등의 방법으로 설명 및 알아맞히기	15′	-게임 프로그램
	활동3	◎ 활동3) 도전 골든벨을 울려라! : OX 퀴즈(전체) -식물과 관련된 특징을 설명하는 문제를 제시하고, 개인 O, X표시판을 들게 하여 알아맞히기	7′	-퀴즈 프로그램
정리	학습정리	◎ 학습정리하기 : 모둠별로 활동한 결과 정리하기	3′	
	형성평가	◎ 평가하기 : 동식물의 특징을 다양한 방법으로 알아맞히기 : 동식물의 특징과 이름 알기		
	차시예고	◎ 차시예고 : 여름철과 관계있는 것 알아보기		

교수·학습의 형태

실제 수업상황에서 이루어지는 교수·학습의 형태는 몇 가지로 구분된다. 이들 형태는 사실상 수업의 효과를 높이기 위한 것으로, 수업내용, 학생 수, 학생의 요구 등에 따라 다양하게 이루어진다.

첫째, 설명적 교수(expository instruction)는 오스벨(D. P. Ausubel)에 의해 주창된 것으로, 정보를 명료하고 확실하게 조직하여 제시하는 유의미학습이다. 이 학습은 학습자의 능동적이고 자발적인 학습보다는 교사의 지시와 설명이 많은 비중을 차지한다. 오스벨에 의하면 유의미학습은 구체적인 경험을 통하지 않고서도 높은 수준의 이해를 도와주는 학습이다(Ausubel, 1968). 따라서 초등학교에서는 구체적 경험과 직관적 이해를 위한 발견학습이 유용할 수 있으나, 중·고등학교 또는 대학에서는 추상적인 언어적 이해에 바탕을 둔 유의미학습이 유용하다고 본다. 캐롤 역시 설명적 교수가 발견학습보다 능률적일 뿐만 아니라, 개념이나 원리의 학습에 성공적일 수 있다고 보았다.

둘째, 발견학습(discovery learning)은 학습자가 교사로부터 최소한의 제한된 도움을 받거나 전혀 도움을 받지 않고 학습하는 것을 말한다. 따라서 교사의 지시와 설명 보다는 학생의 능동적이고 자발적인 학습이 많은 비중을 차지한다. 발견학습은 학문중심 교육과정에서 강조된 것으로, 탐구능력을 중시한다. 브루너(Bruner 저, 이홍우 역, 1973)는 발견학습이 파지와 전이의 효과가 높으며, 문제해결과 동기유발에 유용하다고 보았다. 즉, 발견학습은 기본 개념이나 원리를 의미있게 이해하는 데 도움이 될 뿐만 아니라, 탐구기능을 학습하는 데도 도움이 된다는 것이다.

셋째, **프로그램** 학습(programmed learning)은 일제수업에 대한 비판에서 출발한 개별학습의 형태다. 즉, 프로그램 학습은 학습내용이 단계적으로 조직되어 학습자들이 자신에게 맞는 수준의 문제부터 시작하여 점차 어려운 문제로 옮겨가면서 학습할 수 있어 학습목표를 성취하는 데 도움을 준다.

프로그램
프로그램은 학습목표에 도달하도록 세분화·계열화 해 놓은 목표들을 순차적으로 학습하는 데 필요한 문제의 계열을 말한다.

교수님, 제가 이번에 A고등 학교로 교육 실습을 가는데 걱정이에요.
왜? 뭐가 가장 걱정 되는데?
제가 과외를 해서 학생들을 가르쳐 보긴 했지만, 교단에 서서 학생들을 가르친다고 생각 하니까 제가 잘 할 수 있을지 의문이 들어요.
그건 그래. 나도 처음 강단에 섰을 때 많이 떨리고, 시행착오도 거쳤으니까.
교수님께서 교수이론에 대해 말씀해 주셨잖아요. 하지만, 가르치는 일은 경험을 많이 해야 노련해질 수 있을 것 같아요.
수업시간에 우리가 논의했던 여러 학자들의 교수이론을 생각해 본다면 수업을 좀더 치밀하게 준비하게 되겠지?
준비요?
그래. 수업을 하기 위해 계획을 세우는 거지.

교수·학습 과정안을 작성하는 작업을 말씀하시는 건가요?
하지만, 교수·학습 과정안을 짠다 하더라도 그대로 수업이 진행되는 건 아니잖아요.
그렇단다. 네가 수업에 들어가기 전에 수업목표를 설정하고 수업내용과 방법 등을 고안하면 된단다.
물론이지. 그래도 교수·학습 과정안을 짜서 수업을 하면,
실수를 줄이고 수업목표에 도달하도록 도와주지.
아, 그런데 수업을 하는 방법도 좀 배워야 할 것 같아요.
거울을 보며 연습하고, 녹음도 해보고, 동영상 촬영도 해서 너의 목소리, 태도, 몸짓 등을 고쳐나가는 방법이 있단다.
맞단다. 아무리 잘 짜여진 교수·학습 과정안이라 하더라도 그것을 수업활동에서 녹여내지 못하면 그 수업계획은 아무런 소용이 없게 되는 거지.
아, 그럼 끊임없이 연습해야 겠네요. 그래서 가르치는 일은 아무나 할 수 없다고 하는 거였군요.

볼거리

미국 중산층 집안의 교육 문제를 진단하는 영화 '스팽글리쉬(Spanglish)'를 보고, 딸의 미래를 생각하여 스페인에서 미국으로 건너간 한 여인의 자녀교육의 관점에 대해 논의해 보자.

생각할 거리

1. 교재, 교수, 학습의 관계를 설명하고, 바람직한 교수·학습이 이루어지기 위한 조건을 디자인해 보자.
2. 블룸의 완전학습을 위한 교수전략을 실제 체험해 보고, 과거 우리나라에서 실시했던 완전학습에 의한 수업의 장단점에 대해 논의해 보자.
3. 초등학교부터 중·고등학교에 이르기까지 인상 깊었던 교수·학습 형태의 사례를 들어 이야기하고 논의해 보자.
4. 다음의 웹사이트를 방문해 보고, 학습자로 하여금 학습에 능동적으로 참여할 수 있게 하는 방법에 대해 논의해 보자.
   - What is Active Learning?(https://www.youtube.com/watch?v=UsDI6hDx5uI, 4:12)
   - Learning Theory: Discovery Learning(https://www.youtube.com/watch?v=pClb-9cL34E, 2:51)

9 교육공학

Ubiquitous! 하지만 해킹사고는 어떻게 해결하지?

언제 어디서나 존재한다는 '유비쿼터스'. 그래서 우리는 인터넷이 연결만 되어 있으면 생활의 모든 것을 해결할 수 있다. 밖에서 집 안의 온도를 조절하고, 세탁기로 빨래를 할 수 있다. 아플 때 병원에 가지 않고도 의사로부터 진찰과 처방을 받을 수 있다. 손가락만 까딱하면 모든 것이 원하는 대로 해결되는 세상이다. 그러나 스마트폰에 이러한 어플들을 설치하면서 우리의 정보는 원하지 않는 곳으로 새어나갈 수 있다. 늘어나는 해킹 사례들을 어떻게 감당할 수 있을 것인가?

교육공학의 기초

교육공학은 공학을 통해 교육활동의 효율성을 제고하려는 학문이다. 교육공학은 설계, 개발, 활용, 관리, 평가의 5개 영역으로 구분되지만, 상호 밀접하게 관련된 하나의 체제다. 이러한 교육공학은 시각교육에서 시청각교육 그리고 시청각통신교육을 거쳐 교수공학에 이르기까지 발전되어 왔다.

교육공학의 개념

교육공학(educational technology)은 공학적 입장을 교육학에 접목시킴으로써 교육활동의 효과를 높이려는 시도다. 이러한 교육공학에 대한 개념은 시대의 발전에 따라 그 명칭을 달리 사용해 왔는데, 시각교육에서 시청각교육, 공학교육 그리고 교수공학으로 변해 왔다.

교육공학

공학이란 실제적인 문제를 해결하기 위해 과학적 지식을 체계적으로 적용하는 것을 말하며, 교육공학이란 실제적인 교육문제를 해결하기 위해 가장 효율적인 방안을 모색하는 활동을 말한다.

교육공학을 이해하는 방법에는 교육의 목적을 효율적으로 달성하기 위해 공학을 수단으로 활용하는 '교육에서의 공학(technology in education)'과 교육의 개선을 위한 과정으로서 공학을 사용하는 '교육의 공학(technology of education)'이 있다. '교육에서의 공학'이란 시청각매체 등을 수업에 활용하는 것과 같은 협의의 의미를 지닌 교육공학이다. 수업에 활용되는 시청각매체는 하드웨어의 개발과 보급을 강조하다가 점차 소프트웨어의 개발을 강조하는 모습을 보이고 있다. '교육의 공학'은 교육목표를 달성하기 위해 이루어지는 일련의 과정을 하나의 체제로 이해하고, 이 과정에서 발생하는 각종 문제를 해결하기 위해 체제적 접근법을 사용하는 것을 의미한다. 즉, 교육활동 전체를 분석하고 전체를 구성하는 하위 요소들이 어떻게 관련되는지를 파악하여 이들을 전체 속에서 이해하는 것이다(변영계·김영환·손미, 2007: 24-25). 따라서 '교육에서의 공학'에서 다루는 수업의 효율성 제고를 위한 활동에서부터 학교교육 전반에 걸친 활동의 개선까지 다룬다. 그렇기 때문에 교육공학은 '교육에서의 공학'보다는 '교육의 공학'의 개념을 지지한다.

교육공학을 '교육의 공학'으로 보는 시각은 교육공학에 대한 다양한 개념 정의를 통해 종합적이고 구체적으로 변화되어 왔다. 1977년에는 교육공학을 '인간 학습의 전반에 관련된 모든 문제점을 분석하여 이에 대한 해결책을 고안하고 실행하며 평가·관리하기 위하여 인간, 절차, 이념, 장치 및 조직을 포함한 복합적이고 통합된 과정'(Seels & Richey, 1994)으로 정의하였다. 이후 1994년에는 '교수'의 측면에 더욱 접근하면서 교수공학이라는 용어를 혼용하게 되었으며, 교수공학(instructional technology)에 대해 '학습을 위한 과정과 자원의 설계, 개발, 활용, 관리 및 평가에 관한 이론이자 실제'(Seels & Richey, 1994)로 정의하였다. 이러한 정의는 한층 발전하여 2002년에 "교수설계공학(instructional design and technology) 분야는 학습과 수행 문제의 분석 그리고 다양한 환경, 특히 교육기관과 직장에서의 학습과 수행을 증진시킬 수 있는 교수적 및 비교수적 과정과 자원의 설계, 개발, 활용, 평가, 관리를 포함한다." (Reiser, 2002)라고 정의하였다. 이어 2004년에 미국교육공학회(AECT)는 교육공학에 대해 '적절한 공학적 과정 및 자원을 창출, 활용, 관리함으로써 학습을 촉진하고 수행을 개선하는 연구와 윤리적 실천'이라고 정의하였다. 이 정의에서는 교육공학이 단순히 교수활동을 위한 일련의 과정이 아니라, 학생들의 학습에의 능동적 참여를 촉진시키는 역할을 중요시하고 있고, 윤리적 측면을 강조한 점을 볼 수 있다.

교육공학의 영역

교육공학은 보통 설계, 개발, 활용, 관리, 평가의 5개 영역으로 구분되나, 사실상 상호 밀접하게 관련된 하나의 체제로 보아야 한다. 각 영역은 세부적인 내용 요소들로 구성되며, 이 또한 상호 관련된다(Seels & Richey, 1994: 26-27). 구체적인 관련성은 [그림 9-1]에서 보는 바와 같다.

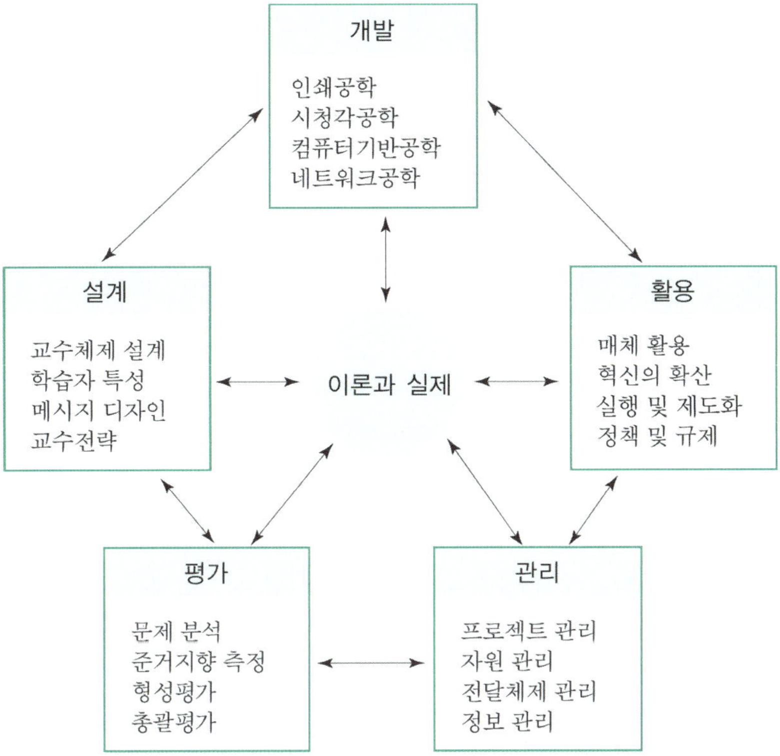

[그림 9-1] **교육공학의 영역 및 관련성**

출처: Seels, B. B., & Richey, R. C. (1994). *Instructional technology: The definition and domains of the field*. IN: AECT. p.26.

교수설계 영역

교수설계(instructional design) 영역에서는 교수자와 교수개발자가 가장 효과적인 교수방법을 결정하는 단계로, 학습자들을 위한 교수계획을 수립한다. 이 단계에서는 몇 가지 고려해야 할 요소가 있는데, 교수체제 설계, 학습자 특성, 메시지 디자인, 교수전략 등이 그것이다.

첫째, 교수체제 설계(ISD: Instructional System Design)가 어떤 식으로 이루어지는지 알아야 한다. 교수체제 설계는 교수설계의 가장 기본적 모형으로, 요구분석을 토대로 하여 투입을 최소화하고 성과를 최대화하려는 절차적 모형이다. 이 모형은 분석, 설계, 개발, 실행, 평가의 단계로 구성되어 있으며, 평가의 결과는 모든 과정에 피드백되어 적용된다. 모든 구성 요소들이 일관성을 갖고 체계적으로 이루어져야 성공적인 교수설계라 할 수 있다.

둘째, 학습자 특성(learner characteristics)을 고려해야 한다. 교수설계를 할 때는 학습자의 개인적 배경, 즉 연령, 성별, 선수학습 정도, 경험, 흥미 등을 분석하여 고려해야 한다. 학습자의 특성을 고려하지 않은 교수설계는 아무런 의미가 없다.

셋째, 교수·학습 내용을 어떤 방식으로 의사소통할 것인지에 대한 메시지 디자인(message design)이 이루어져야 한다. 교수자가 학습자에게 메시지를 전달하기 위해서는 다양한 측면에 대한 디자인이 필요한데, 활자의 크기, 페이지의 편집, 색상의 결정 등에 대한 고려가 이루어져야 한다.

넷째, 교수전략(instructional strategies) 즉, 단위 수업에서의 학습내용을 어느 정도로 국한하고 이것을 어떻게 계열화할 것인지를 결정해야 한다. 즉, 학습과정이나 절차를 고민하는 과정이다. 교수전략은 학습목표나 학습자 특성에 따라 달라질 수 있다.

교수개발 영역

교수개발(instructional development) 영역에서는 교수설계 단계에서 이루어진 것을 실제로 구체화하는 단계다. 따라서 교수개발을 통해 교수방법과 교수·학습 자료를 개발한다. 교수개발은 인쇄공학, 시청각공학, 컴퓨터기반공학, 네트워크공학 등으로 표현된다.

첫째, 인쇄공학(print technology)이다. 인쇄공학은 교육공학의 초기부터 있어왔던 것으로, 교재, 삽화, 사진 등의 인쇄물을 말한다. 따라서 인쇄공학은 교수·학습 활동을 지원하는 가장 기본적인 것이라 할 수 있으며, 다른 매체에 비해 경제적이고 사용하기 편리하다는 장점을 지닌다.

둘째, 시청각공학(audiovisual technology)이다. 시청각공학은 컴퓨터를 비롯한 다양한 기계들을 사용하여 시각적·청각적 자료와 매체를 제작하거나 활용하는 전략을 말한다. 시청각공학에는 시청각 자료의 제작을 수반하는 영화, 슬라이드, 라디오, 비디오 등이 포함된다.

셋째, 컴퓨터기반공학(computer-based technology)이다. 컴퓨터기반공학은 컴퓨터를 기반으로 설계하고 제작한 교수·학습 자료를 말한다. 컴퓨터기반공학에는 컴퓨터기반수업(CBI: Computer-Based Instruction), 컴퓨터보조수업(CAI: Computer-Assisted Instruction), 멀티미디어 등이 포함된다.

넷째, 네트워크공학이다. 네트워크공학은 컴퓨터를 중심으로 하면서 여러 매체와 통합하여 데이터베이스화한 자료 또는 통신을 이용한 자료를 말한다. 네트워크공학에는 LAN(Local Area Network), 인트라넷, 인터넷, 위성방송 등이 포함된다.

교수활용 영역

교수활용(instructional utilization) 영역은 다섯 가지 기본 영역 가운데 가장 오래된 영역으로, 개발된 교수방법 및 자료 활용 방법 등을 이해하고 개선한다. 이를 위해서는 매체의 활용, 혁신의 확산, 실행 및 제도화, 그리고 정책과 규제 등이 이루어진다.

첫째, 매체 활용(media utilization)이란 교수매체의 특성을 고려하여 교수·학습 상황에 활용하는 것이다.

둘째, 혁신의 확산(diffusion of innovation)이란 매체의 활용을 방해하는 요소들을 파악하여 활용함으로써 변화를 시도하는 노력을 말한다.

셋째, 실행 및 제도화(implementation and institutionalization)는 확산의 결과를 교수·학습 상황에 도입·정착시키거나 방안을 강구하여 제도적 장치를 마련하는 노력이다.

넷째, 정책 및 규제(policies and regulation)는 활용 시 영향을 주는 사회의 규칙과 법 그리고 행위 등에 관한 의사결정을 말한다.

교수관리 영역

교수관리(instructional management) 영역에서는 교수공학의 일련의 과정을 운영하고 조정하며, 기획·조직 및 조정·감독 등이 이루어진다. 교수관리는 프로젝트 관리, 자원 관리, 전달체제 관리, 정보 관리 등과 같은 방식으로 이루어진다.

첫째, 프로젝트 관리(project management)는 교수설계 및 개발과 관련한 프로젝트를 기획, 조직, 조정, 감독하는 것이다.

둘째, 자원 관리(resource management)는 교수공학을 지원하는 각종 자원과 서비스에 대해 계획하고 모니터링하는 것으로, 인적·물적 자원은 물론, **지적 자원**까지 포함된다.

지적 자원
오늘날 지적 재산권은 세계적으로 인정·보호하고 있으므로 소프트웨어 보호법 및 지적 재산권 보호에 대해 알고 각별히 유의해야 한다.

셋째, 전달체제 관리(delivery system management)는 교수자와 학습자에게 교수자료를 보급하기 위한 과정과 방법을 관리하는 것이다.

넷째, 정보 관리(information management)는 교수공학과 관련된 정보를 저장하고 전달하며 처리하는 과정을 모니터링하는 것이다.

교수평가 영역

교수평가(instructional evaluation) 영역은 교수·학습 활동의 적절성, 효과성, 효율성 등을 점검하는 과정이다. 교수평가 영역에는 문제 분석, 준거지향평가, 형성평가, 총괄평가 등이 포함된다.

첫째, 문제 분석(problem analysis)이란 정보를 수집하고 의사결정을 통해 문제의 원인과 범위 등을 결정하는 것이다. 문제 분석을 통해 학습자의 특성과 요구 수준을 파악하거나 문제해결방법 및 목표설정 등의 기초 자료로 사용할 수 있다.

준거지향평가
준거지향평가가 학습자의 학습목표 달성 정도에 대한 절대적인 정보를 제공해 준다면, 규준지향평가는 다른 학습자의 성취도에 의해 영향을 받는 상대평가다.

둘째, **준거지향평가**(criterion-referenced measurement)는 학습자의 학습 성취 수준을 판단하는 것으로, 지식, 태도, 기능, 행동 등의 영역에 기준을 정하고 기준을 넘어선 경우 목표에 도달한 것으로 본다.

셋째, 형성평가(formative evaluation)는 교수·학습 활동 또는 각종 교수자료의 질을 개선하기 위해 정보를 수집하는 것이다.

넷째, 총괄평가(summative evaluation)란 교수·학습 활동의 유용성을 알아보기 위해 각종 정보를 수집하고 그 효과를 평가하는 것이다.

교육공학의 발달

교육공학의 사상적 배경은 감각적 실학주의자 코메니우스에게서 찾는다. 그 그 까닭은 코메니우스가 세계 최초의 그림 교과서인『세계도화』를 서술함으로써 학습자들이 그림을 보면서 스스로 단어를 학습할 수 있게 하여 교수·학습 활동에 기여한 공로가 크기 때문이다. 이후 1800년대 초기 페스탈로찌의 사물을 이용한 수업방법이 확산되었다(변영계·김영환·손미, 2007: 225-228).

1900년대 초기에는 학교 부속 박물관들이 생겨났는데, 이곳에서 본격적인 교수매체 활용이 시작되어 OHP, 슬라이드, 필름, 도표 등을 활용한 수업을 지원하였다. 이때부터 매체를 이용한 수업을 시각교육(visual education)이라고 불렀으며, 1920년대를 거치면서 미국의 시각교육국(DVI: Department of Visual Instruction)을 중심으로 한 시각교육운동이 본격적으로 이루어졌다. 즉, 시각물을 활용한 수업이 각 대학에 개설되었으며, 정기간행물의 발행 및 체계적인 연구가 이루어지고, **교육용 영화**가 등장하여 수업에 활용되기도 하였다.

제2차 세계대전이 일어나면서 학교에 대한 관심이 줄어든 반면, 군대에서의 매체 활용에 대한 관심이 증가하면서 영화를 통한 교육의 효율성을 인정하게 되었다(이화여자대학교 교육공학과, 2004: 112-114). 이로써 시각자료와 청각자료의 통합 기술이 발달하면서 시각교육에서 시청각교육으로의 발달이 이루어졌다.

그러다가 미국은 1957년 구 소련의 인공위성 발사에 따른 충격에 대응하기 위한 특별법을 만들면서 교수매체의 개발과 활용을 위한 연구에 박차를 가하게

교육용 영화
1902년에는 영국의 어번(C. Urban)이 런던에서 최초의 교육용 영화를 상영하였고, 1911년에는 에디슨(T. Edison)이 학교에서 활용할 목적으로 교육용 영화를 제작하였으며, 1922년에는 폭스(Fox)사가 모든 학교 교실과 교회에 유성영사기를 보급하려는 의도로 교육용 영화를 제작하기도 하였다.

되었다. 즉, 이 시기에는 교수·학습 과정을 통신과정으로 보려는 통신이론의 영향과 교육에 체제적으로 접근하려는 체제이론의 영향으로 이들을 통합하여 교수·학습에서의 커뮤니케이션 과정을 중시하는 시청각통신교육의 개념으로 발달하였다. 1960년대 이르러서는 시청각통신교육이 교육공학을 거쳐 교수공학으로 변화하여 오늘날에 이르게 되었다.

교수매체의 활용

교수매체는 교수자의 교수활동을 도와주고 학습자의 학습활동을 촉진시켜 줌으로써 교수자와 학습자 사이의 의사소통을 확장시켜 주는 역할을 한다. 따라서 교수매체를 잘 활용하면 교수·학습 활동의 질을 향상시켜 학습자의 학업성취를 높일 수 있다. 이에 교수자는 교수매체의 종류와 적절한 사용방법을 알고 활용해야 할 것이다.

교수매체의 개념

교수매체

교수매체는 정보의 형태에 따라 비투사자료, 시각매체, 청각매체, 시청각매체, 상호작용매체 등으로 구분된다. 이 가운데 상호작용매체는 컴퓨터와 관련된 매체로, 학습자와의 상호작용이 가능하다는 특징을 지니며, CAI, 멀티미디어 등이 이에 해당된다.

매체(media)란 둘 이상의 사물 또는 상황을 연결해 주는 역할을 하는 하나의 장치 또는 체제로서의 형태를 갖춘 것을 말한다. 교수·학습 활동에 있어서 매체는 교수자와 학습자 사이에서 커뮤니케이션의 역할을 하기 때문에 교수매체는 수업의 효과와 크게 관련된다.

교수매체(instructional media)란 교육목표의 달성을 위해 교수자와 학습자 사이에 원만한 커뮤니케이션이 일어나도록 도와주는 다양한 형태의 매개 수단을 말한다. 교수매체는 좁은 의미의 교수매체와 넓은 의미의 교수매체로 구분된다. 전자에는 모형이나 사진, 슬라이드, 비디오 등과 같이 교수자의 수업활동을 돕는 보조기구와 이들 기구를 활용하기 위해 필요한 비디오테이프, 컴퓨터, CAI 프로그램 등과 같은 매체가 포함된다. 후자에는 교수자와 학습자의 커뮤니케이션을 활성화시키는 일련의 체제, 즉 수업설계, 학교환경, 기타 교육을 지원하는 요인들이 포함된다(김대현 외, 2015: 298).

이러한 교수매체는 학습자의 특성과 요구를 고려하여 수업목표에 따른 수업내용을 분석하는 과정을 거쳐 제작되기 때문에 교수·학습 과정의 효율성과 효과성을 높이는 데 기여한다. 즉, 교수매체는 학생들의 학습동기를 유발시켜 학습이해 수준을 높이고, 교사의 설명을 보완함으로써 학생들이 빠른 시간에 학습목표에 도달하도록 한다. 아울러 교수활동을 어느 정도 표준화시켜 교사들의 전문성과 수업방식에 따른 수업의 질적 차이를 줄여줌으로써 학습자들이 교수자에 따라 받게 되는 수업의 차이를 극복해 주는 역할도 한다.

교수매체의 분류

교수매체는 교육내용 및 학습자 특성에 맞게 사용해야 한다. 이러한 교수매체는 실제 상황에 접해 보는 구체적 자료로부터 말이나 글 등의 언어와 같은 추상적 자료에 이르기까지 다양하다.

호번의 분류

호번 등(Hoban et al., 1937)은 교재의 시각화가 가져오는 효과를 언급하면서 시각자료가 지닌 사실성의 정도에 따라 시청각자료로서의 활용이 달라진다고 보았다. 즉, 추상적인 것을 얼마나 실제적으로 전달하느냐에 따라 구체적인 것에서부터 추상적인 것으로의 사용이 가능하다고 보았다. 호번 등이 제시한 시각자료는 [그림 9-2]와 같이 분류된다.

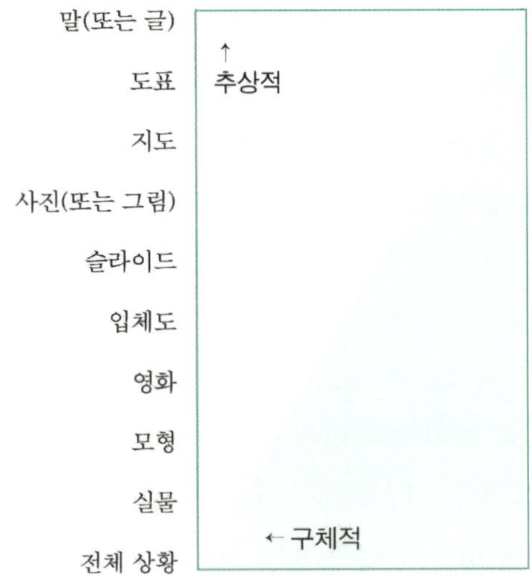

[그림 9-2] 호번 등의 시각자료 분류

출처 : Heinich, R., Molenda, M., Russell, J. D., & Smaldino, S. E. (1999). *Instructional media and technologies for learning* (6th ed.). NJ: Merrill Prentice-Hall. p.14.

[그림 9-2]에서 보는 바와 같이 구체적인 자료는 실제 눈으로 볼 수 있는 것이며, 추상적인 자료는 내용을 도표화하거나 기호화 또는 언어로 나타낸 것들이다. 학습 수준이 낮은 학습자일수록 구체적인 자료를, 학습 수준이 높은 학습자일수록 추상적인 자료를 사용하는 것이 효과적이다.

데일의 분류

데일(Dale, 1969)은 호번의 모델을 보완하여 보다 포괄적이고 체계화된 분류를 시도하였는데, 이것이 바로 '경험의 원추'라는 모델이다. 데일은 이 분류를 통해 학습자가 갖는 경험을 추상적 단계, 영상적 단계, 행동적 단계로 나누고, 각 단계의 교수매체를 [그림 9-3]과 같이 분류하였다.

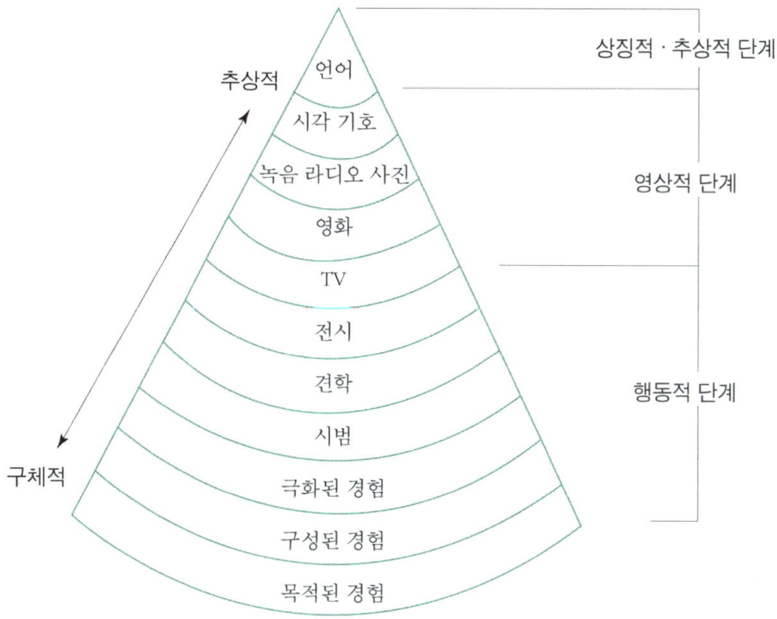

[그림 9-3] 데일의 경험의 원추

출처 : Heinich, R., Molenda, M., Russell, J. D., & Smaldino, S. E. (1999). *Instructional media and technologies for learning* (6th ed.). NJ: Merrill Prentice-Hall. p.14.

데일에 의하면 개념은 직접 경험을 통한 행동적 단계에서 시청각 자료에 의한 경험을 통한 영상적 단계, 그리고 언어를 통한 상징적 · 추상적 단계로 진전되면서 형성된다. 따라서 호번 등이 제시한 바와 유사하게 행동적 단계의 자료는 실제 눈으로 보거나 체험할 수 있는 것이고, 영상적 단계의 자료는 행동적 단계의 자료가 시청각자료로 만들어진 것이며, 상징적 · 추상적 자료에는 언어가 해당된다. 이 분류에서도 학습 수준이 낮은 학습자일수록 행동적 단계의 자료를, 학습 수준이 높은 학습자일수록 영상적 단계의 자료 또는 상징적 · 추상적 단계의 자료를 사용하는 것이 효과적이라 할 수 있다.

교수매체 및 자료의 선정

교수·학습 활동을 할 때 선정해야 하는 교수매체와 자료는 수업의 목표, 내용, 방법 등과 관련되어져야 한다. 수업의 목표에 따라 수업내용이 선정될 것이고, 수업내용을 최적의 방법으로 학습자와 커뮤니케이션을 하고자 할 때 매체와 자료를 선정해야 하기 때문이다.

매체와 자료를 선정하는 방법에는 두 가지가 있다. 하나는 교수자의 편의에 따라 매체를 먼저 선정하고 수업자료를 선택하는 방법이고, 다른 하나는 수업내용에 필요한 자료를 먼저 선택하고 이것을 사용하기에 적합한 매체를 선정하는 방법이다. 보통 수업내용에 따라 자료를 먼저 선택하고 이것을 사용할 수 있는지의 여부를 알아보는 것이 일반적이다.

교수매체, 즉 하드웨어를 선정할 때 가장 크게 고려되어야 할 것은 어떤 방식으로 수업할 것인지의 문제다. 즉, 다양한 수업의 형태를 알고 수업목표와 내용에 적합한 수업방법을 선택한 후, 수업방법에 적합한 교수매체를 선정해야 한다. 이를 위해서는 수업방법의 효율성과 효과성을 극대화할 수 있는 매체가 무엇인지 알아야 한다. 아울러 학습집단의 크기, 학습자들의 선수학습 정도 등이 고려되어야 할 것이다. 중요한 것은 교수자가 매체를 능숙하게 다룰 수 있어야 한다는 것이다.

수업자료, 즉 소프트웨어를 고려할 때도 역시 수업목표에 따른 수업내용을 학습자와 효율적이고 효과적인 커뮤니케이션을 할 수 있는 것으로 선정해야 한다. 수업자료는 수업내용에 부합하는 것으로 현재 사용가능한 자료여야 하며, 사용하고자 하는 매체와 버전이 맞아야 한다.

교수설계모형과 교육적 활용

학습의 효율성과 효과성을 높여주기 위한 노력은 교수매체의 활용과 함께 체계적인 교수설계를 통해서 나타난다. 따라서 교수매체를 활용한 수업은 일련의 체제를 갖춘 모형에 근거하는 것이 좋을 것이다.

교수설계모형

교수매체 활용 수업모형: ASSURE 모형

하인리히(Heinlich) 등이 제안한 **ASSURE 모형**은 교수매체 활용 수업모형으로 잘 알려져 있다. 이 모형의 요소는 학습자 분석, 학습목표 진술, 교수방법 및 매체와 자료 선택, 교수매체와 자료 활용, 학습자의 참여 유도, 그리고 평가와 수정이다(Heinlich, Molenda, Russell, & Smaldino, 1999: 32-33).

ASSURE 모형
ASSURE 모형은 모형을 구성하는 여섯 단계를 모형에서 명세화한 요인과 절차에 의해 수행하면 원하는 학습이 일어나는 것을 보장(assure)해 준다는 의미를 갖는다.

첫째, 학습자 분석(Analyze learner) 단계다. 이 단계에서는 학습효과를 높이기 위해 학습자의 성별, 연령, 학년 등 기본적 특성은 물론, 학습자의 지적 수준, 사전 경험, 동기, 선호 학습유형, 정보처리 능력 등과 같은 개별적 특성에 대한 분석이 이루어진다. 학습자 분석이 제대로 이루어져야 학습자 수준에 적합한 교수방법 및 매체나 자료 등을 선택할 수 있다.

둘째, 학습목표 진술(State objectives) 단계다. 학습목표는 학습의 결과 학습자가 성취하기를 바라는 바를 구체적인 행동목표로 진술해야 한다. 즉, 학습목표를 진술할 때는 행동목표를 명세화하는 원칙으로 잘 알려진 ABCD 방법에 의해 학습자(Audience), 학습결과로 나타난 행동(Behaviour), 행동 관찰의 조건 또는 상황(Condition), 그리고 학습목표 달성 여부의 평가 준거 또는 성공적 수행 수준(Degree)이 나타나야 한다.

셋째, 교수방법 및 매체와 자료 선택(Select methods, media and materials)

단계다. 이전 단계에서 학습자 분석과 학습목표 진술이 이루어지면 이에 적절한 교수방법 및 매체와 자료를 선택해야 한다. 특히 학습자 집단의 전반적인 지적 수준, 학습자 집단의 크기, 학습내용 등을 고려해야 한다.

교수매체와 자료 활용

매체와 자료를 활용할 때는 '5P 원칙'에 의해 이루어져야 하는데, 매체와 자료의 확인(Preview the materials), 매체자료 준비(Prepare the materials), 환경 준비(Prepare the environment), 학습자 준비(Prepare the learner), 학습경험 제공(Provide the learning experience) 등이 그것이다.

넷째, **교수매체와 자료 활용**(Utilize media and materials) 단계다. 교수매체와 자료는 학습내용은 물론, 선택한 교수방법에 부합하는 것이어야 한다. 특히 교수자는 교수매체의 사용방법을 능숙하게 알아 선택한 자료를 통한 커뮤니케이션을 원활하게 진행해야 하는데, 이때 자료의 과다한 사용을 자제해야 한다.

다섯째, 학습자의 참여 유도(Require learner participation) 단계다. 이 단계는 시청각매체를 활용했을 때 학습자들이 수동적으로 듣고 보는 것에서 벗어나 보다 능동적으로 수업에 참여하도록 하는 단계다.

끝으로, 평가와 수정(Evaluate and revise) 단계다. 이 단계는 매체 활용 수업을 마친 후, 학습자의 성취도를 알아보고 교수방법과 교수매체의 효과를 평가하는 단계다. 평가 결과는 다음의 교수·학습 활동에 적용함으로써 수업의 질을 높이는 데 활용한다.

교수설계 모형: 딕과 캐리의 교수설계모형

ADDIE 모형

이 모형은 '애디' 모형으로 불리어지는데, 이 모형의 요소들은 대부분의 교수설계모형에서 핵심적 활동요소로 받아들여진다.

대부분의 교수설계모형에서는 교수설계의 핵심 요소로 분석(Analyze), 설계(Design), 개발(Develop), 실행(Implement), 평가(Evaluate)를 공통적으로 선정하고 있다. 이것이 **ADDIE** 교수설계 핵심 요소다(Reiser, 2002: 18).

딕과 캐리(Dick & Carey, 1996)는 교수설계의 각 단계별 관련성을 중시하는 체제적 접근 모형을 제시하였다. 이 모형은 형성평가 결과를 모든 교수설계 단계에서 지속적으로 수정이 가능하도록 설계하고 있는데, [그림 9-4]와 같다.

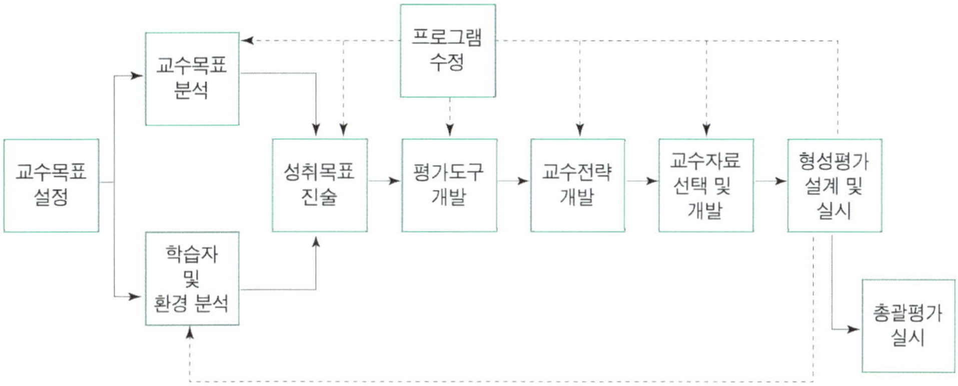

[그림 9-4] 딕과 캐리의 교수설계 모형

출처: Dick, W., & Carey, L. (1996). *The systematic design of instruction* (4th ed.). NY: Longman. pp.2-3.

첫째, 교수목표 설정 단계다. 이 단계에서는 교수·학습 활동을 마쳤을 때 학습자들에게 기대되는 바를 설정한다. 이 단계에서 정한 교수목표는 교수·학습 활동을 마쳤을 때의 최종 행동을 기술하는 것이기 때문에 광범위하게 진술된다.

둘째, 교수목표 분석 단계다. 이 단계에서는 교수목표를 성취하기 위해 학습자들이 갖추고 있어야 하는 출발점행동(E.B: Entry Behaviour)을 파악하고, 최종 목표에 도달하기 위해 필요한 하위 기능 및 지식을 도출한다.

셋째, 학습자 및 환경 분석 단계다. 이 작업은 교수목표 분석 결과와 함께 다음 단계인 성취목표 진술의 기초자료가 된다. 이 단계에서는 학습자의 지식 및 기능 수준, 학습 선호도, 학습 태도, 그리고 학습 환경 등을 분석한다.

넷째, 성취목표 진술 단계다. 이 단계에서는 앞에서 이루어진 교수목표 분석 결과, 그리고 학습자 및 환경 분석 결과를 바탕으로 하여 판별된 각각의 하위 기능을 성취하기 위해 구체적인 행동목표를 설정하는 단계다.

다섯째, 평가도구 개발 단계다. 이 단계는 교수목표 분석 단계에서 판별된 각각의 하위 기능에 대해 수립된 행동목표의 평가가 이루어지는 단계로, 각각의 하위 기능의 속성을 잘 반영한 것인지 점검한다.

여섯째, 교수전략 개발 단계다. 이 단계에서는 앞의 다섯 단계의 결과를 바탕으로 가장 효율적이고 효과적인 교수전략을 개발한다. 이때 구체적인 행동목표를 달성하기 위한 교수전략이어야 한다.

일곱째, 교수자료 선택 및 개발 단계다. 이 단계에서는 교수전략을 달성할 수 있는 교수자료를 선택하고 개발하는데, 성취목표를 달성하기 위한 교수전략에 부합할 수 있어야 한다.

여덟째, 형성평가 설계 및 실시 단계다. 이 단계는 개발 중인 교수프로그램의 질 향상을 위한 기초자료를 얻는 단계로, 여러 차례 이루어질 수 있다. 즉, 개발 중인 교수프로그램을 학습자 집단에 형성평가를 실시함으로써 문제점을 파악하고 이를 수정하기 위한 기초자료를 얻는다.

끝으로, 프로그램의 수정 단계다. 사실상 이 과정은 하나의 단계라기보다는 교수 프로그램의 결점을 수정·보완하기 위한 것으로, 수시로 이루어질 수 있다. 따라서 이 과정에서는 교수분석의 타당성, 학습자의 출발점행동 특성에 대한 정확성, 수행목표 진술의 적절성, 검사 문항의 타당성 등을 검토하여 수정·보완을 위한 기초 자료를 제공한다.

이상과 같이 교수설계가 이루어져 개발이 완료되고 실행된 교수 프로그램의 효과는 총괄평가를 통해 그 효과를 검증하게 된다. 이때 교수목표의 달성을 알아보려면 절대평가를, 교수자료가 기존의 자료에 비해 효과가 있는지 알아보려면 상대평가를 실시할 수 있다.

컴퓨터의 활용

오늘날 컴퓨터의 보급은 교수매체의 멀티미디어로서의 역할을 더욱 강조한다. 즉, 컴퓨터는 학습자와의 상호작용을 다양하게 할 수 있어 교수·학습 활동의 효과를 높이는 데 크게 기여하며, 과제를 신속·정확하게 수행하도록 도움으로써 인간 능력을 업그레이드시킨다.

컴퓨터를 교수매체로 활용하기 시작했을 때는 컴퓨터 보조수업(CAI: Computer-Assisted Instruction), 컴퓨터 관리학습(CMI: Computer-Managed Instruction) 등이 주류를 이루었다. CAI는 여러 가지 형태로 교수·학습 활동에 활용되고 있는데, 교수자와 학습자가 일대일로 상호작용하거나 지속적인 반복과 피드백을 주거나 새로운 정보를 흥미롭게 가르치고자 할 때 주로 활용되어 왔다. CMI는 컴퓨터가 교수·학습 활동을 위한 매체로 직접 사용되는 것은 아니지만, 교수·학습 활동과 관련된 제반 자료를 기록·분석·종합·평가하는 역할을 한다. 예를 들면, OMR 카드, 학습관리시스템(LMS: Learning Management System) 등이 있다.

컴퓨터를 활용한 수업의 효과에 대해서는 많은 이견이 있어왔지만, 컴퓨터 활용 수업은 학교 현장뿐만 아니라 가정에서도 이제 일상적인 학습의 형태로 정착하였다. 따라서 강의실이 아니더라도 컴퓨터가 있는 곳은 어디에서나 학습이 가능한 시대가 되었다.

이러한 발전은 인터넷의 확산을 가져왔으며, 학교현장에서는 인터넷을 활용한 수업이 적극적으로 이루어지고 있다. 인터넷은 학습자에게 시간적·공간적 제약 없이 학습을 가능하게 하고, 보다 풍부한 정보를 획득할 수 있도록 도와줌으로써 학습을 풍부하게 해 주며, 인터넷상으로 다양한 상호작용을 가능하게 함으로써 교수·학습의 큰 변화를 가져오고 있다.

특히 통신기술과 디지털 테크놀로지의 급속한 발전은 교수·학습에서의 새로운 시도를 가져왔는데, 웹 환경에서의 교수·학습 활동인 웹기반수업(WBI: Web-Based Instruction)과 정보공학 매체 기반의 교수·학습 활동인 **ICT활용교육**, **이러닝(e-Learning)**, 그리고 모바일 학습(mobile learning) 등이 그것이다. 이러한 교수·학습 활동은 유비쿼터스 학습(ubiquitous learning)을 가능하게 하면서 학습자 중심의 교육을 활성화하는 데 기여하고 있다. 특히 오늘날은 누구나 가지고 있는 스마트 기기의 사용으로 스마트교육이 공학교육에서 자지하는 역할이 커지고 있다. 그러나 각종 단점이 노출되고 있으므로 스마트교육의 장점을 살리는 교육이 크게 요구된다.

ICT활용교육

ICT란 정보기술(IT)과 통신기술(CT)의 합성어 ICT (Information & Communication Technology)이며, ICT활용수업이란 ICT를 활용한 수업, 즉 교수·학습 목표를 가장 효과적으로 달성하기 위하여 다양한 정보통신공학을 활용하는 수업을 말한다.

e-Learning

e-Learning은 공간과 시간의 제약이 없어 학습자 개개인의 학습능력이나 학습시간에 융통성을 갖기 때문에 많은 성인학습자들의 평생교육은 물론, 사이버대학의 출현에도 기여하였다.

내가 선택하는 교수매체와 자료

아, 그렇구나. 전 그냥 무조건 컴퓨터를 쓰면 된다고 생각 했어요.
그렇지 않아. 학생들의 특성과 학습내용에 따라 그에 적합한 매체와 자료를 사용해야 한단다.
그럼 어떻게 선정해야 하나요?
학습내용이 어렵거나 학생들의 선행 학습이 잘 되어 있지 않을 때는 구체적인 자료를 써야 하지.
구체적인 자료라면 호번이나 데일이 말하는 직접 체험이라든가 견학 같은거요?
그래. 눈으로 직접보고 만져보고 실제 해 보는 자료가 이해를 빠르게 하지.
요즘에는 인터넷의 발달로 언제 어디서나 필요한 자료를 찾아볼 수 있으니 얼마나 좋아? 그래서 우리는 e-Learning이나 u-Learning을 할 수 있게 되었잖아.
아, 맞아! 우리가 공부 시간에 배운 거다.

볼거리

30년을 음악선생님으로 재직한 홀랜드 선생님이 학생들에게 방향을 제시해 줌으로써 나침반 역할을 하고, 자신을 희생하며 개별 학생들에게 적합한 교수법을 발휘한 모습을 보여주는 영화 '홀랜드 오퍼스(Mr. Holland's Opus)'를 보고, 학생들 개개인에게 맞춤형 교수법을 활용하기 위해 교사가 해야 하는 노력에 대해 이야기해 보자.

생각할 거리

1. 데일의 '경험의 원추'에 등장하는 자료들에 대해 사용할 수 있는 교육대상 및 내용에 대해 설명해 보고, 이들 자료가 어느 정도 효과를 발휘할 수 있는지에 대해 논의해 보자.
2. 학생들의 학습동기를 유발하기에 좋은 교수매체를 선정하는 방법에 대해 논의해 보자.
3. 딕과 캐리의 교수설계모형을 토대로 주제를 정하여 교수목표를 설정하는 것으로부터 형성평가 및 수정에 이르기까지 일련의 과정을 설계해 보자.
4. 다음의 웹사이트를 방문해 보고, 우리가 교실수업에서 공학을 사용해야 하는 이유에 대해 논의해 보자.
   - The History of Technology in Education(https://www.youtube.com/watch?v=UFwWWsz_X9s, 3:41)
   - Technology in the Classroom(https://www.youtube.com/watch?v=al8lQSGaHYA, 4:06)

10 교육과 행정

찌지직!, 뚝, 뚝! 무슨 소리지? 교장선생님, 고쳐주세요!

"찌지직, 찌지직" 교실 바닥에서 나는 소리다. "뚝!… 뚝!" 화장실 수도꼭지가 고장나 완전히 잠기지 않은 채 물이 계속해서 한 방울씩 떨어지는 소리다. 아이들이 걸을 때마다, 그리고 교사가 아이들 사이를 다닐 때마다 이 소리는 끊이지 않는다. 화장실에 가서 손을 씻을 때 수도꼭지는 왼쪽으로도 오른쪽으로도 돌아가지 않으며, 그저 한 방울씩만 떨어뜨려 줄 뿐이다. 아쉬울 때는 그 한 방울이라도 손에 적셔 씻어야 한다. 학교의 물리적 환경은 교육행정의 중요한 부분이다. 학교시설이 열악할수록 교육의 효과도 비례하여 떨어질 수밖에 없기 때문이다.

교육행정의 기초

교육행정의 개념

교육행정의 원리

교육행정이론

고전이론

인간관계론

행동과학론

교육행정이론의 대안적 관점

교육행정 조직 및 영역

학제 및 교육행정 조직

교육행정 영역

교육행정의 기초

교육행정은 교육의 효과를 높이기 위한 활동으로, 교수·학습활동을 위한 행정적 지원이 이루어지지 않을 경우 교육의 성취는 기대할 수 없다. 따라서 교육행정은 민주적이고 중립적인 태도로 교육활동을 지원하는 전문성을 발휘할 수 있어야 한다.

교육행정의 개념

교육행정(educational administration)은 교육활동의 효율성과 효과성을 극대화하기 위한 노력이다. 구체적으로, 교육행정은 교수·학습 활동을 통해 교육목표에 도달하도록 하는 인적·물적·재정적 지원이다. 이러한 교육행정에 대한 정의는 강조하는 관점에 따라 다양하게 이루어지고 있는데, 다음과 같은 다섯 가지 입장에서 정의되는 것이 보통이다(이형행, 2004; 주삼환 외, 2009).

첫째, 법규해석적 정의다. 이 입장에서 정의하는 교육행정은 교육에 관한 법규를 해석하고 그에 따라 교육정책을 집행하는 것에 중점을 둔다. 그러다보니 행정작용에 있어서 권력적·강제적 요소를 강조하며, 교육행정의 전문성이나 독자성을 크게 고려하지 않는다. 따라서 자칫 중앙집권적이고 관료통제적인 행정을 통해 교육이 통제의 범위에서 벗어나기 어려울 수 있다.

둘째, 조건정비적 정의다. 이 입장을 지지하는 교육행정은 교육활동 환경을 지원해 주는 행정으로, 목적이 아닌 수단으로 본다. 지방분권적이고 자율적인 교육행정으로, 국가의 권력에 좌우되지 않는다. 따라서 교육행정은 오직 교육에 필요한 제반 조건을 정비하고 확립시켜 주는 보조적 봉사활동인 것이다.

셋째, 정책실현설이다. 이 입장에서는 교육행정을 국가의 권력기관이 교육정책을 수립하고 실행하는 과정으로 보기 때문에 공권력이 수반된다. 즉, 국가

교육행정

교육행정은 학교교육은 물론, 취학전 교육, 사회교육, 평생교육 등과 같은 학교 외 교육을 모두 대상으로 하며, 학교행정(school administration)은 학교교육만을 대상으로 하는 행정 영역이라 할 수 있다. 그러나 실제 교육행정에서 다루어지는 내용들은 대부분 학교교육이기 때문에 외국의 경우는 두 개념을 거의 구분하지 않고 사용하는 경우가 많다.

도 교육에 책임을 져야 한다고 보기 때문에 교육행정 실제에 가장 접근하는 정의라 할 수 있다.

넷째, 행정행위설이다. 이 입장에서 정의하는 교육행정이란 교육조직의 공동 목표를 달성하기 위한 합리적 협동행위다. 따라서 협동적 집단행위를 강조함으로써 공동 목표를 가진 집단과 조직을 전제로 한다.

끝으로, 교육행정과정론이다. 이 입장을 지지하는 교육행정은 행정이 진행되는 과정과 경로를 중시한다. 따라서 위의 네 가지 입장과는 다소 다르게 절차를 중시하는 교육행정이다. 즉, 시어스(I. B. Sears)가 구분한 바와 같이 기획(planning), 조직(organizing), 지시(direction), 조정(coordination), 통제(controlling)의 과정을 존중하면서 행정 활동을 하는 것이다.

이상의 정의를 보면 교육행정은 강조하는 입장이 다를 뿐, 궁극적으로는 교육활동의 효과를 높이기 위한 노력이라는 공통점을 찾을 수 있다. 따라서 교육행정은 조동섭(1998: 822)이 정의한 바와 같이 교육을 실시하기 위해 필요한 인적·물적 조건들을 확보하고 계발·정비하는 활동(조건 정비와 조성 활동), 교육활동이 이루어지고 있는 조직을 보다 효율적이고 체계적으로 관리·운영하는 활동(조직 관리와 운영 활동), 그리고 교육이 보다 잘 이루어지도록 기획하고 이끌어 가는 활동(교육기획과 지도·조언 활동) 등을 모두 함축하는 개념으로 정의되어야 할 것이다.

교육행정의 전문적 성격

교육행정의 전문적 성격은 교육감, 교육장, 교장, 교감, 장학직, 교육연구직 등이 교육경력을 필수 요건으로 하거나 교육전문직으로 분류되어 있는 것을 보아 알 수 있다.

결국 교육행정은 교육을 지원하는 입장에서 볼 때 수단과 기술이 필요하다고 보는 수단적·기술적 성격, 교수·학습 활동을 지원하기 위한 조성적·봉사적 성격, 교육이 자주성과 중립성을 보장받으면서 교육 본래의 목적에 의해 운영되어야 한다고 보는 민주적·중립적 성격, 교육 자체가 전문성을 갖고 있기 때문에 교육행정도 전문성을 전제로 해야 한다는 **전문적 성격** 등을 갖는다고 할 수 있다.

교육행정의 원리

교육행정은 앞에서 살펴본 교육행정의 개념과 성격을 바탕으로 하면서 일반 행정과는 다른 독특한 원리를 통해 이루어진다. 이러한 교육행정의 원리는 교육법규 및 교육행정의 운영을 통해 찾아볼 수 있다. 구체적인 내용은 다음과 같다(이형행, 2004: 365-370).

첫째, 법치행정의 원리로, 모든 행정이 법에 의거하여 이루어지는 것을 원칙으로 한다는 것이다. 따라서 교육행정도 헌법을 비롯하여 교육법, 교육공무원법, 사립학교법 등의 법률과 이를 기초로 하는 대통령령, 교육부령 및 훈령 등 각종 명령에 의거하여 집행되어야 한다. 동시에 교육행정은 교육관련 법규의 제정이나 수정 과정에도 참여해야 한다.

둘째, 기회균등의 원리로, 성별이나 신분 등에 상관없이 누구에게나 공평하게 교육받을 기회를 부여해야 한다는 것이다. 우리나라 헌법 제31조 제1항에 "모든 국민은 능력에 따라 균등하게 교육을 받을 권리를 가진다."라고 한 규정 등이 이 원리를 잘 나타내고 있다. 아울러 의무교육 기간의 연장, 보육교육의 지원, 평생교육의 활성화 정책 등이 교육의 기회균등을 실시하려는 노력이라 할 수 있다.

셋째, 적도집권의 원리로, 어느 특정 집단이나 조직에 권한이 집중되지 않으면서 중앙집권과 지방분권 사이에 균형을 이루는 것을 말한다. 집권주의는 행정의 능률을 높이는 데 필요하고, 분권주의는 권한의 위임과 참여의 기회를 보장하는 데 필요하다. 따라서 이들 두 형태를 적절히 수용하여 조화를 유지할 필요가 있다.

넷째, 자주성의 원리로, 교육행정의 중립적 성격을 나타내는 것이다. 우리나라 교육기본법 제6조 제1항에 "교육은 교육 본래의 목적에 따라 그 기능을 다하도록 운영되어야 하며, 정치적·파당적 또는 개인적 편견을 전파하기 위한 방편으로 이용되어서는 아니 된다."라고 규정된 것이나, 국·공립학교에서의 종교교육 금지 등이 이에 해당된다.

다섯째, 민주성의 원리로, 교육정책을 수립할 때 국민들의 광범위한 참여와 숙의 과정을 거쳐 합의를 이끌어내고, 결정된 정책을 집행하는 과정에서도 권한의 위임을 통해 독단을 막아야 한다는 것이다. 이를 위해서는 민주적 의사소통을 통해 중지를 모아야 하며, 협조와 이해가 수반되어야 할 것이다.

여섯째, 능률성의 원리로, 최소한의 노력, 시간, 비용을 투입하고 최대한의 효과를 달성해야 한다는 것이다. 이때 교육목표의 달성을 위해 무리하게 하다 보면 민주성의 원리가 손상될 수 있으므로 유의해야 할 것이다.

일곱째, 적응성의 원리로, 새로운 상황이나 사태에 신축성 있게 대처하여 능률적으로 성과를 얻고 조화로운 관계를 유지해야 한다는 것이다. 이때 시간적·공간적 변화에 모두 적응할 수 있어야 한다.

끝으로, 안정성의 원리로, 교육정책의 실행에 있어서 계속성과 일관성을 유지해야 한다는 것이다. 교육은 개인의 평생에 걸쳐 이루어지는 것으로, 그 효과가 오랜 시간 후에 나타나는 장기적 활동이기 때문에 그러하다.

교육행정 이론

교육행정학은 1950년대 이후 교육행정 현상에 대한 행동주의적 접근이 나타나면서 학문으로 자리잡기 시작하여 그 역사가 오래 되지 않은 학문 분야다. 그럼에도 불구하고 교육행정학은 행정학, 경영학, 경제학, 사회학, 심리학, 교육학 등의 학문과 다학문적 접근을 시도함으로써 크게 발전하고 있다.

고전이론

고전이론은 1900년대 이후 산업 분야에서 생산성과 능률성 제고를 위해 인간보다 조직을 우선시한 풍토에서 비롯된 이론이다. 이러한 분위기는 과학적 관리론, 행정관리론, 관료제론 등을 통해 나타났으며, 이는 교육행정에 그대로 적용되었다.

과학적 관리론

과학적 관리론(Scientific management theory)은 1900년대 초 미국 산업사회가 기업을 합리적·과학적으로 운영하기 위해 능률성을 강조한 데서 비롯된 것으로, 테일러(F. W. Taylor)의 '과학적 관리의 원리(principles of scientific management)'로 대표된다. 인간을 과학적으로 관리한다면 높은 효율을 가져올 수 있다는 것이다. 따라서 보빗(F. Bobbit)에 의하면 학교에서도 생산품(학생)과 생산방법(교육방법)을 표준화하고 생산자(교원)의 자격, 교육, 훈련에 과학적 관리의 원리를 적용해야 한다는 것이다(이형행·고전, 2001).

이에 따라 당시의 교육행정가들은 학교조직, 학급 편성방법, 교수방법, 시험제도 등을 점검하고 효율적인 방식으로 개편하려는 노력을 하였다. 이 이론은 오늘날 학교제도와 운영방식의 기틀을 마련하였다. 그러나 교육행정을 기업의 관점에서 접근하는 것에 대한 비판을 받기도 한다.

행정과정론

행정과정론(Administrative management theory)은 조직 전체의 관리에 초점을 둠으로써 행정의 과정 또는 관리자의 기능을 강조한다. 페이욜(H. Fayol)은 관리자의 기능을 기획(planning), 조직(organizing), 명령(commanding), 조정(coordinating), 통제(controlling)의 다섯 가지로 나누고 있다. 아울러 분업, 위계, 권한과 책임, 적정 통솔범위 등의 원리를 제시하면서 관리자가 조직을 관리하는 과정에서 필요한 내용을 지적하였다(Hoy & Miskel, 2008). 즉, 질서, 권한 배분, 능률, 공정성 등을 강조하였다.

이 이론이 교육에 적용되면서 시어스(J. B. Sears)는 기획, 조직, 지시, 조정, 통제를 교육행정의 과정으로 제시하였다. 이러한 행정 과정은 오늘날 교육과 관련된 문제를 해결할 때 자주 사용된다(주삼환 외, 2009).

관료제론

관료제론(Bureaucracy)은 베버(M. Weber)가 주창한 이론으로, 그는 권위를 구분하고, 합리적·합법적 권위에 의한 관료적 지배를 주장하였다. 관료제는 보통 분업, 전문화, 연고주의의 배제, **권위**의 위계, 규정과 규칙, 경력지향성 등의 특징을 지닌다(성태제 외, 2012: 400). 학교조직 역시 관료제를 기초로 하고 있는데, 이는 학교행정 업무의 역할 분담 및 전문화, 연고주의를 배제한 교사선발제도, 학교장-교감-교사로의 권위의 위계, 교육활동을 위한 각종 규정과 규칙의 제정, 경력을 통한 다양한 교육사태에서의 문제해결 및 중심 역할 등을 통해 알 수 있다.

권위

베버는 권위가 정당화되는 방법에 따라 전통적 권위, 신비적 권위, 합리적·합법적 권위로 구분하였다.

그러나 학교조직은 관료제적 성격을 띠고 있지만, 다른 조직에 비해서 느슨한 조직으로서의 성격을 지닌다(주삼환 외, 2009; Lunenburg & Ornstein, 2012). 즉, 법적·제도적 측면에서 관료제적 성격을 지니지만, 교수·학습 활동을 중심으로 한 교사의 전문성 측면에서는 느슨한 조직의 성격을 지닌다는 것이다.

인간관계론

인간관계론(Human relation theory)은 1930~1950년대 유행하던 이론으로, 조직을 운영하는 데 심리학적 관점을 도입한 것이다. 즉, 과학적 관리론을 비판하고 인간에 대한 관심과 배려를 강조한 것이다. 메이요(G. E. Mayo)의

호손 실험연구(Hawthorne studies)에서는 경제적 유인이 인간에게 유일한 동기 유발 요인이 아님을 조명실험이나 관찰 및 면접을 통해 밝혔다. 즉, 생산이 인간의 생리적 능력보다 비공식 조직의 규범에 의해 더 큰 영향을 받기 때문에 공식적 조직의 감독보다 비공식 조직의 리더가 더 중요한 영향을 미칠 수 있음을 밝힌 것이다(이형행 · 고전, 2001).

교육행정에서 인간관계론은 민주행정의 원리를 제시함으로써 교육행정가와 교육실천가 사이의 민주적 의사결정을 중시하고, 조직구성원들의 적극적이고 광범위한 참여를 가져오는 데 기여하였다. 그러나 지나치게 인간의 가치를 강조함으로써 조직의 생산성을 위축시켰다는 한계점을 지닌다. 주삼환 등(2009)은 이 이론이 인간관계를 강조함에 따라 무능한 교직원을 묵인하는 경우가 생기거나 장학활동을 형식적으로 하는 부작용을 가져왔다고 지적하였다.

행동과학론

행동과학론(Behavioral science theory)은 1950년대 이후 시작된 이론으로, 인간의 행동을 변화시킬 수 있다는 전제 아래 인간행동에 대한 일반 법칙을 규명하고자 한 것이다. 버나드(C. Barnard)는 공식적 조직과 비공식적 조직의 균형 및 조직 목적과 개인 목적의 균형이 이루어질 때 성공적인 조직이 될 수 있다고 보았으며, 사이먼(H. A. Simon)은 경제학, 심리학, 사회학적 관점을 통합하여 조직 내에서의 인간행동을 규명하였다.

행동과학적 접근을 통한 교육행정의 이론화 운동이 전개되면서 교육행정은 이론이 실제와 긴밀한 관련이 있다고 보고 교육조직 내에서 인간행동이 어떻게 나타나는지 밝히고자 하였다. **게젤스-구바(Getels-Guba) 모형**은 행동과학적 접근의 대표적 모형으로, 사회체제 내에 존재하는 조직적 차원과 개인적 차원을 구분하고, 이들의 상호작용에 의해 나타나는 사회적 행동에 대해 설명하고 있다(성태제 외, 2012: 404).

게젤스-구바 모형

게젤스-구바의 사회체제 모형에서는 사회체제 내에서 관찰되는 개인의 사회적 행위가 제도, 역할, 역할기대 등과 같은 조직 차원과 개인, 인성, 욕구 성향 등의 인성 차원 간의 상호작용의 결과라고 설명하고 있다.

교육행정이론의 대안적 관점

1970년대에 들어서면서는 이전의 전통적인 교육행정이론의 관점을 비판하는 해석론, 비판론, 신마르크스주의, 포스트모더니즘, 그리고 페미니스트 이론 등이 등장하였다(윤정일 외, 2008; Lunenburg & Ornstein, 2012).

첫째, 해석론(Interpretive theory)은 질적 연구를 통한 이해와 해석을 중시함으로써 양적 연구와 가설의 검증을 중시한 행동과학론과 반대되는 입장을 갖는다. 이 관점에서는 교육현상이 개별성과 특수성에 의해 이해되어야 한다고 주장한다.

둘째, 비판론(Critical theory)은 해체주의적 관점에서 현대 조직이론을 비판하며, 인간의 소외와 억압 그리고 불평등을 가져오는 기본적인 사회구조를 변화시키고자 한다. 아울러 교육의 과정에서도 현재의 권위 구조나 교육과정에 의해 이익을 보장받는 계급이 누구인지 규명하고자 한다.

셋째, 신마르크스주의(Neo-Marxism)는 조직의 비합리적이고 소외된 측면에 초점을 맞추면서 객관적 접근을 시도한다.

넷째, 포스트모더니즘(Post-modernism)은 기존의 것들을 해체하여 상대성과 다양성을 표방하고자 한다. 즉, 지식에 대한 상대성과 특수성을 고려한다.

끝으로, 페미니스트 이론(Feminist theory)은 조직이 남성문화에 의해 지배되고 있다고 지적한다. 즉, 경쟁, 복종, 충성, 효율성 추구 등이 남성문화의 산물이라고 비판하면서 이러한 현실이 바뀌어야 한다고 주장한다.

교육행정 조직 및 영역

교육행정은 중앙 및 지방의 조직을 기반으로 하여 실행된다. 이러한 교육행정 조직은 다양한 영역에서 인적·물리적·심리적 지원을 통해 교육의 효율성과 효과성을 높이는 역할을 한다.

학제 및 교육행정 조직

학제는 한 국가의 교육에 대한 집중 또는 분권 현상을 보여준다. 이러한 학제는 중앙교육행정조직과 지방교육행정조직의 지원을 바탕으로 하여 교육현장에서 계열성을 갖고 체계적으로 실행된다.

학교제도

학교제도, 즉 학제는 **교육제도** 가운데 가장 핵심이 되는 것으로, 교육의 효율성을 추구하기 위한 학교의 제도화된 교육체제다. 이러한 학제는 크게 두 가지 형태로 구분된다.

교육제도
교육제도란 교육행정 및 교육실시상의 법적·실제상의 기제, 즉 기구제도의 일체를 말한다.

하나는 단선형 학제(single ladder system)다. 이 학제는 누구나 능력에 따라 초등교육, 중등교육, 고등교육을 받을 수 있도록 한 체제에 의해 연결된다. 따라서 각 단계의 학제가 긴밀하며, 모든 국민에게 평등하게 개방된다. 우리나라 학제는 바로 6-3-3-4제를 기본으로 하는 단선형 학제다.

다른 하나는 복선형 학제(dual ladder system)다. 이 학제는 둘 이상의 학교체제를 동시에 유지하는 것으로, 일반 서민계층을 위한 초등교육의 학교계통과 상류계층을 위한 중등교육 및 고등교육의 학교계통으로 구분된다. 이 학제에서는 학교체제 간 이동이 불가능할 뿐만 아니라, 양쪽이 같은 계통의 학교라 하더라도 교육과정의 차이가 크다. 따라서 이 학제는 국민에게 평등하게 개방되지 않으며, 계층적 성격을 띤다. 일제 강점기의 우리나라 학제나 유럽의 몇몇 국가에서 볼 수 있다.

현행 우리나라의 학제를 소개하면 [그림 10-1]과 같다.

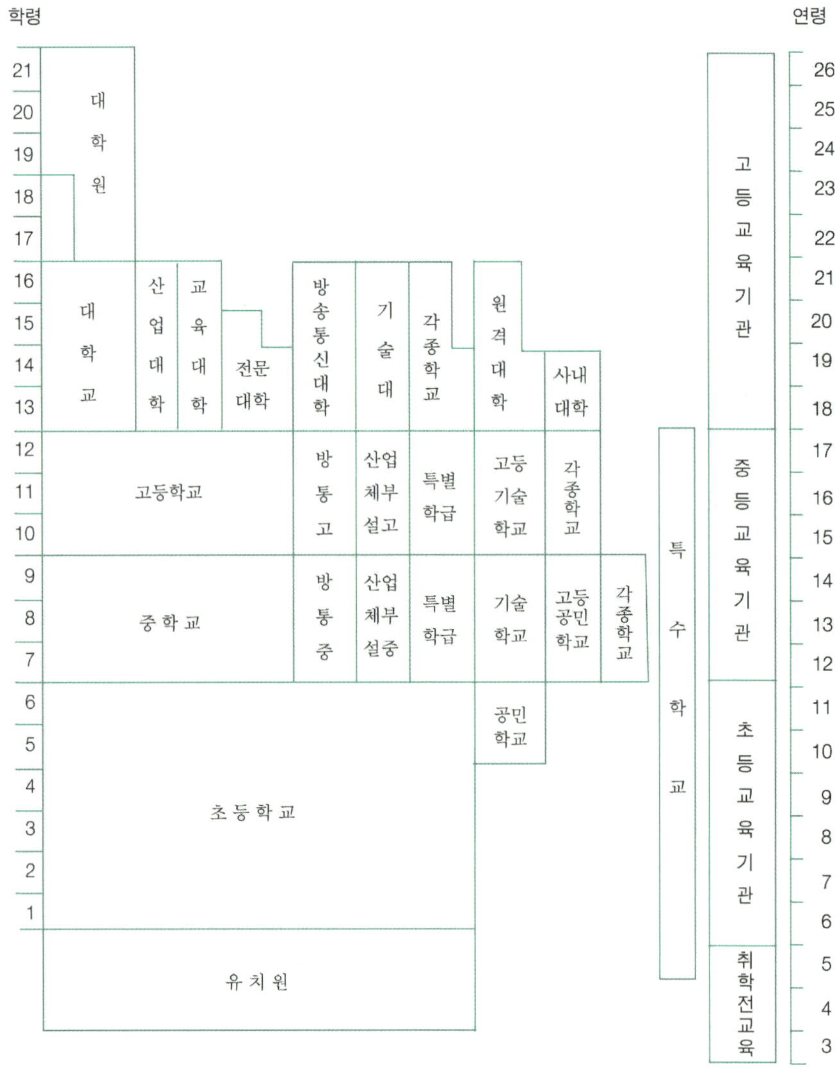

[그림 10-1] **한국의 학제**

출처: 김영철 · 박재윤 · 김홍주 · 윤종혁 · 김태은(2006). 미래사회에 대비한 학제 개편. 서울 : 한국교육개발원. p.58.

교육행정 조직

교육행정조직은 교육에 관한 행정권을 행사하는 조직으로, 교육행정을 원활하게 하기 위해 짜여진 역할 분담 체계라 할 수 있다. 교육행정조직은 크게 중앙교육행정조직과 지방교육행정조직으로 구분된다.

중앙교육행정조직

중앙교육행정조직은 중앙정부의 교육행정조직으로, 국가 수준의 교육행정을 담당하는 교육부가 있으며, 교육부장관이 교육행정에 관한 책임을 진다. 따라서 교육부장관은 국무위원으로서 국가의 최고 정책 결정에 참여하고, 교육정책의 수립 및 의사결정에 영향을 미치며, 교육관련 법령을 입안할 뿐만 아니라, 교육부령을 반포하여 관련 소속기관 및 산하기관 공무원을 지휘·감독한다.

교육부 조직은 정권이나 정부부처의 변동에 따라 개편이 이루어지는데, 현행 교육부 조직을 보면 3실(기획조정실, 학교정책실, 대학정책실), 3국(지방교육지원국, 평생직업교육국, 교육안전정보국), 11관, 그리고 49개 과(담당관)로 구성되어 있다(http://www.moe.go.kr).

지방교육행정조직

우리나라는 1991년부터 광역 단위의 교육자치제를 실시하기 시작했다. 교육자치제는 의결기구인 **교육위원회**와 집행기구인 교육청으로 구성된다. 지방교육자치의 핵심 기관인 교육감은 교육과 학예에 관하여 해당 지방자치단체를 대표하고 통할하는 집행기구다. 교육감을 중심으로 하여 부교육감, 실·국·과를 두며, 지방의 교육·학예 사무를 관장하는 교육행정기관으로 시·도 교육청이 있다.

지방교육자치제는 지역 실정에 부합하는 교육행정을 통해 교육의 자주성과 전문성은 물론, 일반 행정으로부터 분리·독립하여 정치적 중립을 확보하는 교육제도다. 이러한 내용은 헌법 제31조, **교육기본법 제5조 1항**, 그리고 동법 제6조 제1항에 명시되어 있다.

중앙교육행정조직

중앙교육행정은 넓은 의미에서는 대통령과 국무회의까지 포함시킬 수 있다. 대통령은 교육에 관한 대통령령의 공포, 주요 교육공무원 임명, 교육정책 수립과정에서의 영향력 행사 등의 임무를 수행한다. 국무회의는 대통령, 국무총리, 기타 국무위원으로 구성되며, 정부의 권한에 속하는 중요한 정책을 심의하고 국가 행정에 관한 의결권을 갖는다.

교육위원회

교육위원회제도는 1837년 미국의 매사추세츠 지역에서 주민들이 학교를 공동으로 설립하고 그들의 대표자로 구성된 이 제도를 통해 학교 운영과 관련된 제반 사무를 관장하게 한 것에서 비롯된다.

교육기본법 제5조 1항

교육기본법 제5조 제1항에서는 "국가와 지방자치단체는 교육의 자주성과 전문성을 보장하여야 하며, 지역 실정에 맞는 교육을 실시하기 위한 시책을 수립·실시하여야 한다."라고 규정하고 있다.

학교 조직

학교조직은 중앙교육행정조직과 지방교육행정조직의 교육정책과 운영방침을 학교현장에서 실행하는 역할 분담 체계를 말한다. 이러한 학교조직은 보통 교육지도조직, 교무분장조직, 운영조직으로 나눈다(김대현 외, 2015: 218-221).

첫째, 교육지도조직이다. 이 조직은 학생 교육과 지도, 즉 교과과정, 특별활동, 생활지도 등으로 구성되는 교사의 활동 조직이다. 보통 교장-교감-교과(학년)부장-교과(학급담임)교사로 조직된다. 교장은 교무를 통할하고 교직원의 지도·감독 및 학생 교육을 담당하며, 교감은 교장을 보좌하여 교무 관리 및 학생 교육을 담당한다. 부장교사는 교과교사들 또는 학년단위 교사들을 지원하고, 교과교사 및 학급담임교사는 학생들의 학습지도를 담당한다.

둘째, 업무분장조직이다. 이 조직은 학교 운영에 필요한 업무를 교사들에게 분담하는 조직 체계다. 보통 교장-교감-업무부장-교사로 조직되는데, 역할 분담을 통해 교과지도 이외의 각종 사무를 능률적으로 수행하여 학생들의 교과활동을 지원한다. 업무분장조직은 학교규모에 따라 다양하게 나뉘어지는데, 보통 교무부, 교육과정부, 수업진로부, 체육부, 과학정보부, 생활인성부 등으로 나누며, 각 부서별로 하위 업무가 조직·실행된다.

셋째, 운영조직이다. 이 조직에는 학교 운영에 필요한 의사결정에 참여하는 심의기구와 자문기구가 있으며, 비공식적 조직도 있다. 이 가운데 **학교운영위원회**는 학교의 교육자치를 활성화하고 지역의 실정에 맞는 다양한 교육을 실시하기 위해 구성된 심의기구로, 학부모위원, 교원위원, 지역위원으로 하며, 5~15명으로 구성된다. 자문기구로는 교직원회의, 부장회의, 학년협의회, 교과연구협의회, 인사자문위원회 등이 있다.

학교운영위원회

학교운영위원회에서는 학칙의 제정 또는 개정, 학교의 예·결산, 학교교육과정 운영, 학부모 경비 부담사항, 방과 후 또는 방학 중 학생 교육활동, 공모 교장의 공모방법과 임용 및 평가, 교원초빙, 학교 운영지원비의 조성·운용 및 사용, 기타 학교 운영에 대한 제안 및 건의사항 등에 대해 심의한다.

이상의 조직을 바탕으로 학급에서도 교수·학습, 생활지도, 환경 및 시설 관리, 사무, 가정과의 관계 등의 영역에 있어서 학교조직의 하위 조직으로서의 체계를 갖춘다. 이들 영역을 원활하게 수행하기 위해서는 교사를 중심으로 학생들의 학급회의 조직과 각종 활동조직은 물론, 학부모들의 활동조직을 구성할 수 있다.

교육행정 영역

교육행정이 교육활동을 지원하기 위해서는 하위 영역들 간에 상호 관련성을 갖고 제 역할을 다해야 한다. 보통 교육행정의 영역에는 교육정책 및 기획, 교육인사행정, 장학행정, 교육재정, 교육시설행정 등이 있다.

교육정책 및 기획 영역

교육정책은 교육행정의 기본 목표와 방향을 제시하는 지침으로, 교육행정에서 매우 중요한 위치를 차지한다. 교육문제의 대부분이 정책과 관련되지만, 그 가운데 중대한 교육문제들만이 교육정책의 대상이 된다.

교육문제가 정책의제로 되어 구체적인 교육정책의 수립과정을 밟아 교육정책이 형성되면 이를 실현하기 위한 교육계획을 수립하는데, 이것이 바로 교육기획이다. 교육기획이란 국가나 교육청 또는 단위학교 수준에서 조직의 목적을 달성하고자 할 때 현재 상황에 대한 분석과 미래에 대한 예측을 바탕으로 타당성 있는 목표를 설정하고 그것의 달성을 위한 실천전략과 활동계획을 수립하는 것이다(김윤태, 1997). 이러한 교육기획은 계획수립의 주체에 따라 국가, 지방, 학교에서의 교육기획 등으로 구분되거나, 계획의 기간에 따라 장기, 중기, 단기 교육계획으로 구분된다.

교육문제

교육문제 가운데 사회문제화되어 교육정책이 대상이 되는 것을 '정책의제화'된다고 한다.

교육인사행정 영역

교육인사행정은 교육목적을 달성하는 데 필요한 인적 자원을 확보하고 그들의 역량 계발 및 사기 진작에 초점을 둔다. 따라서 교원양성과 임용, 교원연수 및 승진 등과 관련된 행정활동이 이루어진다.

교원양성은 초등교원의 경우 교육대학교에서 이루어지며, 중등교원은 사범대학 또는 교직과정을 중심으로 이루어진다. 교원양성교육을 통해 교원자격증을 취득한 후에는 국·공립학교 교원의 경우 두 차례에 걸친 임용시험을 거쳐

임용된다. **초등교사 임용시험**의 경우, 1차에 교직논술과 교육과정, 한국사(한국사능력 검정시험으로 대체)를, 2차에 교직적성 심층면접, 교수·학습 과정안 작성, 수업실연, 영어면접 및 영어수업 실연 등이 이루어진다. **중등교사 임용시험**의 경우, 1차에 교육학논술과 전공을, 2차에 교직적성 심층면접, 교수·학습 지도안 작성, 수업능력 평가(수업실연, 실기·실험) 등이 이루어진다(한국교육과정평가원, http://www.kice.re.kr/sub/info.do?m=010603&s=kice).

초등교사임용시험

초등교사임용시험은 교육과정의 경우 22문항 내외이며, 기입형 또는 서술형이다.

중등교사임용시험

중등교사임용시험은 전공의 경우 교과교육학(25~35%)과 교과내용학(65~75%)으로 나뉘어 실시되며, 기술형 또는 서술형이다.

임용을 받은 후에도 교원들의 역량 계발은 교원연수, 평정과 평가, 승진, 전직과 전보 등에 의해 이루어진다(윤정일 외, 2012). 연수는 자격연수, 직무연수, 특별연수, 자율연수 등이 있다. 평정과 평가는 교육자로서의 품성, 사명의식, 학습 및 생활지도능력, 학급경영, 교육연구, 담당업무 실적 등의 영역을 대상으로 이루어진다. 승진은 상위직이 결원되었을 때 공개시험, 경력, 근무성적, 연수성적 등을 평정하여 높은 직급으로 상승 이동시키는 것이다. 전직은 종별과 자격을 달리하는 임용이며, 전보는 동일한 직위와 자격 내에서 근무기관이나 부서를 이동시키는 것이다.

아울러 교원의 사기를 진작시키기 위해서는 교육관련 법규를 통해 근무조건을 개선하고, 신분을 확고하게 보장하며, 교원으로서의 권리를 제도화할 뿐만 아니라, 사회·경제적 지위를 향상시키는 일을 들 수 있다. 그밖에 보수제도, **후생복지제도**, 근무부담의 경감 등을 통해 교원의 사기를 진작시킬 수 있다.

후생복지제도

교원의 후생복지제도로는 공무원연금법에 의한 연금 혜택, 교직원공제회를 통한 교원들의 생활 안정과 복리 증진 등을 들 수 있다.

장학행정 영역

장학은 교육행정의 과정 또는 그 연장선에 있는 활동으로, 교육과정을 개발하고 개선하는 활동이며, 교사들의 수업을 개선하려는 활동일 뿐만 아니라, 수업 개선을 위해 좋은 인간관계를 형성하는 활동이고, 학교경영을 잘 하도록 자문하는 활동이며, 교육 개선을 위해 리더십을 발휘하는 활동이다(Wiles & Bondi, 1980: 8-11).

이러한 장학은 장학활동의 주체에 따라 교육부가 실시하는 중앙장학, 시·도 교육청과 교육지원청에서 실시하는 **지방장학**, 학교에서 실시하는 교내

지방장학

각 시·도 교육청 및 지역교육청에서 실시하는 지방장학에서는 교육활동의 전반적인 점검과 지원이 이루어지는데, 종합장학, 확인장학, 개별장학, 요청장학, 특별장학, 컨설팅장학 등의 방법에 의한다.

자율장학, 그리고 교사 자신이 실시하는 자기장학 등으로 구분된다.

교육재정 영역

교육재정은 교육의 목적을 달성하는 데 필요한 재원의 확보와 배분이 이루어지는 중요한 교육행정 영역이다. 우리나라의 교육재정은 교육부의 일반회계와 특별회계 예산, 시·도의 교육비 특별회계 예산, 그리고 각급 학교의 학교회계 등으로 구분된다(윤정일 외, 2012: 364-367).

교육부의 회계는 국민의 세금으로 이루어진 국고에서 충당한다. 교육예산은 회계연도마다 정부에 의해 편성되고 국회의 심의와 의결을 거쳐 확정된 후, 각 부서에서 집행하게 된다. 집행되는 교육비는 재원에 따라 공교육비와 사교육비로 구분되며, 투입과정에 따라 직접교육비와 간접교육비로 나뉜다. 직접교육비는 교육활동에 직접 투입되는 경비로, 공교육비와 사교육비가 이에 포함된다. 간접교육비는 교육기간 중에 포기되거나 유실되는 개인의 수입과 비영리기관에 제공되는 면세의 가치, 건물과 장비의 감가상각비 및 이자 등이 포함된다.

교육시설행정 영역

교육시설행정은 교수·학습 활동을 위한 물리적 조건과 환경을 조성하는 활동 영역이다. 즉, 교지, 교사, 교실, 특별실 등의 기획, 건축, 관리, 활용 등과 관련된 영역이다. 최근에는 학교시설에 대한 관심이 증가하면서 학교의 외형적 모습은 물론, 내부의 모습도 학생들의 발달 특성과 다양한 교수·학습 활동을 지원하는 방식으로 변하고 있다. 이것은 학교 환경이 교육의 성패에 미치는 영향에 대한 인식이 증가하면서 교육시설 투자가 확충되는 모습으로 나타난 것이라 할 수 있다.

그밖에 교육행정에서 관심을 갖는 영역으로는 중앙·지방·학교의 조직구조 및 구성원들의 동기 유발에 관심을 갖는 조직론과, 교육행정가들이 교육목적을 달성하기 위해 조직을 이끌어가는 일에 관심을 갖는 교육지도성 등이 있다.

아이들 일, 학교운영위원회를 거치다!

학부모님들께 현장학습이 필요한 이유, 진행계획, 안전교육 등에 대해 자세히 언급을 하면 좋겠어요.
그런데, 운영위원회를 할 때 애로 사항이 있습니까?
네. 다시 내용을 정리해서 다음 운영위원회 때 발표하도록 하겠습니다.
네. 교사들은 내용을 잘 알아서 그런지 항상 협조하는데, 학부모님들이 가끔 반대 의견을 말씀하셔서 안건을 결정할 때 약간 어려움이 있기는 합니다.
그렇군요. 운영위원회는 사실 아이들 교육을 잘 해 보자는 취지로 만들어진 건데···
그래요. 민주적인 의사결정 과정을 거쳐서 학교를 운영한다는 것은 좋은 일이지요.
네. 그래도 학부모님들이 좋은 의견을 주셔서 아이들 교육에 도움이 되는 건 사실입니다.
네. 교육의 효과와 효율성을 높이기 위해서 하는 것이니까요.

볼거리

성적과 취업만을 강조하는 학교를 발칵 뒤집어놓은 영화 '세 얼간이'를 본 후, 자신이 학교장이라 생각하고 이들 학생에 대해 어떤 식의 교육 지원을 할 수 있을지 생각해 보자.

생각할 거리

1. '교육행정의 원리'를 들고, 이들 원리가 학교 현장의 어떤 상황에서 어떤 식으로 적용될 수 있는지 논의해 보자.
2. 인간관계론에 입각한 교육행정이 이루어질 경우, 학교 현장에서 일어날 수 있는 일들에 대해 생각해 보자.
3. 교사의 입장에서 장학사들로부터 받는 다양한 형태의 장학이 개인의 정서와 발전에 어떤 영향을 미칠지 생각해 보자.
4. 다음의 웹사이트를 방문해 보고, 리더로서의 교사가 되기 위해 어떤 노력을 해야 하는지 논의해 보자.
   - What is Good Leadership? Introverts Break it Down(https://www.youtube.com/watch?v=Ve1LsqxIA04, 5:01)
   - Leadership-How to be a Leader (https://www.youtube.com/watch?v=xQckdtQWuHM, 2:56)

11 교육평가

시험만 없어도 공부가 재미있을 텐데…

"어쩌지? 수학시험에서 다섯 개나 틀렸는데. 또 혼나게 생겼네. 아, 저녁 식사 시간이 괴롭다. 이것을 어떻게 말하면 좋을까? 우리 반 아이들 다 시험 못 봤다고 거짓말을 할까? 아, 안 돼. 금방 알게 될 텐데… 아, 정말 시험없는 세상에서 살고 싶다. 시험만 없어지면 정말 열심히 공부할 수 있는데… 그냥 솔직하게 말하고 다음 시험에서 잘 보겠다고 하는 수밖에 없지 뭐." 혹시 여러분도 이런 경험이 있는가? 평가에 대해 부정적인 생각을 버리자. 그리고 평가와 친한 친구가 되어보자. 그러면 아마도 학습효과가 높아져서 원하는 학습결과를 얻게 될 것이다.

교육평가의 기초

교육평가의 개념

교육평가의 기능

교육평가의 유형

진단평가, 형성평가, 총합평가

규준지향평가와 준거지향평가

평가도구의 조건 및 제작

평가도구의 조건

평가도구의 제작

교육평가의 기초

교육평가는 교육목표를 설정하고 이에 따라 교육활동을 수행했다면 반드시 실시해야 하는 영역이다. 그러나 교육평가에 대해서는 부정적 시각을 갖는 경우가 종종 있으며, 평가받는 것에 대해 거부 반응을 나타내기도 한다. 그러나 평가가 갖는 의미를 이해한다면 평가는 단순히 어떤 잣대로 인간을 판단하는 것이 아님을 알게 될 것이다.

교육평가의 개념

교육평가(educational evaluation)란 교육활동을 마친 후, 교육목표가 어느 정도 성취되었는지 점검하는 것을 말한다. 따라서 교육평가는 교실에서 이루어지는 교수·학습 활동에서부터 학교 단위의 각종 활동에 이르기까지 실시된다.

교육평가는 1930년대 타일러(R. Tyler)가 **측정**의 미비점을 지적하고 교육평가를 일반화하면서 사용된 것이다. 타일러는 측정이 특정 행위 자체만을 강조함으로써 교육목표라는 가치판단의 기준을 외면했다고 지적하였다. 아울러 진보주의 교육사조가 등장하면서 객관적으로 측정할 수 있는 것만을 가지고 인간을 이해하는 것은 위험하다는 인식을 갖게 되었으며, 이에 따라 교육의 효과를 쉽게 측정할 수 있는 인지적 영역뿐만 아니라 측정하기 어려운 개인의 정의적 측면과 과정(process)이 더 가치있다고 믿으면서 이에 대한 측정을 강조하게 되었다.

측정
측정은 객관성을 강조하며, 얼마나 일관성을 갖고 정확하게 파악하느냐에 관심을 갖는다.

그러나 타일러는 교육평가에 대해 교육활동을 마친 후 실시되어야 하는 것으로 국한한 탓에 비판을 받게 되었다. 즉, 타일러(Tyler, 1942)에 의하면 교육평가란 교육목표를 설정하고 그에 따라 교육내용을 선정·조직하여 교수·학습 활동을 실행한 후, 설정된 목표가 달성되었는지를 확인하고 판단하는 과정이다. 따라서 교육평가는 교육의 전 과정에 걸쳐 이루어져야 하는데, 타일러는 단순히 교육목표의 달성 여부만을 확인하는 것으로 정의함으로써 평가의 기능을 축소했다는 것이다.

교육평가를 통해 확인하고자 하는 행동변화는 겉으로 드러나는 외현적 행동뿐만 아니라 사고나 가치관 등과 같은 내면적 행동도 포함해야 한다. 따라서 교육평가는 인지적 영역은 물론, 정의적 영역과 심동적 영역에 이르기까지 광범위하게 이루어져야 한다.

박철홍 등(2013: 345-346)은 여러 학자들의 교육평가에 대한 논의를 바탕으로 교육평가에 대한 정의를 종합·정리하고 있다. 첫째로, 교육평가란 교육과정이나 교육프로그램이 교수·학습 활동을 통하여 의도된 교육목표를 얼마나 잘 달성하였는지를 파악하기 위한 활동이고, 둘째로, 교육활동을 개선하기 위하여 교육담당자나 교육행정가들이 올바른 의사결정을 내리는 데 필요한 각종 정보를 체계적으로 수집·제공하여 의사결정에 도움을 주거나 의사결정을 하는 과정 그 자체이며, 셋째로, 교육현상이나 대상에 드러나 있거나 숨어 있는 의미와 가치를 발견하고 이를 체계적으로 서술하여 반성적 시각에서 해석하고 분석하는 과정이다.

그러나 여전히 교육평가는 학습자의 교육활동을 확인하는 과정에 무게중심을 두고 있으며, 평가의 대상이 인간이다 보니 평가의 방식에 대해 논란이 많다. 이러한 논란은 교육평가의 개념 정의를 어렵게 만들 수밖에 없으며, 교육평가에 대한 다양한 역할을 요구한다.

교육평가의 기능

교육평가의 궁극적 목적은 교수·학습 활동을 극대화하여 학습의 효율성과 효과성을 높이기 위한 것이다. 따라서 교육평가는 교육활동과 관련된 일련의 과정을 총체적으로 확인하고 피드백을 주는 작업이다. 교육평가의 기능에 대해 구체적으로 살펴보면 다음과 같다(김대현·김석우, 2005; 이형행, 2004).

첫째, 교육평가는 교육과정 및 교육 프로그램의 효과를 검증하여 질적 수준을 향상시키는 역할을 한다. 교육평가는 교육활동을 위해 짜여진 커리큐럼과 각종 프로그램의 전반에 대해 그 효과를 검증함으로써 이들 커리큐럼이나 프로그램의 질적 향상을 도모하고, 나아가 교육활동의 미래를 예견하는 기초자료를 제공한다.

둘째, 교육평가는 학습자의 학업성취도를 평가함으로써 교육목표의 달성 정도를 파악하고, 이를 통해 교육의 질적 개선을 도모하는 역할을 한다. 학습자의 학업성취도는 학습자 개인의 인지적 수준과 잠재력을 파악하여 학습자의 학업성취를 향상시키기 위한 자료로 활용될 수 있다.

셋째, 교육평가는 교수·학습 방법을 개선함으로써 수업의 질을 높이는 역할을 한다. 즉, 학습목표의 도달 정도를 통해 학습이 부진한 이유, 학생들 간의 학습 차이 등을 파악하여 교수자의 교수법을 점검·개발하는 데 도움을 준다. 따라서 교수·학습 활동의 질적 수준을 높이는 데 기여한다.

넷째, 교육평가는 학습자의 학습방법을 점검하고 새로운 방법을 개발하는 데 도움을 준다. 즉, 교육평가 결과를 통해 학습자 자신의 학습방법에 대한 적합성 여부를 점검하게 함으로써 학습방법을 수정·보완하는 데 도움을 준다. 결국 교육평가는 학습자의 학습방법을 개선하는 계기가 되어 학업성취를 높여주는 데 기여한다.

다섯째, 교육평가는 학습자의 학습동기를 유발시키고 강화하는 역할을 한다. 교육평가를 통해 학습자는 내적 또는 외적 동기를 갖게 되면서 학습에 대한 의욕이 높아지게 된다. 다만, 낮은 성취를 얻은 학습자의 경우 학습동기가 더욱 악화될 수도 있는데, 이러한 상황 역시 학습동기를 갖게 하는 요인을 찾아 투입함으로써 궁극적으로는 학습동기를 유발시킬 수 있다.

여섯째, 교육평가는 정의적 측면의 지도를 위한 기초자료를 제공해 준다. 즉, 학생의 생활지도나 상담은 교육평가를 통해 얻은 다양한 인지적·정의적·심동적 측면의 자료에 근거해 이루어져야 하기 때문에 교육평가는 학생의 심리 및 생활지도에 매우 중요한 자료가 된다.

일곱째, 교육평가는 학생의 진로지도 및 취업을 위한 기초자료를 제공한다. 교육평가 결과는 학습자의 진로와 취업을 결정하는 데 중요한 기초자료가 된다. 학습자의 진로지도 및 취업 안내를 위해서는 학습자에 대한 이해가 선행되어야 하는데, 이를 위해서는 학습자의 학업능력, 정서 발달, 적성, 흥미 등에 대해 알아야 하며, 이러한 자료는 곧 교육평가에 의해 가능하다.

끝으로, 교육평가는 교육 전반에 걸친 문제점을 확인하고 이를 통한 국가경쟁력을 가늠하게 함으로써 향후 교육정책을 수립하는 데 도움을 준다. 즉, 교육평가는 국가적 차원에서 전반적인 교육활동을 검토하고 국가의 교육경쟁력을 진단·예측하게 하여 교육정책을 새롭게 수립하는 기초자료를 제공한다.

교육평가의 유형

교육평가는 평가의 방식이나 준거의 틀에 따라 다양하게 구분된다. 보통 교수·학습 진행에 따라 진단평가, 형성평가, 총합평가로, 평가 결과를 해석할 때 참조하는 기준에 따라 규준지향평가와 준거지향평가로 나눈다.

진단평가, 형성평가, 총합평가

평가는 교수·학습 활동 과정의 어느 시점에서 어떤 목적으로 실행하느냐에 따라 진단평가, 형성평가, 총합평가로 나눌 수 있다. 교수·학습 활동의 초기에 실시되는 것을 진단평가, 교수·학습 활동이 진행되는 도중에 실시되는 것을 형성평가, 그리고 교수·학습 활동을 마친 후에 실시하는 것을 총합평가 또는 총괄평가라고 한다.

진단평가

진단평가(diagnostic evaluation)는 교수·학습 활동이 시작되는 단계에 학습자의 여러 상황을 파악함으로써 교수·학습 전략을 결정하기 위해 실시하는 평가다. 학습자의 선수학습 정도, 학습 욕구나 동기, 적성 또는 흥미 등을 점검하면 학습자에게 적절한 교수전략을 개발·투입할 수 있기 때문이다. 아울러 진단평가는 학습자의 학습부진 현상이나 학습 실패의 원인을 파악하는 계기를 마련해 줌으로써 해결 방안을 모색하는 데 도움을 준다.

이러한 진단평가는 수업 전에 보는 쪽지시험이나 퀴즈, 질문 등과 같은 방식으로 이루어진다. 아울러 준비도 검사, 자기보고서 등 다양한 평가도구가 사용될 수 있다(김대현·김석우, 2005: 287).

교수·학습 활동 이전에 진단평가를 실시하면 학습자 수준을 고려한 수업목표를 설정하는 데 도움이 될 수 있다. 아울러 이들 학습자의 출발점 행동을 알아 적절한 교수방법을 적용할 수 있다는 점에서 유용한 평가라 할 수 있다.

형성평가

형성평가(formative evaluation)는 교수·학습 활동이 진행되는 과정에 실시되는 것으로, 수시 피드백이 이루어진다. 형성평가는 스크리븐(Scriven, 1967)에 의해 처음 사용된 용어로, 그에 의하면 형성평가를 통해 교수·학습 활동이 이루어지는 도중 학습자에게 피드백을 줄 수 있어 교육과정은 물론, 수업방법을 개선하는 데 유용하다. 즉, 형성평가는 교수·학습 활동 중에 학습자의 학습 이해 정도를 파악하여 수업 진행을 조정하기 위한 것이라 할 수 있다.

이러한 형성평가는 보통 교사가 제작한 간단한 검사도구나 관찰 등에 의해 이루어질 수 있다. 형성평가는 교수·학습 과정을 개선하는 것이 목적이기 때문에 그 결과를 성적 평가에 포함시키지 않는 경우가 대부분이다.

형성평가는 학습자의 이해능력, 학습방법 및 태도 등을 점검함으로써 학습자의 성취감을 통해 학습동기를 유발시키거나, 학습 곤란도를 파악하여 이를 처방하는 데 도움을 준다. 아울러 교육과정의 개선은 물론, 교수자의 교수방법을 수정·보완하여 보다 나은 교수방법을 개발하고 차시학습을 계획하는 데 도움을 준다. 교실수업에서 교수·학습 활동의 마무리 단계에서 형성평가를 실시하는 것은 형성평가가 갖는 이러한 유용성 때문이다.

총합평가

총합평가(summative evaluation)는 교수·학습 활동을 마친 후 교육목표의 달성 여부나 정도 등을 종합적으로 판정하는 평가로, 총괄평가라고도 한다. 스크리븐(Scriven, 1967)에 의하면 총합평가는 교수·학습 활동을 통해 얼마나 발전했는지, 그리고 교육목표를 성취했는지 확인하는 작업이다.

총합평가는 교수·학습 활동을 마친 학습자의 성적을 결정하는 역할을 하고, 이에 따라 학습자의 향후 학업성적을 예측하는 기초자료가 된다. 아울러 집단 간의 성적을 비교할 수 있는 정보를 제공해 주기도 한다. 총합평가는 보통 한 과목을 마치거나 프로그램을 마치는 시점 또는 학기 말에 실시하는 것으로, 교사들이 직접 제작하거나 표준화검사도구 등을 사용하는 것이 일반적이다.

학습자들이 학기말 또는 학년말에 받아보는 성적은 바로 총합평가에 의한 것으로, 학습자들의 교수목표 성취 수준과 함께 학습집단 내에서의 자신의 위치를 알려준다. 즉, 총합평가는 규준지향평가 또는 준거지향평가의 방식을 통해 서열화되기도 하고 절대적 수준을 알려주기도 한다. 아울러 총합평가의 결과는 성태제 등(2012: 273)이 언급한 바와 같이 자격증을 부여하거나 프로그램의 시행 여부를 결정하거나 책무성을 부여할 때도 사용된다.

규준지향평가와 준거지향평가

평가는 평가 결과를 해석할 때 참조하는 기준에 따라 규준지향평가, 준거지향평가로 나눌 수 있다. 학습자의 평가 결과를 규준집단의 득점 분포와 비교하여 해석하는 것을 규준지향평가라 하고, 명세화된 행동준거와 비교하여 해석할 때 준거지향평가라 한다.

규준지향평가

규준지향평가(norm-referenced evaluation)는 학습자가 얻은 점수를 비교집단의 **규준**에 비추어 상대적 서열에 의해 판단하는 평가로, 상대평가라고도 한다. 즉, 학습자가 비교집단의 규준에 비추어 어느 정도 위치에 있는지에 관심을 가지며, 따라서 학습자 개인의 집단 내에서의 위치를 다른 학습자와 비교한다(김대현·김석우, 2005: 284-285). 그러다보니 자연스럽게 검사의 신뢰도를 강조함으로써 학습자의 개인차를 얼마나 정확하게 측정하는지에 관심을 갖는다.

이를 위해 규준지향평가는 학습자의 원점수(raw score)를 표준점수 척도로 환산하여 평가하는데, 보통 등위나 퍼센트로 표시하며, 검사 점수의 정상분포를 기대한다. 그 예로, 과거에 학년 또는 학급을 단위로 하여 수 10%, 우 20%, 미 40%, 양 20%, 가 10%로 평가했던 것이나 **대학수학능력시험** 등을 들 수 있다.

규준지향평가는 학습자 집단 내 개인차의 변별이 가능하고, 성적 처리 및 표기의 객관성이 높아 교사의 편견을 배제할 수 있다. 아울러 학습자들끼리 경쟁 심리를 갖게 하여 학습동기를 유발시킬 수 있다는 장점을 지닌다.

그러나 규준지향평가는 학습자가 속한 집단 내에서의 상대적 비교에 중점을 두기 때문에 교육평가의 본질에서 벗어난다. 또한 학습자들 사이의 서열매겨짐으로 인해 과다한 경쟁심리를 갖게 하여 부정적 정서를 유발시킬 수 있다. 아울러 학습자들이 알아야 하는 것을 얼마나 알게 되었는지에 관심을 갖지 않기 때문에 진정한 교육활동의 결과를 확인하는 데 적합하지 않다는 지적을 받기도 한다.

규준지향평가
규준지향평가는 선발적 교육관에 바탕을 둔다. 따라서 준거나 목표의 도달 여부보다는 서열이나 상대적 위치를 부여하는 일에 초점을 둔다.

규준
규준이란 원점수의 상대적 위치를 설명하기 위해 사용되는 척도로, 모집단에서 추출된 표본에서 산출된 평균과 표준편차로 만들어진다.

대학수학능력시험
우리나라 대학수학능력시험에서 제공되는 백분위, T점수, 9등급점수 등은 모두 규준지향평가에 해당한다.

준거지향평가

준거지향평가

준거지향평가는 발달적 교육관에 바탕을 둔다. 따라서 선발이 아닌, 학습자가 수업목표에 도달하도록 적절한 학습방법을 제공한다.

준거지향평가(criterion-referenced evaluation)는 학습자의 현재 성취 수준이나 행동목표의 도달 정도를 알아보기 위한 평가로(김대현·김석우, 2005: 283), 절대평가라고도 한다. 따라서 평가하고자 하는 영역과 평가기준, 즉 준거(criterion)를 정해야 하는데, 수업목표가 평가의 절대적 기준이 된다. 평가 영역과 준거를 개발한 후에는 수업목표에 도달한 정도를 평가할 수 있는 평가도구를 제작하고, 이 도구에 의해 평가를 실시하여 나타난 결과를 그대로 기록한다.

따라서 준거지향평가는 교육활동 달성도를 객관적으로 분류하며, 이에 따라 평가를 부여하게 됨으로써 평가 인원을 비율에 따라 배분하지 않아도 된다. 예를 들어, 평가 기준으로 90점 이상인 경우 '수'를 주는 것으로 정했다면 90점 이상 획득한 학습자들 모두에게 '수'를 줄 수 있다. 그러다보니 검사 점수가 오른쪽으로 치우친 부적 편포를 기대한다. 준거지향평가는 대학에서의 일부 과목에 대해 이루어지고 있는데, 오늘날 그 영역을 확대하여 적용하고 있는 추세다.

준거지향평가는 학습자가 성취해야 할 것을 평가하기 때문에 학습자의 이해, 비교, 분석, 종합 등과 같은 고차적 사고능력을 함양하는 데 유리하다. 또한 교육목표나 교육과정 등을 수정·보완하는 일이 쉽게 이루어질 수 있다. 아울러 학습자들이 알고 모르는 것을 직접적으로 점검할 수 있어 교수·학습활동의 질적 수준을 높이는 일이 수월해질 수 있다.

그러나 준거지향평가는 객관적인 평가 준거를 설정하는 일이 쉽지 않을 뿐만 아니라, 검사 점수의 부적 편포를 기대하기 때문에 학습자 집단의 검사 결과를 통계적으로 활용하기 어렵다. 무엇보다도 학습자의 집단 내 비교가 어려워 개인차를 변별하는 일이 쉽지 않다.

평가도구의 조건 및 제작

평가도구는 교육활동의 성취 여부를 판단하는 데 중요한 수단이다. 따라서 평가도구는 신뢰도와 타당도를 확보할 수 있어야 한다. 아울러 평가문항을 제작할 때는 수업목표의 범위 내에서 학습자의 수준과 학습내용에 따라 다양한 형식으로 제작하여야 한다.

평가도구의 조건

평가도구는 평가의 대상을 가장 잘 이해할 수 있는 조건을 갖추어야 한다. 따라서 좋은 평가도구는 신뢰도, 타당도, 객관도, 실용도 등을 충족한다. 신뢰도와 타당도는 통계적 방법에 의해 검증하며, 객관도와 실용도는 쉽게 판단할 수 있다.

신뢰도

신뢰도(reliability)는 측정하고자 하는 것을 얼마나 안정적으로 일관성을 갖고 오차 없이 정확하게 측정하느냐와 관련된다. 즉, 어떤 행동 특성에 대해 동일한 검사를 반복 실시하였을 때 거의 같은 결과가 나왔다면, 이 검사도구는 신뢰할 만한 것이라고 할 수 있다.

신뢰도는 계수로 나타내는데, 신뢰도 계수를 산출하는 방식에는 검사-재검사 신뢰도, 동형검사 신뢰도, 반분검사 신뢰도, 문항내적 합치도 등이 있다(김대현·김석우, 2005: 385-389; 성태제 외, 2012: 284-285).

첫째, 검사-재검사 신뢰도(test-retest reliability)는 동일한 집단에 동일한 검사를 두 번 실시하여 두 점수 간 일관성의 정도를 상관계수에 의해 추정하는 것이다. 검사-재검사 신뢰도는 추정 방법이 간단하지만, 검사를 두 번 해야 하고 시행 간격에 따라 신뢰도가 다르게 산출될 수 있으며, 연습이나 기억이 변수로 작용하여 신뢰도에 영향을 미칠 수 있다는 단점이 있다.

둘째, 동형검사 신뢰도(equivalent-form reliability)는 동질성을 갖춘 두 개의 동형검사를 동일한 집단에 거의 연속적으로 실시하여 얻은 두 점수 간 상관계수에 의해 신뢰도를 추정하는 방법이다. 동형검사 신뢰도는 동형의 두 검사도구를 제작하기 어렵고, 검사-재검사 신뢰도와 마찬가지로 두 번 실시해야 한다는 문제점이 있다.

셋째, 반분검사 신뢰도(split-half reliability)는 한 개의 검사도구를 집단에 실시하고 적절한 방법으로 두 부분의 점수로 분할한 후, 분할된 두 점수 간의 상관계수를 산출하여 얻은 신뢰도를 말한다. 반분검사 신뢰도는 하나의 검사를 통해 신뢰도를 얻을 수 있어 간편하고 경제적이지만, 검사를 양분하는 방법에 따라 신뢰도 계수가 달라질 수 있다는 문제점이 있다.

넷째, 문항내적 합치도(inter-item consistency reliability)는 검사도구의 문항을 모두 각각 독립된 한 개의 검사 단위로 취급하고 문항 간 합치성, 동질성, 일치성을 종합하여 신뢰도를 얻는 방법이다. 문항내적 합치도를 구하는 방법 가운데 대표적인 것으로는 **크론바흐 α(Cronbach α)** 계수가 있다.

크론바흐 α계수

크론바흐 α계수는 검사를 양분하지 않아도 되고, 문항 간 일관성에 의해 단일한 신뢰도를 얻을 수 있다는 장점이 있다.

타당도

타당도(validity)는 측정하고자 하는 것을 충실히 측정하고 있느냐와 관련된다. 즉, 검사하고자 하는 것에 부합하는 검사도구를 선택하여 검사하느냐의 문제다. 따라서 검사를 통해 얻은 점수가 알고자 하는 특성을 얼마나 잘 나타내 주는가를 검증하게 된다.

타당도를 알아보는 방법에는 내용타당도, 공인타당도, 구인타당도, 예언타당도 등이 있다(성태제 외, 2012: 282-284; French & Michael, 1966).

첫째, 내용타당도(content validity)는 평가도구가 평가하고자 하는 내용을 충실히 측정하고 있느냐를 알아보는 것이다. 내용타당도는 전문가가 주관적으로 판단하기 때문에 타당성 입증에 대한 논란이 제기되기도 한다.

둘째, 공인타당도(concurrent validity)는 해당 검사 결과와 타당성을 인정받은 다른 준거 점수 간의 상관관계를 통해서 해당 검사도구의 타당도 수준을 나타내는 것이다. 즉, 해당 검사도구를 통해 검사를 실시하고 타당도를 검증받은 기존의 검사도구를 통한 검사를 실시한 후, 두 검사 간의 상관관계를 추정하는 것이다. 다만, 공인타당도는 타당도를 검증받은 기존의 검사도구가 없을 경우 불가능하다는 문제점이 있다.

셋째, 구인타당도(construct validity)는 인간의 특정한 행동을 반영하는 속성의 구성 요인을 얼마나 충실히 이론적으로 설명하여 경험적으로 측정하느냐를 알아보아 타당도를 추정하는 것이다. 예를 들면, 적성검사를 하고자 할 때 이 검사도구가 적성을 구성하는 요인들을 제대로 측정하고 있는가를 밝히는 것이다.

넷째, 예언타당도(predictive validity)는 검사도구가 미래의 행동특성을 얼마나 정확하게 예언하고 있는지를 알아보는 것이다. 즉, 검사점수가 미래의 행위를 잘 예측하는가에 관심을 둔다. 예를 들면, 대입 수능시험에서 우수한 성적을 보인 학생이 대학에 가서 우수한 성적을 보인다면 대입 수능시험의 예언타당도는 높다고 할 수 있다.

객관도

객관도(objectivity)는 채점자들 간 또는 한 채점자 내 채점 결과의 일치 정도를 말한다. 따라서 객관도는 채점자의 신뢰도라고 하며, 검사도구 자체에 의해 결정되는 신뢰도와는 구별된다.

채점자 간 신뢰도는 채점 결과가 채점자들 사이에서 얼마나 비슷하게 나왔느냐를 알아보는 것으로, 여럿의 채점자들이 활동과정이나 산출물 등을 심사하는 경우를 들 수 있다. 채점자 내 신뢰도는 한 채점자가 모든 채점 대상에 대해 얼마나 일관성을 갖고 채점 기준에 부합하는 평가를 하느냐의 문제로, 이때는 채점자의 일관성이 필수 조건이다.

객관도를 높이기 위해서는 평가문항과 평가기준의 객관화가 이루어져야 하고, 채점자의 평가에 대한 전문성이 필요하며, 여러 채점자가 평가하여 평균을 구하는 것이 바람직하다.

실용도

실용도(utility)란 검사도구가 최소한의 시간과 경비와 노력으로 목적을 달성할 수 있는 정도를 말한다(김대현·김석우, 2005: 391). 따라서 실용도는 검사도구가 시간과 경비와 노력을 얼마나 적게 들이고 최대의 효과를 달성할 수 있느냐에 초점을 둔다. 시간과 경비와 노력이 많이 들어가는 검사도구는 실시나 채점에 있어서 실용도가 떨어지는 것이다.

검사도구의 실용도를 높이기 위해서는 실시하기 쉽고, 채점이 간단·명료해야 하며, 검사결과의 활용도가 높아야 한다. 아울러 시간과 경비가 적게 들어야 한다.

평가도구의 제작

평가도구는 평가대상자의 객관적이고 정확한 검사 결과를 가져올 수 있어야 한다. 따라서 평가문항을 제작할 때는 학습자의 수준 및 학습목표와 학습내용에 적합해야 할 것이다. 평가문항을 잘못 만들면 타당도와 신뢰도가 낮아져 평가의 객관성과 정확성을 잃게 될 것이기 때문이다.

좋은 문항

문항의 좋고 나쁨을 알아보는 방법에는 문항분석이 있는데, 문항난이도, 문항변별도, 문항반응분포 등을 통해 이루어진다.

좋은 문항의 조건

검사도구의 신뢰도와 타당도를 확보하기 위해서는 **좋은 문항**을 개발해야 한다. 문항이 복잡하고 불분명하며 객관적으로 이루어지지 않을 경우 평가의 본질을 퇴색시켜 평가가 무의미하게 되기 때문이다. 따라서 문항을 개발할 때는 몇 가지 점에 유의해야 할 것이다.

첫째, 문항을 개발할 때는 교수목표의 달성 정도를 분명히 알 수 있도록 구체적으로 표현해야 한다. 즉, 교육평가의 목적은 교수·학습 활동 후 교수목표에의 도달 정도를 확인하는 것이므로, 반드시 교수목표에 부합하는 구체적인 내용으로 평가문항을 개발해야 한다.

둘째, 문항의 내용은 명확하면서 구조화되어야 한다. 즉, 문항의 의미가 보편적 수준에서 이해될 수 있어야 하되, 짜임새 있게 이루어져야 한다. 구조화되지 않은 문항은 학습자에게 혼란을 주기 때문에 평가도구로서 가치가 없게 된다.

셋째, 문항은 내용이나 형식의 측면에서 볼 때 참신해야 한다. 문항의 내용이 기존의 문항이나 형식과 거의 다를 바 없다면 이는 공정한 평가가 되기 어렵다. 따라서 교수·학습 내용에 변함이 없더라도 내용과 형식의 변화에 주의를 기울여야 할 것이다.

넷째, 문항은 적절한 난이도를 갖추어야 한다. 난이도가 너무 높거나 낮으면 학습자의 수준을 정확하게 판단하기 어렵다. 난이도가 낮으면 학습자들의 평가결과가 높게 나와 변별력이 떨어지며, 난이도가 높으면 학습자들 사이의 변별력은 높게 나오지만 낮은 학업성취를 보이는 학생들의 학습좌절 현상이 생기게 된다.

끝으로, 문항은 어느 정도 추상적으로 표현함으로써 고차적 사고를 평가할 수 있어야 한다. 즉, 단순 사실을 그대로 열거하여 지식적인 측면을 평가하는 것에서 벗어나 비교·분석하고 종합할 수 있는 능력을 평가할 수 있도록 내용의 재구성이 이루어져야 한다.

좋은 문항을 개발한다는 것은 결코 쉬운 일이 아니다. 가장 먼저 교수목표에 부합하는 내용이어야 하며, 이 내용을 다양한 방식으로 구조화하되 간결하고 명확하게 제시할 수 있어야 한다. 아울러 고차적 사고력을 평가할 수 있는 문항으로 재구성하고, 적절한 난이도를 통해 변별력을 유지할 수 있어야 한다.

평가문항의 제작

평가문항은 크게 선택형과 서답형으로 나뉘며, 선택형에는 진위형, 연결형, 선다형이 있고, 서답형에는 단답형, 완성형, 논술형 등이 있다(이형행, 2004: 340-348).

첫째, 진위형(true-false type)은 어떤 문장의 진술에 대한 옳고 그름을 판단하는 형식으로, 옳은 진술에는 ○표, 틀린 진술에는 ×표로 표시하는 것이 일반적이다. 진위형 문항을 제작할 때는 진실이거나 거짓인 진술로 표현하되, 부정적 문장이나 '반드시', '절대로' 등과 같은 제약을 주는 용어의 사용을 피하고, 교재의 내용을 그대로 사용하지 않도록 한다. 진위형은 사실의 이해를 평가할 때 적합한 유형으로, 많은 문항의 개발이 용이하여 광범위한 능력을 평가할 수 있다. 그러나 우연에 의한 적중률이 높고, 문항구조가 간단하여 문항의 의도에서 어긋날 수 있으며, 고등정신능력을 평가하는 데 한계점을 지닌다.

둘째, 연결형(matching type)은 지식과 이해를 알고자 할 때 사용하는 형식으로, 배합형이라고도 한다. 연결형은 전제와 답지를 여러 개 만들고 서로 관련이 있는 것끼리 연결하는 방식을 취한다. 예를 들면, 사건과 연대, 원인과 결과의 관계 등을 평가할 때 관련되는 것끼리 연결시키는 방식이다. 연결형은 전제와 답지의 계열이 각각 동질성을 가져야 하며, 양쪽의 항목 수를 달리하여 한쪽이 2~3개 정도 많게 해야 한다. 연결형은 짧은 시간에 다양한 사건이나 인물 등을 동시에 관련지어 생각하는 능력을 평가할 수 있으며, 개발 기술에 따라 고등정신능력을 평가할 수 있다. 그러나 전제와 답지의 계열을 동질적으로 배열하는 것이 쉽지 않으며, 피상적인 연상 또는 기억 위주의 검사가 될 수 있다.

셋째, 선다형(multiple-choice type)은 한 문항에 둘 이상의 답지를 제시하고 이 가운데 정답을 선택하게 하는 형식으로, 보통 4지선다형이나 5지선다형을 많이 사용한다. 선다형을 개발할 때는 문항과 답지가 잘 관련되어야 하고,

반드시 정답이 있도록 해야 하며, 부정 질문은 가능하면 삼가는 것이 좋다. 선다형은 문항을 잘 개발하면 고등정신능력까지 평가할 수 있는 것으로, 채점이 객관적이고 쉬워 결과처리가 신속·정확하며, 우연에 의한 적중률이 진위형보다는 낮다. 그러나 동질적인 답지를 개발하는 데 시간이 많이 걸리며, 학습자의 작문능력이나 논리능력을 평가할 수 없다는 한계점이 있다.

넷째, 단답형(short-answer type)은 질문에 대해 간단하게 대답하는 형식으로, 사실적인 지식 등을 알아보는 데 유용하다. 단답형 문항을 개발할 때는 질문을 명확히 하여 정답이 하나만 나오게 하고, 교재의 문장을 그대로 인용하지 않도록 한다. 단답형은 짧은 시간에 많은 문항을 개발할 수 있고, 확실히 알지 못할 때 답을 쓸 수 없기 때문에 요행이 통하지 않는다. 그러나 암기 위주의 학습을 유도할 수 있고, 분석과 종합 및 추리에 이르는 고등정신능력을 평가할 수 없다.

다섯째, 완성형(completion type)은 문장의 일부를 비워두고 괄호 안에 알맞은 답을 넣어 문장을 완성시키는 형식으로, 주로 단편적인 지식이나 기억력을 평가하는 데 사용된다. 완성형을 개발할 때 문장 속 괄호 안에 들어갈 정답은 가장 중요한 부분이어야 하고, 정답이 하나 나오도록 해야 한다. 완성형은 개발에 따라 이해력이나 판단력도 평가할 수 있는 것으로, 추측에 의해 정답을 맞출 수 없다는 장점이 있다. 그러나 추리력이나 표현력 등은 평가하기 어렵다.

끝으로, 논술형(essay type)은 질문에 제한없이 자유롭게 기술하는 방법이다. 보통 설명하거나, 비교하거나, 요약하거나, 분석하거나, 논하거나 하는 방식으로 표현된다. 논술형을 개발할 때는 교육목표에 국한하되, 학습자의 수준을 고려하여 명확하게 제시해야 한다. 논술형은 고차적 정신능력을 알아보는 데 유용한 것으로, 반응의 자유도가 높으며, 문항 제작을 위한 시간과 노력이 적게 든다. 그러나 채점의 객관도가 부족할 수 있으며, 채점하는 데 많은 시간과 노력이 든다는 단점이 있다.

내 친구, A학점

교수님, 저희 이번 학점 좀 잘 주세요.
하하~ 그럼 열심히 하면 되지.
아무리 열심히 해도 학점이 잘 나오지 않아서요.
그래? 그럼 너보다 열심히 하는 아이들이 많았다는 거네.
무슨 말씀이신지 이해가 안 가는데요?
아, 상대평가~
30%를 A그룹으로 주다보니 자연스럽게 상대평가를 하게 되는 거란다.
너보다 높은 점수를 받은 아이를 내리고 너를 높일 수는 없잖니?

네. 그럼 교수님께서 정하신 평가배점이랑 기준에 맞게 잘 봐도 상대평가일 경우에는 그 기준이 무너지는 거네요.
그럼, 교수님. 절대평가로 해 주시면 안될까요?
반드시 그런 건 아니란다.
그래서 평가 할때는 배점과 기준을 객관적으로 잘 정해야 하는거지.
그럼, 이번 학기는 그렇게 해볼까?
...
하지만 상대평가는 자신이 속한 집단에서 자신의 위치를 알 수 있어서 좋은데,
절대평가는 그렇지 못하다는 단점이 있단다.
하하... 녀석
중요한 건 정말 최선을 다해서 공부하는 거란다.
그래도 좋아요. 전 꼭 A를 받고 싶거든요.
네~열심히 해서 꼭 A 받을래요.

볼거리

영화 '파인딩 포레스터(Finding Forrester)'를 본 후, 공부도 잘하고 글재주가 뛰어난 가난한 10대 흑인 소년 자말 월러스가 천재 작가 윌리엄 포레스터로부터 받은 평가가 무엇일지 생각해 보고, 포레스터가 자말에게 남긴 마지막 편지에서 "인생의 겨울에 와서야 삶을 알게 되었고, 네가 없었다면 그걸 깨닫지 못했을 것이다."라고 한 말의 의미를 생각해 보자.

생각할 거리

1. 교육평가의 역할에 대해 설명하고, 자신의 학습경험에 비추어 교육평가가 자신에게 가져다준 장점과 단점에 대해 논의해 보자.
2. 대학에서의 학점은 과목의 특성이나 수강 학생 규모에 따라 규준지향평가와 준거지향평가가 이루어진다. 두 평가방식 가운데 어떤 방식의 평가가 좋은지 자신의 경험을 예로 들어 논의해 보자.
3. 선다형 시험과 논술형 시험 가운데 어떤 유형의 문항이 좋은지 이유를 들어 설명해 보자.
4. 다음의 웹사이트를 방문해 보고, 평가의 본질과 형성평가의 중요성에 대해 논의해 보자.
   - Evaluation(https://www.youtube.com/watch?v=gW59Zzasc8w, 9:57)
   - Formative versus Summative Assessment(https://www.youtube.com/watch?v=ns0gkx0UTxY, 0:52)

12 평생교육

와! 내 계좌에 이렇게 많이 쌓였네…

여러분들은 모두 은행의 통장을 가지고 있을 것이다. 그런데 온라인상으로 자신의 학습 이력이 통장에 하나씩 기록되고 있다면 얼마나 뿌듯할 것인가? 이것이 바로 여러분들의 학습 욕구에 의해 열심히 학습한 결과인 학습통장이자 e-포트폴리오인 평생학습계좌제다. 돈이 생기면 우리는 재(財)테크를 한답시고 고민에 빠진다. 이제 우리는 자신의 학습이력을 어느 곳에 어떤 식으로 활용할 것인지 학(學)테크를 해야 하는 시대에 살고 있다. 모아진 돈으로 무엇을 살지 고민하는 것이 아니라, 배운 것을 환원하거나 제2의 직업을 구하는 데 쓰기 위해 고민해야 할 것이다. 자신이 공부한 것을 모아두었다가 사용할 곳을 찾게 될 때 이것이야말로 배움의 기쁨이자 살아가는 행복이 아니겠는가?

평생교육의 의의

평생교육의 개념

평생교육의 발전

평생교육의 영역과 내용

평생교육 프로그램의 분류체계

평생교육 프로그램 분류체계에 따른 영역별 내용

평생교육의 정책 및 각종 제도

국가평생교육진흥원의 역할

주요 평생교육 사업

평생교육의 의의

평생교육은 일찍이 제도화된 학교교육 못지않게 국가와 개인의 필요를 충족시키는 중요한 역할을 한다. 즉, 평생교육은 국가의 유지·발전 및 개인의 삶의 질을 높이는 데 기여한다. 이에 국가별로 평생교육의 발전을 위해 다양한 정책과 연구를 계속해 왔다.

평생교육의 개념

평생교육(lifelong education)이란 용어는 1960년대 말 UNESCO의 성인교육 담당자 랭그랑(P. Lengrand)에 의해 본격적으로 알려졌다고 본다. 평생교육이란 말이 세계적으로 주목받은 것은 1965년 12월 유네스코 본부에서 '제3회 성인교육추진국제위원회(International Committee for the Adult Education)'가 개최된 것에서 비롯되기 때문이다. 그러나 이미 제1차 세계대전 이후 영국에서는 "성인교육은 영속적인 국가의 필수이며, 시민성의 불가피한 측면이다. 따라서 성인교육은 보편적인 동시에 전 생애적인 것이어야 한다."(Ministry of Reconstruction Adult Education Committee, 1919: 5)라고 언급함으로써 평생학습을 필수적인 요인으로 보고 있다. 또 익슬리(Yeaxlee, 1929)가 『평생교육(Lifelong Education)』이라는 저서를 출간함으로써 평생교육의 필요성과 중요성을 피력한 바 있다.

평생교육이 등장하게 된 배경으로 랭그랑(1970)은 이념과 관습 및 개념의 가속적 변화, 인구 증가와 평균 수명의 연장에 인한 교육의 양적·질적 변화, 과학기술의 진보와 산업·직업 구조의 변화, 정치 변동, 매스미디어의 발달과 정보처리능력의 필요성 증대, 여가의 증가 및 활용에 대한 인식의 변화, 생활양식의 변모와 인간관계의 위기, 현대인의 정신과 육체 간의 부조화, 이데올로기의 위기와 정체성의 혼란 등을 들고 있다. 이러한 상황에서 평생교육은 국가들이 유연한 경제체제를 유지하고, 시민들이 자신의 권리와 의무를 행사함으로써 정치 공동체를 유지·번영시키며, 개인의 삶을 지속해서 만족스럽게 꾸려나가려는 기대를 충족시키기 위해 필요했던 것이다(Aspin & Chapman, 2000: 13-14).

특히 생애 전반에 대한 관심이 높아지면서 성인교육, 노년학, 노인교육 등이 주요 관심 영역이 되었고, 유네스코(UNESCO)와 경제협력개발기구(OECD) 등의 국제기구를 통해 평생교육에 대한 국제적 논의가 이루어졌으며, 직업훈련 등을 통해 평생교육의 중요성에 대한 인식이 높아졌다. 평생교육은 평생교육법이 제도화되고 국가의 주요 정책으로 수립되면서 더욱 강조되었으며, 이로써 국민들의 삶의 질을 높이기 위해 생애 전반에 걸쳐 평생학습이 이루어지게 되었다.

보통 평생교육은 학교교육을 제외한 나머지 교육을 지칭한다. 그러다보니 성인을 대상으로 하는 경우가 많고 성인교육과 혼동하여 사용하기도 한다. 노올즈(Knowles, 1980)는 성인기의 학습이 갖는 특징을 아동기의 학습과 비교하여 설명하고 있는데, 아동기의 학습이 수동적이라고 한다면 성인기의 학습은 능동적인 학습이라는 것이다. 즉, 성인학습자들은 학습을 스스로 계획하고 실행·평가하는 주체일 뿐만 아니라, 풍부한 경험과 내적 학습동기를 가지고 학습에 임한다는 것이다.

평생교육에 대해서는 학교교육을 포함하여 그 이후의 생애까지 포함하는 교육으로 보는 견해가 증가하는 추세다. 다베(R. H. Dave)에 의하면 평생교육이란 개인의 전 생애에 걸쳐 개인과 집단 모두의 삶의 질을 높이기 위하여 개인적·사회적·직업적 발달을 성취시키는 과정이다. 따라서 평생교육은 요람에서 무덤까지의 수직적 통합은 물론, 형식교육(formal education)으로부터 **무형식교육**(informal education)에 이르는 수평적 통합을 특징으로 하는 통합지향 교육이라는 것이다(Dave, 1973: 22). 이러한 점에서 평생교육은 개인의 전 생애에 걸쳐 계속되는 것으로, 변화하는 현대사회에 적응하고 새로운 문제에

무형식교육

무형식교육이란 학습자의 의도하지 않는 상황에서 일어나는 학습으로, 여행이나 우연적 사건, 그리고 각종 미디어를 통해 개인이 학습하는 것을 말한다.

대처하기 위해 이에 필요한 지식과 기능 그리고 태도를 습득하는 데 도움을 주는 것이라 할 수 있다.

우리나라의 경우에도 평생교육의 이념과 이에 따른 개념을 정의하고 있다. 즉, 평생교육법 제2조 제1항에서는 "평생교육이란 학교의 정규교육과정을 제외한 학력보완교육, 성인 문자해득교육, 직업능력 향상교육, 인문교양교육, 문화예술교육, 시민참여교육 등을 포함하는 모든 형태의 조직적인 교육활동을 말한다."라고 규정하고 있다. 아울러 이러한 평생교육을 추구하는 이념을 평생교육법 제4조에서 다음과 같이 제시하고 있다.

> ① 모든 국민은 평생교육의 기회를 균등하게 보장받는다.
> ② 평생교육은 학습자의 자유로운 참여와 자발적인 학습을 기초로 이루어져야 한다.
> ③ 평생교육은 정치적·개인적 편견의 선전을 위한 방편으로 이용되어서는 아니 된다.
> ④ 일정한 평생교육과정을 이수한 자에게는 그에 상응하는 자격 및 학력인정 등 사회적 대우를 부여하여야 한다.

이처럼 평생교육은 기회균등, 자발성, 정치적 중립성 그리고 학습결과의 인정 등을 추구함으로써 개인의 삶의 질을 향상시키는 활동이라 할 수 있다. 평생교육을 통한 개인의 행복은 곧 국가의 발전을 가져온다.

평생교육의 발전

서구의 평생교육은 19세기 말 유럽을 중심으로 전개된 성인교육에서 찾아볼 수 있다. 당시 성인교육은 주로 농민이나 노동자 등을 대상으로 이루어졌다. 즉, 학교교육제도 밖의 소외된 계층을 대상으로 전개되면서 비판적 성향의 민중교육 전통을 형성하였다. 이후 평생교육에 대한 논의는 유네스코, 경제협력

개발기구, 세계은행 그리고 유럽연합 등이 중심이 되어 이루어졌다(박철홍 외, 2013: 462-466; 성태제 외, 2012: 441-445).

우선, 유네스코(UNESCO: United Nations Educational Scientific and Cultural Organization)에서는 아시아와 아프리카 신생국들을 대상으로 문해교육을 최우선 사업으로 삼은 데서 평생교육을 본격화시켰다. 또한 세계성인교육회의를 개최하여 국가별 성인교육의 상황을 점검하고 발전방향을 모색하는 장을 마련하면서 영아기부터 노년기에 이르기까지 전체 교육을 통합하는 평생교육이라는 개념을 확립하고, 성인교육이 평생교육체제에서 필수적인 위치에 있음을 확인하였다. 그리하여 유네스코는 1970년을 '세계 교육의 해'로 선언하기도 하였다. 이후 각종 보고서를 통해 모든 국가로 하여금 평생교육을 교육정책의 기본 개념으로 삼도록 제안하였으며, 특히 1997년 함부르크에서는 '21세기의 열쇠가 되는 성인교육'이라는 주제로, 2009년 브라질 벨렘에서는 '실행 가능한 미래를 위한 삶과 학습: 성인학습의 힘'이라는 주제로 세계성인교육회의가 개최되면서 성인교육은 평생교육의 중요한 위상을 확보하게 되었다.

또한, 경제협력개발기구(OECD)에서는 1973년에 『순환교육: 평생학습을 위한 전략(Recurrent Education: A Strategy for Lifelong Learning)』이라는 보고서를, 1996년에는 『만인을 위한 평생학습(Lifelong Learning for All)』이라는 보고서를 발표함으로써 평생학습의 기회 창출과 이를 위한 전략을 제시하였다.

세계은행(World Bank) 역시 2003년에 『지구 지식경제에서의 평생학습(Lifelong Learning in the Global Knowledge Economy)』이라는 보고서를 발행함으로써 평생학습이 경제 발전에 기여함을 주장하였다.

아울러 유럽연합(EU: European Union)에서도 다양한 평생학습 정책을 제안하였다. 즉, 1995년 『교수와 학습: 학습사회를 향하여(Teaching and Learning: Toward the Learning Society)』를 발간하고, 1996년을 '유럽 평생학습의 해'로 선언하였다. 그리하여 평생학습을 통해 개인의 평생 직업능력을 향상시키려는 의지를 표명하였다. 2001년에는 『유럽 지역의 평생학습 실현전략(Making a European Area of Lifelong Learning a Reality)』이라는 보고서를 채택함으로써 평생학습에 대한 본격적인 교육 및 훈련 시스템을 재구조화하는 작업을 하고, 회원국 간 교류를 지원하도록 하였다.

우리나라의 평생교육은 그 근원을 조선 말기 일본에서 도입된 사회교육에서 찾는다. 일제시대에는 애국계몽운동을 위해 결성했던 **각종 단체**들이 사회교육을 국권옹호와 민중계몽의 수단으로 사용했다. 이후 미군정기에 문교부 학무국 내에 성인교육계를 창설하면서 사회교육은 사라졌다 부활하기를 거듭하였다. 평생교육의 개념이 소개된 것은 유네스코의 제3차 세계성인교육회가 열린 다음 해인 1973년으로, 유네스코 한국위원회에서 'lifelong education'을 평생교육으로 번역한 것이 오늘에까지 이른다. 이러한 우리나라의 평생교육은 국가적 차원의 새마을운동이나 야학 등과 같은 형태로 발전되어 오다가, 1980년 헌법에 관련 조항이 규정되고 1999년 사회교육법이 평생교육법으로 개정되면서 교육계에 큰 변화를 가져왔다. 이후 2007년 평생교육법이 전면 개정되면서 지방자치단체를 평생교육 행정기관으로 포함시켜 평생교육 활성화에 주력하게 되었다. 즉, 국가평생교육진흥원과 각 시·도 평생교육진흥원이 설립되면서 평생교육의 추진체제가 마련되고, 지자체별로 다양한 평생교육 영역에 따라 평생학습이 확산되고 있다.

각종 단체
조선 말 애국계몽운동을 위해 결성했던 단체로는 대한자강회, 태극학회, 대한흥학회, 서북학회 등이 있다.

평생교육의 영역과 내용

평생교육은 평생교육법에 명시한 평생교육의 개념 정의에 따라 6대 영역으로 구분되며, 각 영역은 대분류로서 다시 중분류와 소분류로 구분된다. 이와 같은 분류체계는 평생교육 프로그램의 영역화를 통해 학습자와 평생교육기관 모두 평생교육을 이해하고 실행하는 데 도움이 될 것이다.

평생교육 프로그램의 분류체계

우리나라 국가평생교육진흥원에서는 평생교육 프로그램 분류체계를 대분류-중분류-소분류로 나누어 평생교육 프로그램을 영역별로 범주화시켰다. 즉, 대분류로 평생교육법의 평생교육 6대 영역을 근거로 각 영역별 3개씩 총 18개 영역의 프로그램에 코드번호를 부여하는 '한국 평생교육 프로그램 6진 분류표(KLPCS)'를 개발하였다. 평생교육 프로그램의 위계적 준거 틀이 되는 분류체계는 [그림 12-1]과 같다.

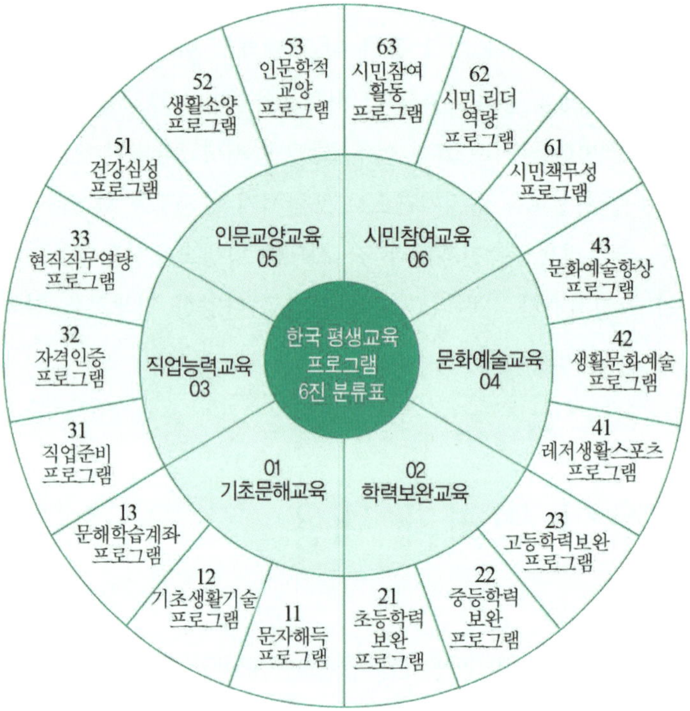

[그림 12-1] 한국 평생교육 프로그램 분류체계

출처: 김진화·고영화(2009). **평생교육 프로그램 분류체계.** 수탁연구 CR 2009-2. 서울 : 평생교육진흥원. p.55.

평생교육 프로그램 분류체계에 따른 영역별 내용

우리나라 평생교육은 평생교육법 제2조 제1항에서 평생교육에 대한 개념 정의에 따라 평생교육의 영역을 학력보완교육, 성인 문자해득교육, 직업능력 향상교육, 인문교양교육, 문화예술교육, 시민참여교육 등으로 나눈다. 영역별 중분류 및 관련 프로그램을 소개하면 다음과 같다(김진화·고영화, 2009: 56-59).

첫째, 학력보완교육(Schooling Certificate and Complementary Education)이다. 학력보완교육은 초·중등교육법과 고등교육법에 따라 학력 인정에 필요한 이수단위 및 학점취득과 관련된 평생교육 영역이다. 이 영역의 중분류는 초등학력보완 프로그램, 중등학력보완 프로그램, 고등학력보완 프로그램 등으로 이루어진다. 초등학력보완 프로그램에는 초등학력인증강좌, 초등교과연계강좌, 중입검정고시강좌 등이, 중등학력보완 프로그램에는 고입검정시험강좌, 대입검정시험강좌, 중·고생 교과연계강좌, 진로강좌 등이, 고등학력보완 프로그램에는 독학사강좌, 학점은행강좌, 시간등록제강좌 등이 포함된다.

둘째, 성인 문자해득교육(Literacy Education)이다. 문자해득교육은 한글을 읽고 쓸 수 있는 문해능력과 생활 속에서 직면한 문제를 해결하여 과제를 수행하는 문제활용능력을 개발하고 기초학력을 인증받을 수 있도록 지원하는 평생교육 영역이다. 이 영역의 중분류는 문자해득 프로그램, 기초생활기술 프로그램, 문해학습계좌 프로그램 등으로 이루어진다. 문자해득 프로그램에는 한글교실 등이, 기초생활기술 프로그램에는 한글교실 및 다문화교육 등이, 그리고 문해학습계좌 프로그램에는 학습계좌신청문해강좌 등이 포함된다.

셋째, 직업능력 향상교육(Vocation and Workforce Education)이다. 직업능력 향상교육은 직업 준비 또는 직무역량 개발을 목적으로 하는 평생교육 영역이다. 이 영역의 중분류는 직업준비 프로그램, 자격인증 프로그램, 현직직무역량 프로그램 등으로 이루어진다. 직업준비 프로그램에는 창업관련과정,

취업준비과정, 재취업정보교육 등이, 자격인증 프로그램에는 외국어자격인증, 지도사양성과정, 자격증취득과정, 토익·토플강좌 등이, 현직직무역량 프로그램에는 직무연수, 평생교육사연수 등이 포함된다.

넷째, 인문교양교육(Humanities General Education)이다. 인문교양교육은 인성과 소양을 개발하고 배움을 즐기는 신체적·정신적 건강을 겸비하는 것을 돕는 평생교육 영역이다. 이 영역의 중분류는 건강심성 프로그램, 생활소양 프로그램, 인문학적 교양 프로그램 등으로 이루어진다. 건강심성 프로그램에는 상담치료, 종교교육, 식생활교육, 생활의료교육, 보건교육 등이, 생활 소양 프로그램에는 예절교육, 정보인터넷활용교육, 생활외국어 및 생활한자교육 등이, 인문학적 교양 프로그램에는 일반문학, 과학, 역사, 철학, 독서 등과 관련된 강좌 등이 포함된다.

다섯째, 문화예술교육(Art and Culture Education)이다. 문화예술교육은 창작활동에 필요한 기능이나 문화예술을 향유할 수 있는 능력을 개발하는 평생교육 영역이다. 이 영역의 중분류는 레저생활스포츠 프로그램, 생활문화예술 프로그램, 문화예술향상 프로그램 등으로 이루어진다. 레저생활스포츠 프로그램에는 레저활동 및 생활스포츠강좌, 수영·골프강좌, 벨리댄스교실, 활쏘기 등이, 생활문화예술 프로그램에는 풍선아트, 사진예술, 염색, 생활공예, 노래교실 등이, 문화예술향상 프로그램에는 음악, 무용, 미술, 도자기, 공예, 연극, 영화 등의 강좌가 포함된다.

끝으로, 시민참여교육(Citizen Participatory Education)이다. 시민참여교육은 민주시민으로서 갖추어야 하는 자질과 역량을 계발하고, 사회통합 및 공동체의식과 관련한 인식 및 태도를 기르도록 지원하는 평생교육 영역이다. 이 영역은 시민책무성 프로그램, 시민리더역량 프로그램, 시민참여활동 프로그램의 중분류를 갖는다. 시민책무성 프로그램에는 인권교육, 양성평등교육, 다문화이해, 환경생태체험강좌 등이, 시민리더역량 프로그램에는 지역 또는 평생학습리더 양성, **NPO**지도자과정, 지역문화해설사과정 등이, 시민참여활동 프로그램에는 학습동아리교육, 평생교육자원봉사, 환경실천교육 등이 포함된다.

NPO

NPO(Non-Profit-Organization)는 민간 비영리 단체로, 영리를 목적으로 하지 않고 사회 각 분야에서 자발적으로 활동하는 각종 시민단체를 말한다.

평생교육의 정책 및 각종 제도

우리나라의 평생교육은 국가 평생교육 총괄기구인 국가평생교육진흥원을 중심으로 하면서 지역사회가 자체적으로 실행하고 있다. 국가평생교육진흥원에서의 각종 정책은 국민이 평생학습을 통해 삶의 질을 향상시킬 수 있도록 지원한다.

국가평생교육진흥원의 역할

우리나라의 평생교육은 2007년 12월 평생교육법이 전면 개정됨에 따라 국가단위 평생교육 실행기구의 설립근거를 마련하게 되었다. 2008년에는 한국방송통신대학교 독학학위검정원과 한국교육개발원의 평생교육센터, 그리고 학점은행센터의 3개 기관을 통합하여 개원하였으며, 이후 2010년 평생학습계좌제를 개통하고, 2011년 전국학부모지원센터를 개소하였을 뿐만 아니라, 2012년 중앙다문화교육센터를 개소하면서 지속적인 발전을 거듭하고 있다.

우리나라의 평생교육은 국가평생교육진흥원(NILE: National Institute for Lifelong Education)을 중심으로 이루어지고 있는데, 국가평생교육진흥원은 헌법 제31조 제5항의 "국가는 평생교육을 진흥하여야 한다."라는 규정, 교육기본법 제3조의 "모든 국민은 평생에 걸쳐 학습하고, 능력과 적성에 따라 교육받을 권리를 가진다."라는 규정, 그리고 평생교육법 제19조 제1항의 "국가는 평생교육진흥과 관련된 업무를 지원하기 위하여 국가평생교육진흥원을 설립한다."라고 하는 법적 근거에 의해 설립된 기관이다. 따라서 국가평생교육진흥원은 평생교육 진흥과 관련된 업무를 효율적으로 수행함으로써 국민의 평생교육 활성화에 기여함을 목적으로 설립된 기관이라 할 수 있다.

이러한 목적을 달성하기 위해 국가평생교육진흥원에서는 국가계획 및 정책 수립, 국가 평생교육 추진체제 구동, 프로그램 및 학습자료 개발, 평생교육

전문가 양성, 평생교육 종합정보망 구축, 평생교육제도 운영 등의 업무를 맡고 있다. 구체적으로 국가평생교육진흥원의 주요 기능을 살펴보면 다음과 같다(국가평생교육진흥원, 2014).

첫째, 평생교육과 관련된 국가계획 및 정책을 수립한다. 즉, 국가 평생교육 기본계획을 수립하고, 각종 연구 및 조사 활동을 통해 정책을 수립한다.

둘째, 국가 평생교육 추진체제를 구동시킨다. 즉, 국가평생교육진흥원→시·도 평생교육진흥원→시·군·구 평생학습도시→읍·면·동 행복학습센터의 체계를 통해 평생교육을 추진한다.

셋째, 평생교육 프로그램 및 학습자료를 개발한다. 즉, 비문해자, 학부모, 경력단절여성, 은퇴자, 장애인 등을 위한 각종 평생교육 프로그램 및 자료를 개발하여 보급한다.

넷째, 평생교육 전문가를 양성한다. 즉, 평생교육사를 양성하고 이들의 자격제도를 관리하며, 문해교육교원 양성 및 평생교육담당자 연수를 실시한다.

다섯째, 평생교육 종합정보망을 구축한다. 즉, 시·도 정보망을 연계하고, 평생학습포털 **'늘배움'**을 운영하며, **한국형 무크**(K-MOOC: Korea-Massive Open Online Course) 플랫폼을 구축한다.

끝으로, 평생교육제도를 운영한다. 예를 들면, 학점은행제, 독학학위제, 평생학습계좌제 등을 들 수 있다.

늘배움

평생학습포털 '늘배움'이란 누구나, 언제, 어디서나 정보를 습득하고 학습에 참여할 수 있도록 온라인 정보 및 콘텐츠 서비스를 제공하는 것을 말한다.

한국형 무크

한국형 무크(K-MOOC)란 대규모 온라인 강좌의 한국형 모델로, 일방향의 기존 온라인 수업방식에서 벗어나 Blended Learning, Flipped Learning 등 최신 교수방법을 도입하여 온/오프라인 쌍방향 서비스를 제공하는 것을 말한다.

주요 평생교육 사업

국가평생교육진흥원에서 개발·운영하는 주요 평생교육사업에는 학점은행제, 독학학위제, 평생학습계좌제, 평생교육사, 평생학습도시 등이 있다. 이들 제도는 모두 학위 취득이나 고용으로 연결되어 평생학습자들의 학력 보완 및 취업을 지원하거나, 그들의 삶의 질을 향상시키는 데 기여하고 있다.

학점은행제

학점은행제는 학교에서 뿐만 아니라 학교 밖에서 이루어지는 다양한 형태의 학습과 자격을 학점으로 인정하고, 학점이 누적되어 일정 기준을 충족하면 학위취득을 가능하게 함으로써 궁극적으로 열린 교육사회, 평생학습사회를 구현하기 위한 제도다(http://www.cb.or.ck).

학점은행제

학점은행제는 「학점인정 등에 관한 법률」(법률 제11690호)에 의거하여 운영된다.

학점은행제는 1995년 5월 대통령 직속 교육개혁위원회에서 제안되어 1998년 3월부터 시행된 것으로, 국민의 평생학습권 보장 및 학습경험의 다양화, 대학교육 불수혜 집단을 위한 대안적 방식의 대학학력 취득기회 제공, 교육부문 간 균형 발전을 위한 평생교육 이수결과의 제도적 인정, 교육력 극대화를 위한 평생교육과 학교교육 간의 연계 강화 등을 강조한다.

학점은행제는 고등학교 졸업자나 동등 이상의 학력을 가진 사람이면 누구나 활용할 수 있는 것으로, 4년제 학사학위를 받으려면 140학점 이상, 2년제 전문학사학위를 받으려면 80학점 이상을 취득해야 한다. 해당 학점을 이수하면 교육부장관 명의 또는 학점은행제를 운영하는 대학 총장 명의의 학위를 취득하게 된다. 뿐만 아니라 학점은행제를 통해 사회복지사, 보육교사, 평생교육사, 청소년지도사 등의 자격을 취득할 수도 있다.

독학학위제

독학학위제는 독학자에게 학사학위 취득의 기회를 부여함으로써 평생교육의 이념을 구현하고 개인의 자아실현과 국가사회의 발전에 기여함을 목적으로 하며, 국가가 시험에 합격한 사람에게 학위를 수여함으로써 대학에서 취득한 학위와 동등한 대우를 받게 해 주는 제도다(http://www.bdes.nile.or.kr).

독학학위제

독학학위제는 「독학에 의한 학위취득에 관한 법률」에 근거하여 운영되고 있으며, 국가평생교육진흥원 독학학위본부에서 주관하고 있다.

독학학위제는 고등학교 졸업 및 이와 동등한 수준 이상의 학력이 있으면 활용할 수 있다. 국어국문학, 영어영문학, 심리학, 경영학, 법학, 행정학, 유아교육학, 가정학, 컴퓨터과학, 정보통신학, 간호학의 11개 전공이 설치되어 있으며, 모두 4단계로 구성되어 있다.

학위취득 인정을 위한 시험은 1단계 교양, 2단계 전공기초, 3단계 전공심화, 4단계 학위취득 인정 등 총 4단계 23개 과목으로 이루어져 있다. 학위를 취득하려면 4단계 시험을 모두 통과해야 하지만, 다양한 자격과 학습이력을 심사하여 1~3단계의 일부 과정 또는 과목 시험의 면제가 가능하다. 종합시험에 합격하면 교육부장관 명의의 학사학위를 취득하게 된다.

평생학습계좌제

평생학습계좌제는 개인의 다양한 학습경험을 학습계좌(온라인 학습 이력관리시스템)에 기록·누적하여 체계적인 학습설계를 지원하고, 학습결과를 학력 또는 자격인정과 연계하거나 고용정보로 활용할 수 있게 하는 제도다(http://www.all.go.kr). 이 제도는 전 국민 남녀노소 누구나 평생학습계좌 개설이 가능하다는 장점이 있다.

평생학습계좌제

평생학습계좌제의 관련 법령을 보면 평생교육법 제23조에 "교육부장관은 국민의 평생교육을 촉진하고 인적 자원의 개발·관리를 위하여 학습계좌를 도입·운영할 수 있도록 노력하여야 한다."라고 규정하고 있다.

평생학습계좌제는 개인이 학교 밖에서 참여한 다양한 학습결과를 필요한 곳에서 활용할 수 있도록 하기 위한 것이다. 또한 전 생애 동안 자신이 참여한 평생학습 결과를 한눈에 파악하도록 함으로써 학습자 스스로 체계적인 학습설계와 관리를 할 수 있는 역량과 환경을 조성하기 위한 것이다.

평생교육사

평생교육사는 평생교육 진흥을 위하여 평생교육 현장에서 평생교육 프로그램의 기획·진행·분석·평가 및 교수업무 등 평생교육 관련업무의 전반적인 영역을 담당하는 평생교육 현장전문가다. 평생교육사 자격증은 평생교육 관련 업무의 전문적 수행을 위해 일정한 자격을 갖춘 사람에게 부여하는 국가자격증(평생교육법 제24조)으로, 이수방법은 승급과정과 양성과정으로 구분된다(http://www. lledu.nile.or.kr).

평생교육사의 직무 범위는 평생교육 프로그램의 요구분석·개발·운영·평가·컨설팅, 학습자에 대한 학습정보 제공, 생애능력개발 상담·교수, 기타 평생교육 진흥 관련 사업계획 등의 관련 업무다. 평생교육사는 앞으로 평생학습자들의 평생학습에 대한 욕구가 증대하면서 그 책무가 높아질 것으로 보인다.

평생학습도시

평생학습도시는 기초자치단체가 시민들의 자아실현과 사회적 통합 및 경제적 경쟁력을 높이기 위해 누구나 언제 어디서든지 원하는 학습을 할 수 있도록 도시를 재구조화하려는 정책이다. 따라서 평생학습도시는 모든 교육자원을 기관 간, 지역사회 간, 그리고 국가 간 연계를 통해 학습공동체를 형성하려는 지역사회운동이다(http://www.nile.or.kr).

평생학습도시의 목적은 첫째로, 인생 100세 시대에 대비하여 지역 평생학습체제를 구축함으로써 전 생애에 걸쳐 국민의 삶의 질 향상 및 국민행복을 증진시키기 위한 것이고, 둘째로, 평생학습자원 간 네트워크 구축, 주민의 평생학습 기회 확대 등을 통해 지역의 사회통합, 경제발전, 지속가능성 확대를 유도하는 창조적 학습공동체 형성을 도모하려는 것이며, 셋째로, 지방자치단체가 주민의 평생학습 활성화를 위하여 세대별·계층별 맞춤형 평생교육 프로그램을 지원하기 위한 것이다.

이러한 목적을 달성하기 위해 국가/시·도/시·군·구/읍·면·동으로 이어지는 평생교육 추진체제를 구축하여 운영 안정화를 유도할 뿐만 아니라, 세대별·계층별 맞춤형 평생교육 프로그램을 제공하고 있다. 특히 '행복학습센터' 운영, '**다모아 평생교육정보망**' 구축 등의 사업을 통해 평생학습자들의 평생학습에 대한 접근력을 강화하고 있다.

다모아 평생교육정보망
다모아 평생교육정보망은 교육유관기관이나 교육현장에 산재된 교육자원을 언제 어디서나 한번(one-click)에 검색할 수 있도록 교육정보를 공유·유통·활용하는 시스템이다.

역전의 기회, 독학학위과정

그러면 독학학위 과정은 어떤 건가요?
혼자 공부해서 시험을 보면 되는 건데, 그게 말처럼 쉽지 않거든. 그래서 교육기관에서 독학학위 과정을 위탁받아 시행하기도 한단다. 이런 제도를 이용하면 훨씬 수월할 수 있단다.
독학학위 과정은 독학자에게 학사학위 취득의 기회를 주는 거란다.
그럼 독학학위 과정을 운영하는 교육기관에서 공부는 게 좋을 것 같네요.
독학학위 과정은 모두 4단계로 되어 있는데, 한 단계를 한 학기에 마친단다.
그리고 기관에서 교육을 받으면 1~3단계까지는 시험을 면제 받을 수도 있고.
그래. 사실 독학학위 과정에서 공부하는 학생들 중에는 자신의 꿈을 실현하기 위해 학위 취득 후 편입하는 경우도 많단다.
너도 열심히 하면 네가 원하는 대학에 편입할 수 있을거아.
선생님, 전 사실 학위취득이 목적이 아니라 편입을 해서 제가 원하는 대학에 가고 싶어요. 편입도 되나요?
야호! 선생님 감사 합니다~

볼거리

영화 '클래스 에너미(Class Enemy)'를 보고, 새로 부임한 독일어 교사 주판과 학생 사비나와의 대화 이후, 사비나가 명백한 이유없이 투신 자살을 한 행동에 대해 '청소년과 정체성'과의 관계에 대해 논의하고, 이 시대의 무너져버린 교육의 책임을 어디서 어떻게 찾아야 할지 논의해 보자.

생각할 거리

1. 한국 평생교육의 역사에 대해 고찰하고, 향후 평생교육의 방향에 대해 논의해 보자.
2. 평생교육의 6대 영역에 대해 설명하고, 소분류에 해당하는 각종 프로그램을 개발해 보자.
3. 독학학위제와 학점은행제를 자세히 비교해 보고, 장단점에 대해 논의해 보자.
4. 다음의 웹사이트를 방문해 보고, 평생학습의 중요성에 대해 논의한 후, 각자 평생학습계획을 세워보자.
   - Lifelong Learning(https://www.youtube.com/watch?v=kDsWJaFg 1HY, 2:39)
   - Lifelong Learning and Equality of Opportunities for All (https://www.youtube.com/watch?v=5VniVQT1gPo, 1:39)

13 교직과 교사

그들과 내가 있을 따름이다!

페스탈로찌의 저서 『린하르트와 게르투르트』에 적혀있는 글이다. “나의 두 손은 항상 그들의 손에 잡혀 있었으며, 나의 눈은 언제나 그들의 눈과 마주쳐 있었다. 우리는 고락을 같이 하는 자리에서 서로 울고 서로 웃었다. 그들은 나와 같이 있을 때는 온 세상도 슈탄쯔도 잊어버렸다. 그들의 음식은 곧 나의 음식이요, 그들의 잠자리는 곧 나의 잠자리였다. 나는 가정도 이웃도 친구도 그리고 한 사람의 하인도 없었다. 다만 그들과 내가 있을 따름이었다.” 여러분들은 이 글 속에서 무엇을 느끼는가?

교직의 의미

교직관의 발달

교직의 특성

교직윤리

교직윤리 관련 규정

교권과 윤리

교사의 자질과 역할

교사의 인성적·전문적 자질

교사의 심리적 역할

교직의 의미

교직은 일반 직업과는 다른 특성을 지닌 것으로, 그동안 시대에 따라 교직에 대한 다양한 관점들이 있어왔다. 오늘날 교직은 전통적인 교직관에서 벗어나 전문직에 무게중심을 두면서 교직에 입문하는 예비교사들에게 많은 것을 요구하고 있다.

교직관의 발달

교직관이란 교직을 바라보는 관점을 말하며, 이는 교직을 이해하는 틀이 된다. 즉, 이들 관점은 교사의 자질과 역할을 규명하는 준거가 되며, 교직윤리를 좌우하는 요소가 되기도 한다. 일반적으로 교직을 이해하는 관점은 성직관, 노동직관, 전문직관으로 나누어진다.

첫째, 교직을 성직으로 보는 **성직관**이다. 즉, 교직을 성스러운 정신적·봉사적 소명의식을 가진 활동으로 보는 것이다(강갑원 외, 2006: 326). 이것은 국가에 의한 국민교육제도가 확립되기 이전에 교육을 담당하던 곳이 주로 종교기관의 성직자였다는 점(이원호, 1992), 그리고 교직이 인간의 영혼과 정신을 다룬다는 점을 부각시킨 것이다. 따라서 교직의 윤리적 측면이 강조되며, 성직자와 같이 교사의 소명의식, 헌신, 사랑, 희생, 봉사, 도덕 등의 규범이 강조된다(성태제 외, 2012: 468). 이 관점에서 교사는 세속적이고 일상적인 삶, 즉 사회적·정치적·물질적 문제와 거리를 두어야 하며, 사랑과 희생으로 학생들을 가르침으로써 학생들의 인격을 성숙시키는 데 전념해야 한다. 그러나 현대사회에서 교직에 대한 이러한 생각은 지나친 당위적 사고로서의 인지적 왜곡일 수 있으며, 현실적으로 교직 수행을 어렵게 하는 측면이 있다.

성직관
성직관에 의하면 교사는 성인군자가 되어야 하며, 따라서 도덕적으로 깨끗하고 물질에 연연하지 않아야 한다.

둘째, 교직을 노동직으로 보는 관점이다. 노동직관에 의하면 교사는 노동자

이므로 학생들을 가르치는 대가로 봉급을 받으며, 직장생활에서 불이익이 있을 때 언제든지 이에 대해 처우 개선을 요구할 수 있다. 교사들의 지위 향상 역시 집합행동을 통해 가능하다고 생각하며, 자신들의 이익을 위해 투쟁할 수 있다고 본다. 그러나 교사들의 이러한 행위는 사실상 사회가 갖는 교사에 대한 당위적 사고로부터 멀리 있는 것이어서 쉽게 받아들여지기 어렵다. 즉, 교사는 사랑과 봉사 그리고 희생으로 학생들을 가르쳐야 한다고 볼 뿐만 아니라, 국제노동기구(ILO)에서도 교직을 전문직으로 분류하고 전문직은 노동직이라 할 수 없다고 규정하고 있어 여러 측면에서 한계를 지닌다.

셋째, 교직을 전문직으로 보는 전문직관이다. 이 관점에 의하면 교직은 전문성을 가진 사람만이 할 수 있는 직업이다. 유네스코(UNESCO)와 국제노동기구(ILO)는 교원의 지위에 관한 공통적 기준을 설정하기 위한 목적으로 선포한 '교원의 지위에 대한 권고'에서 교직이 전문직으로 간주되어야 함을 명시하고 있다. 따라서 오늘날 교사의 인성적 자질과 함께 전문적 자질이 중요시되는 것은 바로 교직의 전문성이 요구되는 관점을 나타낸 것이다. 우리나라의 경우, 교사임용시험에서 교사로서의 인성적 자질과 함께 교과내용지식에 대한 전문성과 수업전문성 그리고 글로벌 자질 등을 평가하는 것은 교직이 전문직임을 입증하는 것이다.

이상의 구분은 어디까지나 교직을 보는 관점으로, 어느 것이 옳거나 그르다고 할 수 없다. 세 가지 관점은 모두 교사들에게 요구되는 것이자 그들이 내세우는 권리일 수 있기 때문이다. 다만, 어느 관점에 무게중심을 두고 교직에 임할 것인지는 교사 개인의 문제이나, 사회가 어느 관점에서 교직을 바라보고 기대하는지에 대해서도 고려해야 할 것이다.

교직의 특성

오늘날 교직은 전문직이면서 노동직으로서의 의미를 동시에 포함하는 것이 일반적이며, 아울러 성직자가 갖는 특성의 일부를 어느 정도 갖출 것을 요구한다. 이들 관점이 무엇이든지간에 공통점은 바로 교직이 학생을 가르치는 직업이며, 교직만의 특별한 사회적 기대가 존재한다는 것이다. 결국 교사는 성직자로서, 노동자로서 그리고 전문가로서의 특성을 모두 가질 수밖에 없는 것이다.

교직에 대한 사회의 기대가 큰 만큼 고도의 전문적 요건을 갖추어야 하는 것은 당연한 귀결이며, 따라서 교직에 입문하고자 하는 예비교사들에게 장기간에 걸친 준비교육은 필수적이다. 아울러 교직에 입문하기 위해서는 가르치는 일에 대한 양심과 소명의식, 그리고 자신의 행위에 대한 철저한 책임이 뒤따른다. 이러한 이유에서 교사들에게 교직윤리는 매우 중요하며, 이는 교직이 전문직이기에 더욱 그러하다.

전문직은 고도의 지적 기술, 사회적 봉사, 장기간의 전문적 양성교육, 엄격한 표준, 광범위하고 전문적인 자율권과 이에 대한 책임, 전문적 조직활동, 직업윤리 등을 지녀야 한다(Lieberman, 1958; Ornstein,1981). 교직 역시 전문직으로서의 요건을 갖추어야 하는데, 일반 직업과 다른 몇 가지 특성 때문에 전문직으로서의 위상이 더욱 강화되고 있다.

첫째, 교직은 인간, 특히 **미성숙자**를 대상으로 하며, 이들의 정신세계에 영향을 미치는 직업이라는 점에서 전문직이다. 인간다운 인간을 길러내는 것이 바로 교사들이 해야 하는 일인 것이다. 이러한 일은 아무나 할 수 있는 일이 아니기 때문에 교직이 전문직이라는 것이다.

미성숙자
듀이는 어린이의 미성숙에 대해 단순히 부족하거나 미숙한 것으로 보지 않고, 가능성을 포함하는 것으로 보았다.

둘째, 교직은 인간을 길러내는 막중한 임무를 맡은 직업이기 때문에 장기간에 걸친 고도의 훈련과정을 거쳐 교사로서의 자격 요건을 갖추어야 한다는 점에서 전문직이다. 우리나라의 경우, 교직에 종사하기 위해서는 교육대학이나 사범대학에서 4년에 걸친 집중 과정을 거친 후 국가 임용시험에 합격해야 한다. 이는 교직이 누구나 쉽게 할 수 있는 직업이 아닌, 전문직이라는 것을 입증하는 것이다.

셋째, 교직은 지속적인 자기연찬을 통해 가르치는 일에 소홀히 해서는 안 된다는 점에서 전문직이라 할 수 있다. 자격 요건을 구비하여 교직에 입문했다

하더라도 전문직으로서의 교직을 수행하기 위해서는 지속적인 자기연수를 통해 교직적 소양과 전공 영역의 전문성을 유지해야 한다. 이런 점에서 교직은 전문직인 것이다.

넷째, 교직은 고도의 자율성과 사회적 책임감을 갖는다는 점에서 전문직이다. 교직은 전문적인 자율권을 행사하며, 그 판단과 행동에 대해 사회적 책임을 진다. 즉, 교사는 교육활동을 위해 자율적으로 자신의 전문성을 발휘하며, 그 결과에 대해 광범위한 책임을 지게 된다는 점에서 전문직이라 할 수 있다.

끝으로, 교직은 직업윤리로서의 교직윤리를 갖기 때문에 전문직이다. 교직윤리는 교사로서 지켜야 하는 도덕적 행위의 기준이 되는 것이다. 교직윤리는 교직이라는 직업이 갖는 전문성의 조건이 된다.

교직이 지니는 이상의 전문성을 유지하기 위해서는 교사들의 정체성 확립, 전문적 능력 함양, 꾸준한 자기연찬 등이 필요할 것이다. 아울러 교원임용 수급의 균형 및 조절, 교원양성제도의 재정립, 현행 임용시험제도의 전문성 확보, 교사연수, 과중한 업무부담 절감 등이 이루어져야 할 것이다.

교직윤리

이미 살펴본 바와 같이 교직이 전문성을 지니는 데는 교직윤리가 있다는 점도 큰 요인이다. 즉, 교직에 종사하는 교사들은 다른 직업 종사자보다 높은 직업윤리와 도덕적 수준을 요구받는다. 가르치는 일은 사회적·도덕적 모델이 되어야 하기 때문이다.

교직윤리 관련 규정

우리나라는 1958년 11월에 총 5개 장과 26개 항으로 구성된 '교원윤리강령'을 제정·선포하였다. 이것은 다시 1982년 5월 스승의 날에 '사도헌장'과 '**사도강령**'으로 개정·선포되었다. 이후 한국교원단체총연합회에서 사도헌장을 시대 상황에 맞게 제정·공포한 '교직윤리헌장' 등을 통해 교직의 전문성을 더욱 강화하고 있다.

한국교원단체총연합회에서 공포한 '**교직윤리헌장**'의 내용을 소개하면 다음과 같다(한국교원단체총연합회, 2005).

> "우리는 교육이 인간의 가치와 존엄성을 높이며, 개인의 성장과 자아실현은 물론 국가와 민족의 미래에 중대한 영향을 준다는 사실을 명심하고, 국민으로부터 부여받은 교육자의 책무를 다하기 위해 최선을 다한다. 우리는 균형있는 지·덕·체 교육을 통하여 미래사회를 열어갈 창조정신과 세계를 향한 진취적 기상을 길러줌으로써, 학생을 학부모의 자랑스런 자녀요 더불어 사는 민주사회의 주인으로 성장하게 한다. 우리는 교육자의 품성과 언행이 학생의 인격형성을 좌우할 뿐만 아니라 사회전반의 윤리적 지표가 된다는 사실을 깊이 인식하고, 윤리성과 전문성을 높이기 위해 노력한다. 이에 우리 모두의 의지를 모아 교직의 윤리를 밝히고, 사랑과 정직과 성실에 바탕을 둔 교직자의 길을 걷는다."

사도강령

사도강령은 제1장 스승과 제자, 제2장 스승의 자질, 제3장 스승의 책임, 제4장 교육자와 단체, 제5장 스승과 사회로 이루어져 있으며, 장별 5개 항으로 구성되어 있다.

교직윤리헌장

미국에서도 전국교원단체인 NEA가 1975년 전문과 두 개의 실천 원리(학생에 대한 실천 원리, 교육에 대한 실천 원리)로 구성된 교직윤리강령(Code of Ethics of the Education Profession)을 채택·공포하였으며, 일본에서는 1961년 전문과 10개의 강령으로 된 윤리강령을 채택·공포하였다.

〈우리의 다짐〉

나는 학생을 사랑하고 학생의 인권과 인격을 존중하며, 합리적인 절차와 방법에 따라 지도한다.

나는 학생의 개성과 가치관을 존중하며, 나의 사상·종교·신념을 강요하지 않는다.

나는 학생을 학업성적·성별·가정환경의 차이에 따라 차별하지 않으며, 부적응아와 약자를 세심하게 배려한다.

나는 수업이 교사의 최우선 본분임을 명심하고, 질 높은 수업을 위해 부단히 연구하고 노력한다.

나는 학생의 성적평가를 투명하고 엄정하게 처리하며, 각종 기록물을 정확하게 작성·관리한다.
나는 교육전문가로서 확고한 교육관과 교직에 대한 긍지를 갖고, 자기개발을 위해 노력한다.
나는 교직수행과정에서 습득한 학생과 동료, 그리고 직무에 관한 정보를 악용하지 않는다.
나는 학생이나 학부모로부터 사적 이익을 취하지 않으며, 사교육기관이나 외부업체와 부당하게 타협하지 않는다.
나는 잘못된 제도와 관행을 개선하는데 앞장서며, 교육적 가치를 우선하는 건전한 교직문화 형성에 적극 참여한다.
나는 학부모와 지역사회를 교육의 동반자로 삼아 바람직한 교육공동체 형성을 위해 함께 노력한다.

이처럼 교직윤리헌장은 사회와 국민의식 및 교육환경의 변화에 부응하여 교육을 통해 개인과 국가의 발전을 이끌어간다는 사도헌장과 사도강령의 정신을 계승하면서 구성과 표현을 새롭게 바꾸었다. 즉, 사도강령의 25개 항목을 10개로 줄여 핵심적인 행동수칙에 초점을 맞추고, 실천적 용어를 사용하여 좀더 명확한 의미를 담았다. 따라서 교직윤리헌장의 제정 의지는 실천 덕목이 많은 것보다는 실천에 따른 성패 여부를 중시한 것과 실천을 위한 다짐의 주체를 '나'로 설정하여 실천 의지를 뚜렷하게 부각시킨 것이 특징이다.

이러한 노력은 모두 교직에 몸을 담은 교사로서 학생을 사랑하는 마음으로 가르치고, 부단한 연찬으로 교직의 전문성을 향상시키며, 복지국가 실현에 앞장서야 하는 책무를 밝힌 것이다. 이처럼 윤리강령을 통해 교직에 대한 책무를 규정한 것은 교직의 전문성을 명백하게 강조한 것이라 할 수 있다.

교권과 윤리

교원에게는 교육을 담당하는 전문가로서 누려야 할 권리와 지켜야 할 의무가 있다. 즉, 교원으로서의 인권을 보장받음과 동시에 교직에 종사하는 사람으로서 사회적 책임과 직업윤리가 요구된다. 교직을 수행하는 데 있어서 교권의 확립은 교원들의 전문성을 인정하는 것이며, 그들의 신분을 보장하는 것이다. 그러나 교직윤리는 교사들의 권리와 의무가 충분히 확보될 때 가능하다.

이와 관련하여 국제노동기구는 '**교원의 지위에 관한 권고**'에서 전문직으로서의 자유, 교원의 권리, 교원의 책임 등을 권고하고 있으며(한국교육연합회, 1971: 18-19), 우리나라 법률에서도 다음과 같이 교사의 권리를 규정하고 있다.

교원의 지위에 관한 권고
ILO에서 권고한 내용을 보면 교직이 전문직으로서 학문의 자유를 누려야 함을 명시하고 있다.

첫째, 교육할 권리다(초·중등교육법 제20조 제4항). 즉, 법령이 정하는 바에 따라 학생을 교육할 권리를 말한다. 이 권리는 교사의 가장 핵심적 권리로, 교사의 교육권에는 수업, 교육과정의 편성, 교재의 선택, 교육방법의 결정, 교육평가, 학생지도 및 징계 등의 권리가 포함된다.

둘째, 교육공무원으로서의 신분을 유지할 수 있는 권리다(교육공무원법 제43조). 이 권리는 교사들의 교직 수행을 위한 기본 권리로, 법에 정한 사유에 의하지 아니하고 부당한 대우를 받지 않아야 한다는 것이다. 신분 보호와 관련된 것으로 불체포특권이 있는데(교육공무원법 제48조), 이는 현행범인 경우를 제외하고는 소속 학교장의 동의 없이 학교 내에서 체포될 수 없다는 것이다.

셋째, 쟁송제기권이다(교육공무원법 제49조 제1항). 이 권리는 부당한 대우를 받았을 때 권리를 보장받도록 규정한 것이다. 즉, 인사, 조직, 처우, 신상문제 등에 있어서 부당한 처분이나 대우, 즉 징계처분, 강등, 휴직, 면직 등을 받았을 때 행정상 소청할 수 있는 권리를 말한다.

넷째, 재산상의 권리다(교육공무원법 제34조-36조). 이 권리는 근로의 대가로 보수를 받을 권리, 각종 수당을 받을 권리, 명예퇴직수당을 받을 권리, 연금을 받을 권리 등을 말한다.

교육기본법 제15조
교육기본법 제15조에는 "교원은 상호 협동하여 교육의 진흥과 문화의 창달에 노력하며, 교원의 경제적·사회적 지위를 향상시키기 위하여 각 지방자치단체와 중앙에 교원단체를 조직할 수 있다."라고 규정하고 있다.

끝으로, 교원단체활동권이다(**교육기본법 제15조**). 이 권리는 교직을 수행하기 위한 강력한 규정이다. 즉, 교사들의 경제적·사회적 지위를 향상시키고 교직의 전문성을 신장시키기 위해 자율적인 단체를 조직하여 압력단체로서 활동할 수 있음을 명시한 것이다.

이상과 같은 권리는 의무 수행을 요구하는데, 이것은 크게 적극적 의무와 소극적 의무로 나누어진다. 적극적 의무는 업무수행 및 전문직으로서의 실행을 위한 의무로, 교육 및 연구활동의 의무, 성실의 의무, 복종의 의무, 법령준수의 의무, 비밀엄수의 의무, 청렴의 의무, 품위유지의 의무, 친절·공정의 의무, 복무규정의 의무 등이 포함된다. 소극적 의무에는 영리업무 및 겸직의 금지, 직장이탈의 금지, 정치운동의 금지, 집단행동의 금지 등이 포함된다.

교사가 교직 수행을 원활하게 하면서 자신의 권리를 보호받기 위해서는 교사로서의 윤리를 준수하면서 직무를 수행해야 하며, 법에 명시된 교사로서 또는 교육공무원으로서의 의무를 다해야 한다.

교사는 이러한 권리와 의무를 기초로 하여 직무상의 윤리를 지켜야 한다. 특히 교사들에 대한 징계 조치 등은 교사들로 하여금 교직윤리를 준수하게 하는 수단이 되기 때문에 결국은 교사로서의 신분과 품위를 유지하게 함과 동시에 교사의 지위를 향상시키는 요인이 된다고 할 수 있다.

교사가 징계를 받으면 교사의 신분이 법적 효력 하에 변동된다. 징계는 보통 중징계와 경징계로 나누어 볼 수 있는데, 중징계에는 파면, 해임, 강등, 정직이 포함되고, 경징계에는 감봉 또는 견책이 포함된다. 2015년 4월 개정된 징계 기준을 보면 교사로서의 윤리적 측면을 강조함으로써 교사로서의 도덕성에 대한 요구가 강해지고 있음을 볼 수 있다. 교사의 징계 기준은 〈표 13-1〉과 같다.

〈표 13-1〉 교육공무원 징계 기준

비위의 정도 및 과실 / 비위의 유형	비위의 정도가 심하고 고의가 있는 경우	비위의 정도가 심하고 중과실인 경우 또는 비위의 정도가 약하고 고의가 있는 경우	비위의 정도가 심하고 경과실인 경우 또는 비위의 정도가 약하고 중과실인 경우	비위의 정도가 약하고 경과실인 경우
1. 성실의무 위반				
가. 공금횡령·유용, 업무상 배임	파면	파면-해임	해임-강등	정직-감봉
나. 직권남용으로 다른 사람의 권리 침해	파면	해임	강등-정직	감봉
다. 직무태만 또는 회계질서 문란	파면	해임	강등-정직	감봉-견책
라. 시험문제를 유출하거나 학생의 성적을 조작하는 등 학생 성적과 관련한 비위 및 학교생활기록부 허위사실 기재 또는 부당 정정과 관련한 비위	파면	해임	해임-강등-정직	감봉-견책
마. 신규채용, 특별채용, 승진, 전직, 전보 등 인사와 관련한 비위	파면	해임	해임-강등-정직	감봉-견책
바. 「학교폭력예방 및 대책에 관한 법률」에 따른 학교폭력을 고의적으로 은폐하거나 대응하지 아니한 경우	파면	해임	해임-강등-정직	감봉-견책
사. 연구비의 부당 수령 및 부정 사용 등 연구비의 수령 및 사용과 관련한 비위	파면	파면-해임	해임-강등	정직-감봉
아. 그 밖의 성실의무 위반	파면-해임	강등-정직	감봉	견책
2. 복종의무 위반				
가. 지시사항 불이행으로 업무 추진에 중대한 차질을 준 경우	파면	해임	강등-정직	감봉-견책
나. 그 밖의 복종의무 위반	파면-해임	강등-정직	감봉	견책
3. 직장 이탈 금지 위반				
가. 집단 행위를 위한 직장 이탈	파면	해임	강등-정직	감봉-견책
나. 무단결근	파면	해임-강등	정직-감봉	견책
다. 그 밖의 직장 이탈 금지 위반	파면-해임	강등-정직	감봉	견책

비위의 유형 \ 비위의 정도 및 과실	비위의 정도가 심하고 고의가 있는 경우	비위의 정도가 심하고 중과실인 경우 또는 비위의 정도가 약하고 고의가 있는 경우	비위의 정도가 심하고 경과실인 경우 또는 비위의 정도가 약하고 중과실인 경우	비위의 정도가 약하고 경과실인 경우
4. 친절·공정의무 위반	파면-해임	강등-정직	감봉	견책
5. 비밀 엄수의무 위반				
가. 비밀의 누설·유출	파면	파면-해임	강등-정직	감봉-견책
나. 비밀 분실 또는 해킹 등에 의한 비밀침해 및 비밀유기 또는 무단 방치	파면-해임	강등-정직	정직-감봉	감봉-견책
다. 개인정보 부정 이용 및 무단 유출	파면-해임	해임-강등	정직	감봉-견책
라. 개인정보의 무단 조회·열람 및 관리 소홀 등	파면-해임	강등-정직	감봉	견책
마. 그 밖에 보안관계 법령 위반	파면-해임	강등-정직	감봉	견책
6. 청렴의무 위반	파면	해임-강등	해임-강등-정직	감봉
7. 품위유지의무 위반				
가. 성희롱	파면-해임	해임-강등	정직-감봉	견책
나. 성매매	파면	해임	강등-정직	감봉-견책
다. 미성년자 또는 장애인에 대한 성매매	파면	파면	파면-해임	해임
라. 성폭력	파면	파면	파면-해임	해임
마. 미성년자 또는 장애인에 대한 성폭력	파면	파면	파면	파면-해임
바. 학생에 대한 상습적이고 심각한 신체적 폭력	파면	해임	해임-강등-정직	감봉-견책
사. 그 밖의 품위유지의무 위반	파면-해임	강등-정직	감봉	견책
8. 영리 업무 및 겸직 금지 의무 위반	파면-해임	강등-정직	감봉	견책
9. 정치운동 금지 위반	파면	해임	강등-정직	감봉-견책
10. 집단 행위 금지 위반	파면	해임	강등-정직	감봉-견책

※ 비고: 제7호에서 "성희롱"이란 「국가인권위원회법」 제2조제3호라목에 따른 성희롱을 말한다.

출처: 교육부(2015a). **교육공무원 징계양정 등에 관한 규칙**(교육부령 제175호, 2015.4.9. 일부 개정, 2015.4.9. 시행)

교사의 자질과 역할

교권이 확립되어 있다고 하더라도 교사들의 자질이 낮고 그 역할을 다하지 못한다면 교사들의 권리는 보장될 수 없다. 교사는 인간을 다루는 직업이니만큼 일반 직업에 비해 요구되는 것이 일반 직업과 다를 수밖에 없기 때문이다. 따라서 교사는 교사로서의 인성적 자질은 물론이거니와 전문적 자질까지 갖추고 그 역할을 다해야 한다.

교사의 인성적·전문적 자질

교사는 인성적 자질과 전문적 자질을 동시에 지녀야 한다. 교사의 인성적 자질이 요구되는 것은 교직이 인간을 다루는 직업이기 때문이며, 교사의 전문적 자질이 요구되는 것은 교직이 전문직이기 때문이다. 따라서 다음과 같은 자질을 구비해야 할 것이다.

첫째, 교사는 자신을 사랑하며, 타인을 존중하고 배려할 줄 알아야 한다. 자신을 사랑하지 않는 교사는 학생을 사랑할 수 없다. 교육은 사랑으로부터 시작되는 것이기 때문이다. 자신을 사랑하기 위해서는 자신이 소중하다는 생각을 가져야 하며, 이러한 마음을 가질 때 학생을 존중하고 사랑하는 마음으로 이어질 수 있다.

둘째, 교사는 지·덕·체를 겸비한 조화로운 인간의 모습을 지녀야 한다. 즉, 교사는 교사 이전에 한 인간으로서 인간적인 모습을 갖추어야 한다. 교육이란 한 인간의 전인적 발달을 위한 것이기 때문에 교육하는 교사는 교사이기 이전에 성숙된 한 인간이어야 하는 것이다.

셋째, 교사는 교육을 통해 학생의 행복을 도와줄 수 있어야 한다. 학생의 행복은 학생 개개인의 자아실현과 관련이 깊으며, 학생의 자아실현은 곧 교사의 손에 달려 있다 해도 과언이 아니다. 따라서 교사는 교육활동을 통해 학생이 자아를 실현할 수 있도록 잠재력을 발굴·계발해 주어야 한다.

넷째, 교사는 국가 및 사회에 봉사할 수 있어야 한다. 교사는 사회의 발전을 위해 선도적 역할을 하는 사회봉사자가 되어야 한다. 이를 위해 교사는 사회 현상에 대한 분석적 안목을 가져야 하며, 이를 토대로 사회 발전에 공헌하려는 의지를 가져야 한다.

다섯째, 교사는 교직적 소양을 지녀야 한다. 교사는 인간을 교육하는 사람이기 때문에 가르치는 일에 대한 기본적 소양을 갖추어야 한다. 따라서 학생 생활지도, 교육과정 개발, 수업설계, 교육평가 등과 관련하여 기본적인 능력을 갖추어야 한다.

끝으로, 교사는 교과 영역의 내용지식 및 교수법에 대한 전문성을 지녀야 한다. 교사가 교과 내용에 자신감이 없으면 교사로서 당당할 수 없다. 학생들은 실력있는 교사를 좋아하고 신뢰하기 때문이다. 따라서 교사는 교과 영역의 내용지식에 대한 전문성을 갖추어야 하며, 이를 학생들에게 전달하는 교수법 노하우를 개발하기 위해 부단히 노력해야 한다.

교사에게 이상과 같은 인성적·전문적 자질이 요구되는 것은 교직이 그만큼 중요하기 때문이다. 미국의 청교도 시인이었던 헨리 벤 다이크(Henry Van Dyke, 1852~1933)가 1921년 발표한 '무명교사에게'라는 글을 읽어보면, 교사가 얼마나 중요한지 알 수 있을 것이다.

> 나는 무명교사를 예찬하는 노래를 부르노라. 전투를 이기는 것은 위대한 장군이로되, 전쟁에 승리를 가져오는 것은 무명의 병사로다. 새로운 교육제도를 만드는 것은 이름 높은 교육자로되, 젊은이를 올바르게 이끄는 것은 무명의 교사로다. 그가 사는 곳은 어두운 그늘, 가난을 당하되 달게 받도다. 그를 위하여 부는 나팔 없고, 그를 태우고자 기다리는 황금마차 없으며, 금빛 찬란한 훈장이 그 가슴을 장식하지 않도다. 묵묵히 어둠의 전선을 지키는 그 무지와 우매의 참호를 향하여 돌진하는 그이어니, 날마다 쉴 줄도 모르고 젊은이의 적인 악의 세력을 정복하고자 싸우며, 잠자고 있는 영혼을 일깨우도다. 게으른 자에게 생기를 불어넣어 주고, 하고자 하는 자를 고무하며 방황하는 자에게 안정을 주도다. 그는 스

스로 학문하는 즐거움을 젊은이에게 전해주며 지극히 값진 정신적 보물을 젊은 이들과 더불어 나누도다. 그가 켜는 수많은 촛불, 그 빛은 후일 그에게 되돌아와 그를 기쁘게 하노니, 이것이야말로 그가 받은 보상이로다. 지식은 책에서 배울 수 있으되 지식을 사랑하는 마음은 오직 따뜻한 인간적 접촉으로써만 얻을 수 있는 것이다. 공화국을 두루 살피되 무명의 교사보다 예찬을 받아 마땅할 사람이 어디 있으랴. 민주사회 귀족적 반열에 오를 자, 그 밖에 누구일 것인고. '자신의 임금이요, 인류의 머슴인 저!'(오천석, 1983)

교사의 심리적 역할

교사가 아무리 인성적·전문적 자질을 갖추었다고 하더라도 교육활동을 수행하면서 그 역할을 다하지 못하면 아무런 소용이 없다. 교사가 교사로서의 역할을 다할 때 교사로서의 자질을 갖추었다고 할 수 있으며, 그렇게 할 때 교사의 권위는 한층 강화될 수 있다.

교사의 역할은 학생들의 학업 성취는 물론, 정서적 발달에 지대한 영향을 미치기 때문에 크게 고려되어야 한다. 교사의 역할에 대해서는 많은 학자들의 연구와 주장이 있는데, 그 가운데 특히 **교사의 심리적 역할**에 대해 살펴보면 다음과 같다(Redle & Watenberg, 1974).

첫째, 사회대표자로서의 역할이다. 교사는 사회화의 모델로, 자신이 속한 사회의 문화를 수용하고 내면화할 수 있어야 한다. 이렇게 할 때 학생들이 사회구성원으로서 사회가 추구하는 가치와 신념 그리고 규범과 각종 생활양식 등을 내면화할 수 있게 된다.

둘째, 평가자로서의 역할이다. 교사는 학교 및 학급상황에서 학생의 성적, 행동발달, 수상 및 처벌 등과 관련하여 객관적으로 판단해야 한다. 교사의 평가 결과는 교수·학습은 물론, 학생의 자아개념과 강화체제에 영향을 미치기 때문이다.

셋째, 지식 자원으로서의 역할이다. 교사의 임무 가운데 가장 중요한 것은

교사의 역할

페스탈로찌에 의하면 교사는 학생들에게 진리와 개성과 꿈을 위해 격려해 주어야 하고, 정신적 문화 유산을 계승시켜야 하며, 문화에 대한 애착심이 강해야 할 뿐만 아니라, 학생과의 사제동행을 실천해야 하고, 미래 이상사회의 설계를 하는 사람이어야 한다.

교사의 심리적 역할

학생들의 성장·발달에 미치는 요인은 매우 다양하나, 교사의 심리적 역할은 학생들의 정의적 발달에 큰 영향을 미치며, 이것은 인지적 발달로 이어진다.

가르치는 일이다. 따라서 교사는 자신의 전공 영역에 대한 내용지식을 학생들의 수준에 적합하게 재조직하여 전달할 수 있어야 한다.

넷째, 학습과정 조력자로서의 역할이다. 교사는 단순한 지식의 전달자에서 벗어나 학생들이 배운 지식을 바탕으로 스스로 문제를 해결할 수 있도록 도와주어야 한다. 이를 위해 교사는 학생들의 발달 수준에 맞게 개념이나 원리를 설명하고, 학생의 학습방식에 맞는 학습과정을 안내해 주어야 한다.

다섯째, 심판자로서의 역할이다. 교사는 학급 내 학생들 간의 갈등이나 대립 상황에서 공정하게 문제의 시비를 가려낼 수 있어야 한다. 교사가 합리적인 방법으로 문제를 해결해야 교사의 권위를 유지할 수 있다.

여섯째, 훈육자로서의 역할이다. 교사는 학습을 방해하는 학생이 자신의 행동을 수정할 수 있도록 도와주어야 한다. 그리하여 민주적인 방식으로 학생 집단의 질서를 유지해야 한다.

일곱째, 동일시 대상자로서의 역할이다. 교사는 학생들의 동일시 대상이다. 동일시는 학생들의 인성 발달은 물론, 학업성취에도 영향을 주기 때문에 교사는 말투, 태도, 가치관 등에 있어서 학생들이 모방한다는 것을 의식하고 행동해야 한다.

여덟째, 불안 제거자로서의 역할이다. 교사는 학생들이 현실에서 자신에 대한 이해 및 능력 부족에서 겪는 불안으로부터 벗어날 수 있도록 도와주어야 한다. 즉, 교사는 학생들에게 다양한 불안 해소 방법을 알려주어 학생들이 밝고 명랑하게 생활할 수 있도록 해야 한다.

아홉째, 자아 옹호자로서의 역할이다. 교사는 학생들이 자기를 사랑하는 마음을 가져 긍정적 자아개념을 형성할 수 있도록 도와주어야 한다. 즉, 교사는 학생들이 겪는 정체성의 문제와 열등의식으로부터 벗어날 수 있도록 성취감을 맛보게 하고 성공에 대해 인정해 줄 필요가 있다.

열째, 집단 지도자로서의 역할이다. 교사는 학생들이 집단 속에서 소속감을 가지고 사기를 높일 수 있도록 리더십을 발휘해야 한다. 학급 집단의 사기를 높이고 응집력을 향상시켜 줄 때 학생들은 집단 지도자로서의 교사의 리더십을

따르게 된다.

열한째, 부모 대리자로서의 역할이다. 교사는 학생들, 특히 저학년 학생들이 교사를 부모처럼 대하는 경우가 많기 때문에 부모로서의 역할을 겸할 수 있어야 한다. 학생들 중에는 부모에게서 받을 수 없었던 만족을 교사에게서 얻으려는 경우가 많기 때문이다.

열두째, 적대 감정 표적으로서의 역할이다. 교사는 학생들이 성인에 대해 갖는 적대 감정의 표적이 됨으로써 학생들이 좌절감에서 벗어날 수 있도록 해야 한다. 교사가 학생들의 적대 감정의 표적이 되어주는 것은 학생들의 정신건강을 위해서 유익하다.

열셋째, 친구로서의 역할이다. 교사는 학생들이 친구같은 교사를 좋아한다는 사실을 알고, 학생들의 슬픔과 기쁨을 공감할 수 있어야 한다. 교사로서 권위를 내세워 학생들과 형식적 관계를 맺는 것은 좋지 않다.

끝으로, 애정 대상자로서의 역할이다. 교사는 학생들이 애정 상대자가 되는 경우가 있음을 알고 학생들과 원만한 정서적 유대관계를 형성해야 한다. 이를 위해서는 교사의 역할 수행 과정에서 드러나는 인간적인 모습을 보여 줄 수 있어야 한다.

이상에서 살펴본 바와 같이 교사의 심리적 역할은 매우 중요한 요인이다. 교사의 심리적 환경은 학생들의 자존감에 영향을 미칠 뿐만 아니라, 그들의 잠재력을 계발시켜 자아실현을 하게 함과 동시에 행복을 느끼게 하는 데 중요한 역할을 하기 때문이다.

방학도 있고 오래 할 수 있어서 교사 하려고 했었는데…

너는 지금 네가 말한 이유로 선생님이 되고 싶은 거니?
그렇다면 다시 생각해 볼 필요가 있단다.
네. 사실은 그래요.
네? 왜요?
교사는 교직에 대한 소명을 갖고 하는 거란다. 아이들을 사랑으로 교육할 수 있어야 하고 말이야.
교사로서의 자질을 갖추고 희생과 봉사로 아이들을 가르치는 일에 보람을 느낄 수 있는 사람이 해야 한단다.
아~ 네.
그럼, 교사는 정말 교사가 되고 싶은 사람이 해야겠군요.

볼거리

영화 '위험한 아이들'을 보고, 주인공인 고등학교 교사 존슨의 교육방식에서 시사받을 수 있는 점을 찾아 논의해 보자.

생각할 거리

1. 우리나라에서 바라보는 교사에 대한 기대를 사례를 들어 논의해 보자.
2. 한국교원단체총연합회에서 공포한 '교직윤리헌장'의 내용을 분석하고, 추가할 것이 있는지 생각해 보자.
3. 우리나라 교사임용시험제도를 분석해 보고, 과연 교사로서 갖추어야 할 자질을 모두 평가할 수 있는 것인지 논의해 보자.
4. 다음의 웹사이트를 방문해 보고, 교사의 길이 무엇인지 생각해 보자.
   - I am a Teacher(http://www.youtube.com/watch?v=9nwu9PJkUf8, 4:47)
   - What makes a great Teacher?(http://www.youtube.com/watch?vis46e1EH9Jk, 4:35)

참고문헌 / 찾아보기

참고문헌

강갑원·박영진·안병환·이경희(2006). **교육학개론**. 서울: 교육과학사.

강이철(2009). **교육방법 및 공학의 이론과 적용**. 서울: 학지사.

곽금주·오상우·김청택(2011). **K-WISC-Ⅳ 전문가 지침서**. 서울: 학지사 심리검사연구소.

교육과학기술부(2008). **초등학교 교육과정 해설(Ⅰ)**. 서울: 대한교과서주식회사.

교육과학기술부(2009). **초등학교 교육과정 해설: 총론.** 교육과학기술부 고시 제2009-41호.

교육부(2015a). 교육공무원 징계양정 등에 관한 규칙(교육부령 제175호, 2015.4.9. 일부개정, 2015.4.9. 시행)

교육부(2015b). **초·중등학교 교육과정 총론**. 교육부.

교육학사전편찬위원회 편(1989). **교육학대사전**. 서울: 교육서관.

국가평생교육진흥원(2014). 기관 소개. 서울: NILE.

국립국어연구원 편(1999). **표준 국어 대사전(상)**. 서울: 두산동아.

김대현·김석우(2003). **교육과정 및 교육평가**. 서울: 학지사.

김대현 외(2015). **교육과 교육학**. 서울: 학지사.

김동일 외(2004). **아동발달과 학습**. 서울: 교육출판사.

김두정(2002). **한국 학교교육과정의 탐구**. 서울: 학지사.

김명수·김보경·김선혜·박정환·백영균·이태상·한상훈(2010). **교직실무**. 서울: 학지사.

김수동·공병호(2003). **교육사·교육철학**. 서울: 양서원.

김신일(2005). **교육사회학**. 서울: 교육과학사.

김안중(1988). 교육의 본래적 모습: 학교라는 아이디어와 그 말살기도. **교육과정연구**, 7, 11-26.

김영래(2003). **칸트의 교육이론**. 서울: 학지사.

김영철·박재윤·김홍주·윤종혁·김태은(2006). **미래사회에 대비한 학제 개편**. 서울: 한국교육개발원.

김윤태(1997). **교육행정·경영신론**(개정 증보판). 서울: 배영사.

김인식 · 최호성 · 최병홍 편저(2002). **수업설계의 원리와 모형 적용**. 서울: 교육과학사.

김종서(1987). **잠재적 교육과정의 이론과 실제**. 서울: 교육과학사.

김진화 · 고영화(2009). **평생교육 프로그램 분류체계 연구**. 수탁연구 CR 2009-2. 서울: 평생교육진흥원.

김천기(2006). **교육의 사회학적 이해**. 서울: 학지사.

박경애(2002). **인지 · 정서 · 행동치료**. 서울: 학지사.

박철홍 외(2013). **현대 교육학개론**. 서울: 학지사.

변영계(2002). **교수 · 학습 이론의 이해**. 서울: 학지사.

변영계 · 김영환 · 손미(2000). **교육방법 및 교육공학**(2판). 서울: 학지사.

성백효 역주(1991). **孟子集註**. 서울: 전통문화연구원.

성태제 외(2012). **최신 교육학개론**(2판). 서울: 학지사.

손인수 · 정건영(2000). **교육철학 및 교육사**. 서울: 교육출판사.

신득렬 · 이병승 · 우영효 · 김처용(2004). **쉽게 풀어쓴 교육철학 및 교육사**. 서울: 양서원.

신차균 · 안경식 · 유재봉(2006). **교육철학 및 교육사의 이해**. 서울: 학지사.

양명숙 외(2013). **상담이론과 실제**. 서울: 학지사.

양명희(2015). **행동수정이론에 기초한 행동지원**. 서울: 학지사.

오인탁(2001). **파이데이아: 고대 그리스의 교육사상**. 서울: 학지사.

오천석(1983). **스승**. 서울: 박영사.

윤재홍(2012). **교육철학 및 교육사**. 서울: 학지사.

윤정일 · 조동섭 · 송기창 · 김병주(2008). **교육행정학원론**(5판). 서울: 학지사.

이규환(1991). **비판적 교육사회학**. 서울: 한울아카데미.

이돈희(2003). **세기적 전환과 교육학적 성찰**. 서울: 교육과학사.

이돈희 · 조화태(1995). **교육철학**. 서울: 한국방송통신대학교 출판부.

이만규(1991a). **조선교육사 Ⅰ**. 서울: 거름.

이만규(1991b). **조선교육사 Ⅱ**. 서울: 거름.

이원호(1992). **교육사 · 교육철학 개설**. 서울: 문음사.

이종각(2004). **새로운 교육사회학 총론**. 서울: 동문사.

이철우(2011). **신사회학 초대**. 서울: 학지사.

이현림·김영숙(2006). **인간발달과 교육**. 서울: 교육과학사.

이형행(2004). 교육학개론. 서울: 양서원.

이형행·고전(2001). **교육행정론: 이론·법제·실제**. 서울: 양서원.

이화여자대학교 교육공학과(2004). **교육공학**. 서울: 교육과학사.

장상호(2003). 교육이란 무엇인가. **학문과 교육(중-1)**. 서울: 서울대학교출판부.

정범모(1994). **교육과 교육학**. 서울: 배영사.

조동섭(1998). 교육행정. 서울대학교 교육연구소(편). **교육학 대사전** 1. 서울: 하우동설.

조용환(1998). **질적 연구 방법과 사례**. 서울: 교육과학사.

조화태·정재걸(2000). **교육사**. 서울: 한국방송통신대학교출판부.

주삼환 외(2009). **교육행정 및 교육경영**(4판). 서울: 학지사.

한국교원단체총연합회(2005). **한국교육신문**. 제2233호(2005년 5월 16일), 1면.

한국교육연합회(1971). **교원의 지위에 관한 권고**. 서울: 대한교육연합회

한국초등상담교육학회 편(2013). **학교폭력의 예방 및 대책**. 서울: 학지사.

한국행동요법학회(2002). **행동요법**. 서울: 양서원.

Apple, M. (1986). *Teachers & texts: A political economy of class & gender relations in educatio*n. London: Routledge.

Arlow, J. A. (1989). Psychoanalysis. In R. J. Corsini (Ed.), *Current psychotherapies* (pp. 19-64). IL: Peacock.

Aspin, D. N., & Chapman, J. D. (2000). Lifelong learning: Concepts and conceptions. *International Journal of Lifelong Education*, 19(1), 2-19.

Ausubel, D. P. (1968). *Educational psychology: A cognitive view*. NY: Holt, Rinehart and Winston.

Bandura, A. (1986). *Social foundations of thought and action*. NJ: Prentice-Hall.

Beck, A. T., & Emery, G. (1979). *Cognitive therapy of anxiety and phobic disorders*. Philadelphia: Center for Cognitive Therapy.

Berk, L. E. (2003). *Children development*. NY: Allyn & Bacon.

Bernstein, B. (1997). Class and pedagogies: Visible and invisible. In A. Halsey, H. Lauder, P. Brown, & A. S. Wells (Eds.), *Education: Culture, economy, and society* (pp. 59-79). London: Oxford University Press.

Bigge, M. L. (1964). *Learning theories for teacher*. NY: Harper & Low.

Blake, N., Smeyers, P., Smith, R., & Standish, P. (Eds.). (2003). *The Blackwell Guide to the Philosophy of Education*. Oxford: Blackwell Publishers Ltd.

Bloom, B. S. et al. (1956). *Texonomy of education objectives: The classification of educational goals*. Handbook Ⅰ: Cognitive Domain. NY: David Mckay. 임의도 외 역(1966). **교육목표분류학: 인지적 영역**. 서울: 배영사.

Bobbit, F. (1918). *The curriculum*. Boston: Mifflin.

Bourdieu, P., & Passeron, J. C. (1964). *Reproduction in education, society, and culture*. 이상호 역(2000). **재생산: 교육체계이론을 위한 요소들**. 서울: 동문선.

Bower, G. H., & Hilgard, E. R.(1981). *Theories of learning*. NJ: Prentice-Hall.

Bowers, L., Smith, P. K., & Binney, V. (1992). Cohesion and power in the families of children involved in bully/victim problems at school. *Journal of Family Therapy*, 14, 371-387.

Bowles, S., & Gintis, H. (1976). *Schooling in capitalist America*. NY: Basic Books.

Boyd, W. 저. 이홍우·박재문·유한구 역(2008). **서양교육사**. 파주: 교육과학사.

Bruner, J. S. (1960). *The Process of education*. Mass: Harvard University Press. 이홍우 역(1973). **교육의 과정**. 서울: 배영사.

Butts, R. F. (1955). *A cultural history of western education: Its social and intellectual foundations*: NY: McGraw-Hill.

Campbell, L., Campbell, B., & Dickinson, D. (2004). *Teaching and learning through multiple intelligences* (3rd ed.). NY: Pearson.

Catalano, R. F., & Hawkins, J. D. (1996). The social development model: A theory of antisocial behavior. In J. D. Hawkins (Ed.), *Delinquency and crime: Current theories* (pp. 149-197). NY: Cambridge University Press.

Center for Educational Research and Innovation(1979). *School-based curriculum development*. Paris, OECD.

Chambliss, J. J. (1996). *Philosophy of education: An encyclopedia*. NY: Garland.

Coloroso, B. (2003). *The bully, the bullied, and the bystander*. NY: Harper Collins.

Corey, G. 저. 조현준 외 역(2010). **심리상담과 치료의 이론과 실제**. 서울: 시그마프레스.

Comenius, J. A. 저. 정확실 역(1996). **대교수학**. 서울: 교육과학사.

Corey, S. M. (1971). The nature of instruction. In M. D. Merrill (Ed.), *Instructional design: Reading*. NJ: Prentice-Hall.

Dale, E. (1969). *Audio-visual methods in teaching* (3rd ed.). NY: Holt, Rinehart & Winston.

Dave, R. H. (1973). *Lifelong education and school curriculum*, UIE Monographs 1. Hamburg: UNESCO Institute for Education.

Dewey, J. (1916). *Democracy and education*. NY: The Macmillan.

Dick, W., & Carey, L. (1996). *The systematic design of instruction* (4th ed.). NY: Longman.

Dupaul, G. J., & Stoner, G. 저. 김동일 역(2007). **ADHD 학교상담**. 서울: 학지사.

Durkheim, E. (1985). Definition of education. In J. Ballantine (Ed.), *Schools & Society: A reader in education and sociology* (pp. 19-22). NY: Prentice-Hall.

Erikson, E. H. (1968). *Identity: Youth and crisis*. NY: Norton.

Fichte, J. G. 저. 황문수 역(1997) **독일국민에게 고함**. 서울: 범우사.

French, J. W., & Michael, W. B. (1966). *Standard for educational an psychological tests and mannuals*. Washington, D.C.: American Psychological Association.

Freud, S.(1953). *A general introduction to psychoanalysis*. NY: Washington Square press.

Gagné, R. M. (1985). *The Conditions of learning* (4th ed.). NY: Holt, Rinehart & Winston.

Gardner, H. (1993). *Multiple intelligence: The theory in practice*. NY: Basic Books.

Getzels, J. W., & Jackson, P. W. (1962). *Creativity and intelligence*. NY: Wiley.

Glaser, R. (1962). Psychology and instructional technology. In R. Glaser (Ed.), *Training research and education*. Pitts: Univ. of Pitts.

Glasser, W. (2000). *Reality therapy in action*. NY: HarperCollins.

Gordon, W. J. (1961). *Synectics*. NY: Harper & Row.

Guilford, J. P. (1959). The three faces of intellect. *American Psychologist*, 14, 469-479.

Guilford, J. P. (1988). Some changes in the structure of the intellect model. *Educational & Psychological Measurement*, 40, 1~4.

Havighurst, R. J. (1952). *Developmental tasks and education*. NY: Longmans Green.

Heinich, R., Molenda, M., Russell, J. D., & Smaldino, S. E. (1999). *Instructional media and technologies for learning* (6th ed.). NJ: Merrill Prentice-Hall.

Hirst, P. H. (1966). Educational theory. In J. W. Tibble (Ed.), *The study of education*. London: Routledge & Kegan Paul.

Hoban, C. F., Hoban, F. H., & Zisman, S. B. (1937). *Visualizing the curriculum*. NY: Dryden Press.

Hoy, W. K., & Miskel, C. G. (2008). *Educational administration: Theory, research, and practice* (8th ed.). NY: McGraw-Hill.

Hurlock, E. B. (1950). *Children development*. London: McGraw-Hill.

Itard, J. M. G. 저, 김정권 역(1984). **아베롱의 야생소년: 감각교육의 원리**. 서울: 형설출판사.

Johnson, H. M. (1960). *Sociology*. London: Routledge & Kegan Paul.

Karbo, H. R. (1983). *Social stratification and inequality*. NY: McGraw-Hill.

Kilpatrick, W. H. (1951). *Johann Heinrich Pestalozzi: The education of man*. NY: Philosophical Library.

Kneller, G. F. (1971). *Foundations of education* (3rd ed.). NY: John Wiley & Sons.

Knowles, M. S. (1980). *The modern practices of adult education: From pedagogy to andragogy* (2nd ed.). NY: Cambridge Books.

Lengrand, P. (1970). *An introduction to lifelong education*. London: Croom Helm.

Lewin, K. (1942). *Field theory and learning*. In Forty-First Yearbook, National Society for the Study of Education, Part II. IL: Public School Publishing.

Lewy, A.(1991). *National and school-based development*. Paris: UNESCO, International Institute for Educational Planning.

Liberman, M. (1958). *Education as a profession*. NJ: Prentice-Hall.

Linton, R. 저. 전경수 역(1984). **문화와 인성**. 서울: 문음사.

Lunenburg, F. C., & Ornstein, A. C. (2012). *Educational administration: Concepts and practices* (6th ed.). CA: Wadsworth/Thomson Learning.

Maslow, A. H.(1954). *Motivaltion and personality*. NY: Harper & Row.

Ministry of Reconstruction Adult Education Committee. (1919). Final report. London: His Majesty Stationary office.

Morgan, C. T., King, R. A., & Robinson, N. M. (1979). *Introducion to psychology*. NY: McGraw-Hill.

Morrow, R. A., & Torres, C. A. (1995). *Social theory and education*. State University of New York Press.

O'Connor, D. J. (1957). *An Introduction to the philosophy of education*. London: Routledge & Kegan Paul.

Olweus, D. (1993). *Bullying at school*. MA: Blackwell.

Ornstein, A. C. (1981). *An introduction to the foundation of education*. Boston, MA: Houghton Mifflin.

Ornstein, A. C., & Hunkins, F. P. (2004). *Curriculum: Foundations, principles, and issues* (4th ed.). NY: Allan & Bacon.

Osborn, A. F. (1963). *Applied imagination: Principles and procedures of creative problem solving* (3rd ed.). NY: Scriber.

Papalia, D. E., Gross, D., & Feldman, R. D. (2003). *Children development: A topical approach*. Boston: McGraw-Hill.

Peters, R. S. 저. 이홍우 역(1981). **윤리학과 교육**. 서울: 교육과학사.

Reble, A. 저. 정영근 외 역(2002). **서양교육사**. 서울: 문음사.

Redle, F., & Wattenberg, W. W. (1974). *Mental hygiene in teaching*. NY: MacGraw-Hill.

Reimer, E. 저, 김석원 역(1996). **학교는 죽었다**. 서울: 한마당출판사.

Reiser, R. A. (2002). What field did you say you were in? defining and naming our field. In R. A. Reiser & J. V. Dempsey (Eds.), *Trends and issues in instructional design and technology* (pp. 5-15). NJ: Merrill Prentice-Hall.

Rigby, K. (1996). *Bullying in schools: And what to do about it.* London: Jessica Kingsley.

Rogers, C. R. (1951). Client-centered therapy: Its current practice, implications, and theory. Boston: Houghton Mifflin Co.

Rorty, R. (1979). *Philosophy and the mirror of nature Princeton.* NJ: Princeton University Press.

Rousseau, J. J. 저, 김은우 역(1984). **에밀**. 서울: 동아문예.

Scriven, M. (1967). The methodology of evaluation. In R. Tyler, R. Gagné & M. Scriven (Eds.), *Perspectives on curricular evaluation. AERA Monograph Series on Curriculum Evaluation*, 1. (pp. 39-83). Chicago: Rand McNally.

Seels, B. B., & Richey, R. C. (1994). *Instructional technology: The definition and domains of the fiel*d. IN: AECT.

Siegler, R. S.(1986). *Childrens thinking.* NJ: Prentice-Hall.

Skilbeck, M. (1984). *School-based curriculum development.* London: Haper & Row.

Sternberg, R. J. (1986). *Intelligence applied: Understanding and increasing your intellectual skills.* CA: Harcourt Brace Jovanovich.

Thurstone, L. L. (1938). Primary mental abilities. *Psychometric Monographs*, 1, (1).

Tolman, E. C. (1932). *Purposive behavior in animals and men.* NY: Appleton -Century-Crofts.

Torrance, E. P.(1977). *Creativity in the Classroom.* Washington, D.C.: National Education Association.

Torrance, E. P. (1995). *Why fly?: A philosophy of creativity.* NJ: Ablex.

Torrance, E. P. 저. 김영채 역(2010). 한국표준화토란스 TTCT 창의력 검사: 도형 A. 대구: 창의력 한국FPSP.

Tyler, R. W. (1942). General statement on evaluation. *Journal of Educational Researcher*, 35, 492-501.

Voss, L. D., & Mulligan, J. (2000). Bullying in school: Are short pupils at risk? Questionnaire study in cohort. *British Medical Journal*, 320(7235), 610-613.

Vygotsky, L. S.(1986). *Thought and language.* NY: Freeman.

Walker, D. F. (1971). A naturalistic model for curriculum development. *School Review*, 80(1), 51.

Wechsler, D. (1944). *The measurement of adult intelligence*. Batimore: Williams & Wilkins.

Welsh, W. N. (2000). The effects of school climate on school disorder. *Annuals of the American academy of Political and Social Science*, 567, 88-107.

Wiles, J., & Bondi, J. (1980). *Supervision: A guide to practice*. Ohio: Charles E. Merrill.

Wubbolding, R. E. (2011). *Using reality therapy*. NY: Harper & Row.

Yeaxlee, B. A. (1929). *Lifelong education*. London: Cassell.

교육부 https://www.moe.go.kr

국가평생교육진흥원 http://www.nile.or.kr

국가평생교육진흥원 독학학위제 http://www.bdes.nile.or.kr

국가평생교육진흥원 평생교육사 http://www.lledu.nile.or.kr

국가평생교육진흥원 평생학습계좌제 http://www.all.go.kr

국가평생교육진흥원 학점은행제 http://www.cb.or.kr

아시아경제(2013. 10. 29). 신종학교폭력, '데이터 셔틀'. http://www.asiae.co.kr에서 2013. 10. 29. 인출.

위키백과 http://ko.wikipedia.org

한국교육과정 평가원 http://www.kice.re.kr/sub/info.do?m=010603&s=kice

찾아보기

인명

내용

저자 소개

김명수
미국 University of Minnesota 박사
한국교육학회 회장, 한국교육행정학회 회장,
한국교원대학교 기획실장, 교육연구원장, 종합교육연수원장 등 역임
한국교원대학교 명예교수

김선혜
한국교원대학교 박사
덕성여자대학교, 서울교육대학교 연구원 역임
한국교원대학교, 충남대학교, 서울교육대학교 등 강사

재미있는 **교육학 이야기**

초판 발행 / 2016년 1월 30일
3쇄 발행 / 2020년 2월 20일
지은이 / 김명수 ·김선혜
발행자 / 박재린
펴낸곳 / 도서출판 나무미디어
주소 / 경기 성남시 분당구 정자일로 30길 107-1002
대표전화 / (031)712-9489
출판등록 / 제313-2010-282호(2010. 9. 16)
ISBN 979-11-86756-05-8 93370
정가 / 17,000원

• 잘못 만들어진 책은 구입처에서 교환해 드립니다 .
• 무단복제를 금합니다.
• 저자와의 협의하에 인지를 생략합니다.